ヨーロッパ経済の基礎知識

2022

川野 祐司

［著］

文眞堂

はしがき

◆**テキスト第4版**

　本書は，最新のヨーロッパ経済を解説するテキストであり，『ヨーロッパ経済とユーロ』から数えて第4版になる。今回の版から全ページカラーとなり，図表や写真が見やすくなった。

　2010年代のヨーロッパ経済の課題は金融危機の克服であったが，様々な取り組みや世界経済の復調を受けて，2010年代後半のヨーロッパ経済は成長軌道に乗った。しかし，経済成長率と市民レベルでの経済状況は必ずしも一致せず，市民による不満が高まった。ヨーロッパ市民の不満は経済的な問題だけでなく，環境問題，難民問題，社会問題など幅広く，EU（欧州連合）は環境対策やデジタル化対策などを通じてこれら問題に対処しようとしている。さらに，2020年に拡大した感染症は経済に大きなダメージを与えており，経済の回復も欠かせない。本書は2020年代のEUや各国の取り組みを紹介している。

　メディアは悲観的なニュースを選択的に取り上げる。2000年代末の金融危機に際しては，EUやユーロの解体が声高に叫ばれたが，実際には2010年代にEU加盟国やユーロ参加国は増加し，EUの協力体制は深まっている。2020年代を見据えた環境対策などEUの取り組みは世界をリードし続けている。2020年にはイギリスがEUから脱退するなど，確かにヨーロッパ経済は問題も抱えている。本書でEUや各国の基礎知識を得たうえでメディアの情報を利用すれば，ヨーロッパ経済をよりよく理解できるだろう。

◆**本書の特徴**

　第1は，本書は最新のヨーロッパ経済の解説に集中していることである。EUは60年以上の歴史を持ち，様々な試みの積み重ねが今のEUやヨーロッパを形作っている。多くのテキストでは歴史的な経緯を扱っている。重要で必要なことではあるが，複雑になりすぎて却って理解を妨げている面もある。そこで本書では，過去の政策との比較や経緯は扱わない。

　第2は，ヨーロッパの国々をできるだけ広く紹介していることである。本書は41の国・地域をカバーしている。経済に加えて，地勢，文化，観光なども取り上げており，幅広い視点からヨーロッパの国々を理解できるように工夫されている。30のコラム（Box）や85枚の写真も楽しんでほしい。残念ながら，筆者が訪れたことのない国の写真は掲載されていないが，今後の課題とさせてほしい。

　第3は，分かりやすさを重視していることである。経済を理解するためには，経済理論や統計学などの知識が欠かせないが，本書は経済理論を知らなくても理解でき，読み進めていくことで経済学の知識が付くように配慮されている。経済理論や金融についてより詳しい知識が欲しい読者のために，巻末に筆者の本を紹介している。本書で示した参考資料は，図書館やインターネットを使えば無料で手に入る。より深く学びたい読者は検索してみてほしい。

　第4は，ユーロについて多くの章を割いていることである。第Ⅲ部では，ユーロの現金，金融政策の仕組み，マイナス金利政策など金融政策に関するトピックに加えて，キャッシュレス化やフィンテックなどの最新の金融トピックも解説している。

　最後は，本書で多くの問題提起をしていることである。日本では，ヨーロッパで実施されていることは何でも日本よりも優れているという考え方が一般的である。確かにヨーロッパでは優れた施策も多いが，全てが優れているわけではない。ヨーロッパ礼賛の立場は採らず，問題点があれば指摘するようにした。筆者は経済政策の効果について懐疑的な立場を採っているため，このような立場からの問題提起もしている。問題提起はあくまでも筆者の考えであり，読者もこれらの問題について考えてみてほしい。

◆謝　　辞

　文眞堂の前野隆氏，山崎勝徳氏の両氏には本書の企画・製作面で大変お世話になった。ブログ「おさんぽわんこの旅の思ひで…ヨーロッパ編」の作者，おさんぽわんこさんには観光情報を提供していただいた。イラストACのIWOZONさんの枠素材を使わせていただいた。みなさんに感謝申し上げたい。しかし，本書に残る誤りは全て筆者に帰すものである。筆者のブログ「欧州徒然草」でもヨーロッパの情報を提供している。こちらも参考にしていただければ幸いである。

目　　次

第 I 部　EU の経済政策

第1章　ヨーロッパ経済の今　2

第2章　EU の仕組み　16

第3章　EU の経済政策　37

第4章　EU の長期戦略　57

第 II 部　ヨーロッパの国々

第III部　ユーロ

EUの経済政策 第Ⅰ部

第Ⅰ部ではまず，ヨーロッパにどのような国々があるのか，地図を使って確認し，ヨーロッパ経済が抱える問題を見ていく。その後，EU（欧州連合）の仕組みや経済政策を見ていこう。EU は 2020 年代の長期戦略の中心に環境対策のグリーンディールを据え，デジタル化などにも対応しようとしている。2020 年の感染症からの経済の回復も重要な課題となる。

ヨーロッパ経済の今

ロシア，ウクライナ，ベラルーシなども含めて，ヨーロッパには50の国がある。各国は人口や地理的な条件だけでなく，経済構造もそれぞれ異なる。まずは地図でヨーロッパ各国を確認し，EU（European Union：欧州連合）加盟国を見ていこう。2010年代には各地で市民によるデモやストライキが頻発した。その背景を経済的な面から探っていこう。

1．EU の加盟国

　ヨーロッパ50カ国のうち27カ国がEUに加盟しており，EUに加盟している27カ国を加盟国（member states）と呼ぶ。図表1-1の地図で青色とオレンジがEU加盟国であり，青色はユーロに参加している19加盟国（19カ国をまとめてユーロ地域（euro area）[1]という），オレンジはユーロに参加していない8加盟国である。灰色はEFTA（欧州自由貿易連合，174ページ）に参加している4カ国であり，EUとは密接な関係を結んでいる（第8章）。緑色はEUにもEFTAにも参加していない国々である。イギリスは2020年1月にEUから脱退した。

　1957年の発足以降，EUは加盟国を増やし，協力の範囲を広げてきた。EUの加盟国が増えることを拡大，EUの協力体制が深まることを深化という。当初は6カ国で始まったEUも西欧を中心に加盟国を広げ，1995年には15カ国体制になった。2004年には中東欧諸国など10カ国が加盟し，EUの地理的範囲が大きく広がった。トルコの南に位置するキプロスはアジアの一部とみなされることもあるが，2004年にEUに加盟している。その後もEU拡大は続き，2013年にはクロアチアが加盟して28カ国体制になった。さらに5カ国がEU加盟候補国として加

1　モンテネグロ，アンドラ，モナコ，サンマリノはEUに加盟していないがユーロを使っている。ユーロ地域にこれらの地域を加えた領域をユーロ圏（euro zone）という。

図表 1-1　ヨーロッパの地図

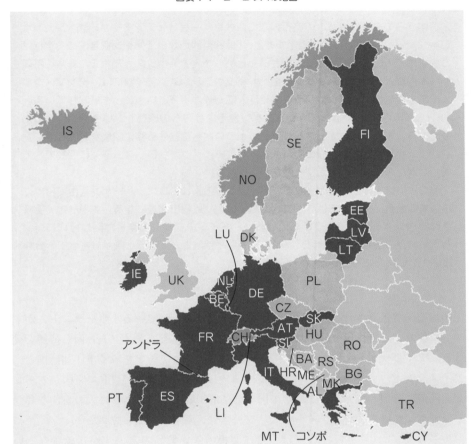

　盟に向けた準備を進めている。一方で，イギリスは 2020 年に EU から脱退してお
り，一時的に拡大から縮小へと転換した。

◆単一市場

　EU は当初は経済分野の協力を進めていたが，深化が進んだ現在では環境問題
や社会問題など幅広い分野に取り組んでいる（第 2 章）。経済分野では，人・物・
サービス・資本が国境を越えて自由に移動できる単一市場の整備を進めている[2]。

　人の移動については，EU 市民は自由に他の加盟国に居住することができ，居住

Box1．EUへの入出国

　日本からのヨーロッパへの旅行の際にコペンハーゲン（デンマーク）やヘルシンキ（フィンランド）などで乗り継ぎすると，「最終目的地がシェンゲン協定国のお客様はこの空港で入国審査を受けてください」という機内アナウンスが流れる。非常に不親切な案内だが，コペンハーゲン経由でドイツやフランスに行く際には，デンマークで入国審査を受け，ドイツやフランスでは入国審査が不要ということを意味している。「ドイツへの旅行」ではなく「シェンゲン協定エリアへの旅行」という扱いになるためである。ドイツからオーストリアやチェコなどへ移動する際に国境を越えるが，同じシェンゲン協定エリアなのでパスポートのチェックがない。スムーズに移動できて便利だが，スタンプが増えずに残念かもしれない。

　同じ扱いは出国にも適用される。ドイツから出国してコペンハーゲン経由で日本に帰国する場合，ドイツではなくコペンハーゲンが最終出発地になる。免税などの手続きはコペンハーゲンで行うことになるが，ドイツの空港を出発した同じ日にコペンハーゲンから出発する場合は，ドイツでも免税手続きができる。乗り継ぎ地で十分な時間がない場合に利用したい。

先の加盟国で差別されないという市民の権利が認められている。ポーランド人がドイツに移り住んで住民登録すれば，医療や社会保障などでドイツ人と同じ待遇を受ける。アイルランド，ブルガリア，ルーマニア，クロアチアを除くEU加盟国と，アイスランド，ノルウェー，リヒテンシュタイン，スイスのETFA諸国がシェンゲン協定に参加しており，これらの国々ではEU域内と同じように人の自由な移動が保証されている。なお，イギリスはシェンゲン協定に参加していない。

　物の移動については，EUではすでに関税の無い貿易の自由化が達成されている。関税とは主に輸入品にかけられる税であり，高い関税率は輸入品の価格を引き上げて国内産業を保護するために用いられる。国内製品の価格が20ユーロ，輸入品の価格が15ユーロの場合，輸入品に40%の関税をかけると輸入品の販売価格は15ユーロに関税分15×0.4＝6ユーロを加えて21ユーロになり，輸入品よりも国内製品の方が安くなる。サービスも国境を越えて自由に取引できることになっているが，輸送などの分野では加盟国ごとのルールの違いが残っており，サービス貿易の

2　単一市場にはEU加盟国27カ国とアイスランド，ノルウェー，リヒテンシュタインからなるEEA（欧州経済領域）が含まれる。詳しくは174ページのBox19。

図表1-2　ヨーロッパ各国の基本データ

国名	記号	首都	人口	GDP	通貨	EU加盟
ベルギー	BE	ブリュッセル	1155	117	ユーロ	1957
ブルガリア	BG	ソフィア	695	53	レフ	2007
チェコ	CZ	プラハ	1069	92	コルナ	2004
デンマーク	DK	コペンハーゲン	582	129	クローネ	1973
ドイツ	DE	ベルリン	8317	121	ユーロ	1957
エストニア	EE	タリン	133	84	ユーロ	2004
アイルランド	IE	ダブリン	496	191	ユーロ	1973
ギリシャ	EL	アテネ	1071	68	ユーロ	1981
スペイン	ES	マドリード	4733	91	ユーロ	1986
フランス	FR	パリ	6710	106	ユーロ	1957
クロアチア	HR	ザグレブ	406	65	クーナ	2013
イタリア	IT	ローマ	6024	95	ユーロ	1957
キプロス	CY	レフコシア	89	89	ユーロ	2004
ラトビア	LV	リーガ	191	69	ユーロ	2004
リトアニア	LT	ビリニュス	279	82	ユーロ	2004
ルクセンブルク	LU	ルクセンブルク	63	261	ユーロ	1957
ハンガリー	HU	ブダペスト	977	73	フォリント	2004
マルタ	MT	バレッタ	51	99	ユーロ	2004
オランダ	NL	アムステルダム	1741	128	ユーロ	1957
オーストリア	AT	ウイーン	890	127	ユーロ	1995
ポーランド	PL	ワルシャワ	3796	73	ズロチ	2004
ポルトガル	PT	リスボン	1030	79	ユーロ	1986
ルーマニア	RO	ブカレスト	1932	69	レイ	2007
スロベニア	SI	リュブリャナ	210	88	ユーロ	2004
スロバキア	SK	ブラチスラバ	546	74	ユーロ	2004
フィンランド	FI	ヘルシンキ	553	111	ユーロ	1995
スウェーデン	SE	ストックホルム	1033	120	クローナ	1995
EU合計			44771	100		
アイスランド	IS	レイキャビーク	36	130	クローナ	EEA
リヒテンシュタイン	LI	ファドゥーツ	4	na	スイスフラン	EEA
ノルウェー	NO	オスロ	537	144	クローネ	EEA
スイス	CH	ベルン	861	153	フラン	EFTA
モンテネグロ	ME	ポドゴリツァ	62	50	ユーロ	候補国
北マケドニア	MK	スコピエ	208	38	デナル	候補国
アルバニア	AL	ティラナ	286	31	レク	候補国
セルビア	RS	ベオグラード	693	41	ディナール	候補国
トルコ	TR	アンカラ	8315	61	リラ	候補国
ボスニア＝ヘルツェゴビナ	BA	サラエボ	349	32	兌換マルク	
イギリス	UK	ロンドン	6703	105	ポンド	2020脱退

注：人口は万人（2020年），GDPはEU平均を100とする1人当たりGDP（2019年）。1人当たりGDP
　はアメリカ140，日本93になる。候補国はEUの加盟候補国を表す。

完全自由化は現在もEUの課題となっている。資本の自由移動とは個人や企業が資金を自由に移動できることに加えて，企業が国境を越えて展開できることを意味している。特に銀行など金融業では自国で営業免許を取ると他の加盟国でも営業免許を取ったことになり，支店などを自由に展開できる。これを金融パスポートという（282ページBox30）。

　図表1-2は，本書に登場する国々の基本データである。EU加盟国は現地語のアルファベット順に並んでいる。オーストリアは英語表記ではAustriaだが，オーストリア語（ドイツ語）表記ではÖsterreich（エスターライヒ）であるため，オランダ（Nederland）の次に位置している。ギリシャ（Elláda：ヘラーダ），スペイン（España：エスパーニャ），フィンランド（Suomi：スオミ）なども英語表記とは異なる場所にある。

　国名の右にアルファベット2文字の記号があるが，これはEUROSTAT（欧州統計局）で用いられている略号である。ルクセンブルク（LU）など文字数が多い国名がグラフや図表のスペースを圧迫することから，本書の図表では2文字の略号を用いる。図表1-2の人口と1人当たりGDPのデータはEUROSTATのものを用いている。本書ではEUROSTATのデータについては出所を省略する。2文字の略号に慣れるため，これ以降，本章では国名の後に略号をつける。

　GDP（国内総生産）は，GDP＝消費＋投資＋政府支出＋輸出－輸入で計算され，国の経済規模を表す指標である。GDPは3カ月ごと（これを四半期という）に公表されるが，GDPが前の四半期に比べて増加していると景気がいいとされ，2四半期連続で減少すると不況（リセッション）に陥ったとみなされる[3]。GDPは人口が多い国ほど大きくなる傾向にあるため，加盟国間の経済状況を比較する際には，EU平均が100になるように調整された1人当たりGDPが用いられる。

◆人口の変化

　図表1-2を見ると，ヨーロッパには様々な国があることが分かる。EUの加盟国だけでも，人口51万人のマルタ（MT）と8317万人のドイツ（DE）では163倍

3　GDP＝民間消費＋総固定資本形成＋政府支出＋輸出－輸入であらわされる。総固定資本形成は投資を意味する。企業が工場を拡張する投資を行うと，建設企業や製造装置企業に恩恵が及び，その後は建設資材や部品企業へと波及し，経済の広い範囲に影響を及ぼす。投資の増減は景気変動の重要な要因の1つでもある。詳しくは，川野祐司『これさえ読めばサクッとわかる経済学の教科書』文眞堂，第9講を参照のこと。

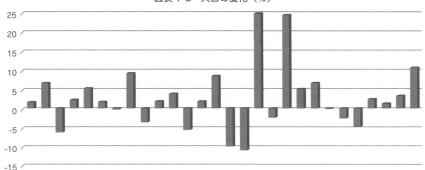

図表 1-3　人口の変化（％）

注：2010 年と 2020 年の間の人口増加率。イギリスは 7.2％の増加。

の差がある。EU では民主主義が重視されているが，人口比をそのまま適用させると，ドイツの発言力が非常に高くなり，マルタやルクセンブルク（LU）の意見は無視されてしまう。そこで，EU では人口比を重視しつつも人口の少ない加盟国の

Box2.　ペットパスポート

　2013 年のペットの非商用移動に関する規則により，EU と EEA 諸国では，犬，猫，フェレットのペットパスポートが創設され，飼い主とともに自由に国境を越えることができる。ペットにはマイクロチップを埋め込まなければならない。さらに，アイルランド（IE），マルタ（MT），フィンランド（FI）へ入国するためには入国の 120 時間前から 24 時間前までに寄生虫（エキノコックス）の治療を受けて証明書をもらう必要がある。

　それ以外の動物や植物については，自由に移動できるものが多いが，加盟国により規制が課せられていることもあるため，事前に調べて証明書等を準備する必要がある。日本からペット（犬，猫，フェレット）を連れて旅行する場合には EU の規則に従った準備をする必要がある。EU では動植物を使った製品にも規制がある。絶滅危惧種などはアクセサリーなどに加工されていても持ち込みが禁止され，入国時に没収される。禁止対象は EU wildlife trade database で調べることができる。

　なお，イギリスが EU から脱退したことにより，イギリスの犬，猫，フェレットのペットパスポートは無効になり，ブリテン島（イングランド，ウェールズ，スコットランド）から EU や北アイルランドへのペットの移動時には動物健康証明書が必要になる（第 6 章）。

意見を尊重する仕組みが取り入れられている（第 2 章）。

　2010 年から 2020 年の間に EU 全体では 1.6 ％人口が増加しているが，東欧や南欧では人口が減少する加盟国が多く，西欧や北欧では人口が増加している加盟国が多い。人口を維持できる出生率 2.1 を超えている加盟国はないため，人口増加は移民の流入による。図表 1-3 からは，南欧や東欧から人口が流出し，西欧や北欧に流入していることが見て取れるが，より豊かな生活を求める若い世代の人々の移動が活発になっている（第 10 章）。

　EU での人々の移動は，加盟国間で人が移動する EU 域内移民，日本など EU の外と人が移動する EU 域外移民，シリアなどから流入する難民に大別できる。難民も人口増加の要因になっているが，急激な人口増加は住居費の高騰を招き，各国で移民や難民に対する反発が高まっている（第 9 章）。

◆ 1 人当たり GDP の変化

　1 人当たり GDP は EU27 カ国平均が 100 となっているため，100 を下回る加盟国は経済発展が遅れているとみることができる。1 人当たり GDP には％やユーロなどの単位はない。EU 加盟国の中ではブルガリア（BG）が 53 と最も低く，ルクセンブルク（LU）が 261 と最も高い。リヒテンシュタイン（LI）は 1 人当たり GDP のデータがないが（na は not available，データがないという意味），ルクセンブルク並みだと推測される。ルクセンブルクは人口が少なく 1 人当たり GDP が非常に高い。この理由の 1 つに越境労働者の存在がある。1 人当たり GDP は，GDP を人口で割って求める。フランス（FR）に住んでいる人がルクセンブルクで働くと，

図表 1-4　1 人当たり GDP の変化

注：2009 年と 2019 年の間の 1 人当たり GDP の変化。イギリスは 5 の低下。

GDP はルクセンブルクに算入されるが，人口はフランスにカウントされる。その
ため，ルクセンブルクの 1 人当たり GDP がより高く，フランスの 1 人当たり GDP
がより低く計算されることになる。ルクセンブルクは人口が少ないために越境労働
者の影響が大きく，フランスは人口が多いために越境労働者の影響は少ない。結果
として，ルクセンブルクの 1 人当たり GDP の上昇が目立つことになる。

　東欧諸国では，経済成長に伴って 1 人当たり GDP が上昇している。これをキャッ
チアップという。その一方で，ギリシャ（EL），スペイン（ES），イタリア（IT），
キプロス（CY）などの南欧諸国では，1 人当たり GDP が大きく減少している。こ
の背景には GDP が十分に伸びていないことがあり，ギリシャやイタリアなどは投
資不足に悩まされている。

　アイルランド（IE）の 1 人当たり GDP はこの間に 60 上昇しているが，このう
ち約 40 の上昇は 2015 年に GDP の計算方法を変えたことによる。

2．2010 年代のヨーロッパ経済

　2008 年の金融危機によりヨーロッパ経済は不況に陥り，2009 年には GDP が大
幅なマイナスを記録した（図表 1-5，黒の太線）。その後，ヨーロッパではギリシャ
債務危機が発生し，2012 年にもマイナス成長を記録した。2013 年からは経済の回
復期に入ったが加盟国によるばらつきが大きく，特にギリシャ（EL）は回復まで
に長い時間がかかった。直近のピークは 2017 年で，2019 年には多くの加盟国で成
長の鈍化がみられ，2020 年は感染症による経済封鎖により GDP は大幅なマイナス
を記録し，2020 年代は経済の回復が課題となる。

　南欧諸国は投資不足に苦しんだ（図表 1-6）。ドイツ（DE）などの主要国や北欧
諸国では投資の回復は早かったが，スペイン（ES）は 2018 年にようやく 2009 年
の水準を回復し，ギリシャ（EL）は 2009 年の約半分の水準で推移している。EU
では道路や水路などの交通網の整備に力を入れており，2014 年には EU の資金を
呼び水にして民間資金を投資に振り向ける欧州戦略投資基金（European Fund for
Strategic Investments）が創られた[4]。2019 年 10 月までに 4390 億ユーロの投資が

---

[4]　欧州戦略投資基金を含めた 14 の基金は，2021 年から InvestEU というプログラムに統合され，2027
年までの期間に 6500 億ユーロの投資を行う予定となっている（第 3 章）。

行われたものの，EU の政策だけでは南欧や東欧の投資不足が解消されておらず，これらの地域では中国の一帯一路戦略による投資を受け入れている。中国の投資に対しては期待がある一方で，中国の影響力が増すことへの懸念もある（第 10 章）。

投資によって作られたインフラ（道路などの経済活動の基盤となるもの）や知的

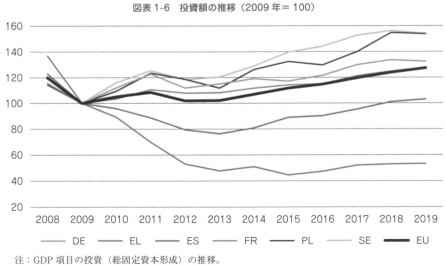

図表 1-5　GDP 成長率（%）

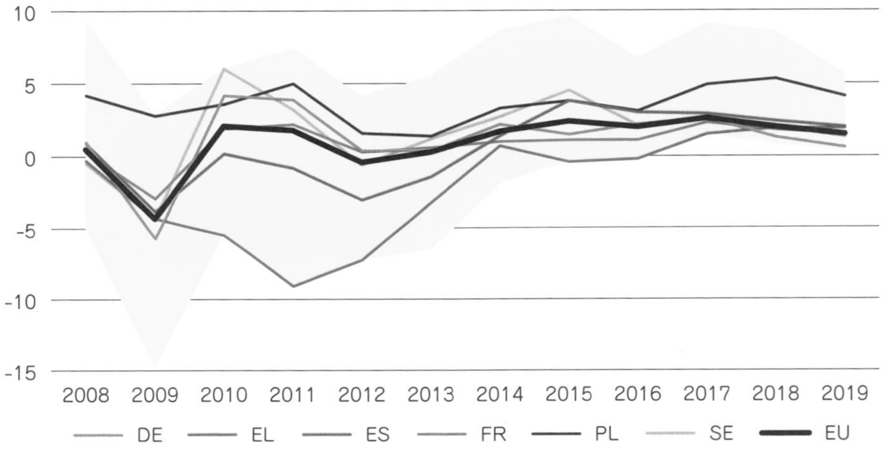

注：背景の黄色の部分は，EU 加盟国（イギリスも含む）の最大値と最小値を表す。

図表 1-6　投資額の推移（2009 年＝ 100）

注：GDP 項目の投資（総固定資本形成）の推移。

財産は長期にわたって利用できることから，長期的な経済成長を考慮したうえで投資分野を決める必要がある。EU は環境分野への投資を優先させており，グリーンディールと呼んでいる（第 4 章）。

3．経済成長と分配

　2010 年代には，ヨーロッパ市民の間で EU への反発が高まった。金融危機の直後には，債務問題に対して支援する側では支援そのものに反対する意見が高まり，支援を受ける側では構造改革などの支援の条件に反発が高まった。EU の経済ガバナンス（第 4 章）やユーロの存在も反発の対象となった。2015 年に 182 万人の難民がシリアなどから EU に流入すると，当初は難民を歓迎する意見もあったが，次第に反難民の声が高まり，難民に寛容な EU や加盟国政府への批判が高まった。イギリス（UK）ではポーランド（PL）などからの EU 域内移民の流入に不満が高まり，2016 年の国民投票で EU からの脱退票が過半数を占め，イギリスは 2020 年 1 月に EU から脱退した（第 6 章）。2010 年代後半になると市民の不満は自国政府に向けられるようになる。フランス（FR）やハンガリー（HU）では労働市場改革，ポーランド（PL）では情報統制，南欧諸国では小規模ではあるものの反観光を掲げたデモが頻発した。環境対策への抗議活動もヨーロッパで幅広く見られ，2020 年には感染症対策がテーマとなった。大衆迎合的な政策を掲げる政党は，欧州議会選挙でも各国の議会選挙でも勢力を伸ばし続けている。

　これらのデモは，その時々の社会問題に対する市民の意見表明ではあるものの，背後には経済面の不満がある。ここでは，雇用の面から 2000 年代と 2010 年代を比較してみよう[5]。

　図表 1-7 は年代別・性別の雇用数の変化を見たものである。三角のマーカーが雇用数の増減を表しており，棒グラフは人口の増減を示している。2000 年から金融危機が起きた 2008 年までとそれ以降を比較している。便宜上，2008 年までを 2000

5　川野祐司「「深化」という EU のグローバル化は有効か」『反グローバリズム再考：国際経済秩序を揺るがす危機要因の研究』『世界経済研究会』報告書，2020 年，日本国際問題研究所，pp. 57-74.；Katalin Bodnár, Labour supply and employment growth, ECB Economic Bulletin, Issue 1/2018, pp.35-59.；Katalin Bodnár and Carolin Nerlich, Drivers of rising labour force participation - the role of pension reforms, ECB Economic Bulletin, Issue 5/2020, pp.100-123.

図表 1-7　雇用数と人口数の変化（％）

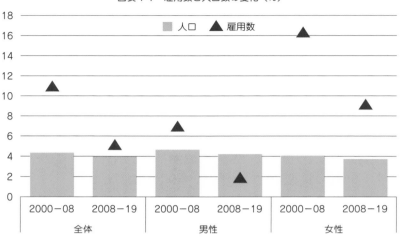

注：データは 20 世紀中に加盟した 15 カ国のもの 6。15 歳以上のデータ。

年代，それ以降を 2010 年代と呼ぶことにする。全体の数字を見ると，2000 年代には人口の増加を上回る雇用が生み出されており，雇用の増加は鈍っているものの 2010 年代にも同じ傾向が続いている。一見，21 世紀は市民にとっていい時代のように見えるが，男女別にみると異なる姿が見えてくる。男性は 2000 年代には雇用増が人口増を上回っているが，2010 年代には雇用の増加よりも人口の増加の方が大きくなっており，職に就けない男性が増加していることを示唆している。2010 年代の経済は，男性にとって厳しいといえる。

　次に，図表 1-8 で年齢別により詳しく見てみよう。少子化の影響で若い世代の人口が減少しており，2010 年代には少子化の影響が 35−44 歳にまで波及している。44 歳までの男性は 2010 年代に人口減少よりも雇用減少の方が大きく，年齢が下がれば下がるほど両者の差が大きくなっている。44 歳までの女性の雇用も減少しているが，雇用の減少は人口の減少ほどではなく，雇用環境の悪化にはつながっていない 7。一方で，45 歳以上は 2010 年代も雇用が増加している。特に女性は人口増を上回って大幅に雇用が増加しており，図表 1-8 にはないが，55−64 歳の女性は

6　具体的な加盟国名は 5 ページの図表 1-2 で確認できる。主に西ヨーロッパの国々が含まれており，これらの国々を EU15 と呼ぶ。

7　15−24 歳の女性は雇用が大きく減少しているが，この背景には女性の高学歴化があり，働く女性が減ったことで求人も減ったとみられる。

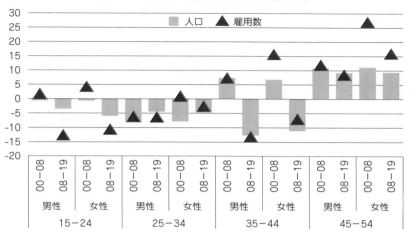

図表 1-8　年齢別・性別の雇用と人口の変化（%）

人口増加率 16% に対して雇用増加率は 61% に達している。

　このような現象の背景の 1 つに，EU 各国が進めている年金改革がある。20 世紀には 50 歳代後半で引退することも珍しくなかったが，21 世紀には各国で年金改革が行われ，年金受給開始年齢が引き上げられている。これまで働いていなかった高齢の女性たちが新たに労働市場に参入したことにより，この層の雇用数が大幅に上昇した。

　図表 1-8 を見ると，高齢者が若年層（25 歳未満）や若い世代の雇用を奪ったようにも見える。これを，労働塊の誤謬というが，高齢の女性は若い世代が望む企業のフルタイムの職ではなく，地方政府が運営する施設などでのパートタイムに就いていることが多く，世代間で職を奪い合っているわけではないとされている。ただし，ヨーロッパでは年金改革が進み，退職年齢が上昇している。これが若年層の雇用に悪影響を与えている可能性がある（第 8 章）。

　金融危機以降，AI（人工知能），RPA（PC 上で働くロボット）などの新しい技術の導入が進み，デジタル化も進んだ。工場でも新しい技術が導入されて，職人技が不要になるインダストリー 4.0 の取り組みも進められている。様々な産業用ロボットが普及し，現場の作業員が実質ゼロ人という工場も登場している。プログラマーなど需要が増えている職種もあるものの，全体としては，新しい技術が雇用を減らしている。高い技術力を持つ労働者を高スキル労働者というが，2020 年代も高スキル労働者への需要が増える一方で，低スキルや中スキルの労働者への需要は

減少していくと予想される。高いスキルを身に付けるためには質の高い教育を受ける必要があるが，ヨーロッパでは大学生が増加しつつあり，大学生の間での就職競争が激しくなっている。需要を上回る供給の結果，大卒の人々が高卒の仕事をするようにもなってきている。また，大学生の増加に伴って学生の質の低下が問題になってきており，大学を卒業しても高スキル労働者としての実力を身に付けていないことも就職状況を悪化させている。

　ヨーロッパの全ての国で少子高齢化が進んでおり，フランス（FR）など出生数を増やす政策を進めている加盟国もあるが，生まれてきた子供たちが成人する頃には新しい技術の導入がさらに進み，労働市場の厳しさが増していると予想される。子供の数が増えてもパートタイマー，失業者，無業者になってしまえば経済に悪影響を与え，社会不安にもつながる。人口の増加は環境負荷を高めることにもつながる。マクロ経済学では人口が増えれば増えるほど経済成長につながるとされているが，人口と経済の関係を見直す時期に来ているといえるだろう[8]。

8　川野祐司『これさえ読めばサクッとわかる経済学の教科書』文眞堂，第18講。

第1章のチェックシート

　ヨーロッパの 50 カ国のうち，（　　1　　）カ国が EU に加盟しており，そのうち（　　2　　）カ国がユーロを導入している。（　　3　　）は 2020 年に EU を脱退した。

　EU では（　　4　　）・（　　5　　）・（　　6　　）・（　　7　　）が国境を越えて自由に移動できる（　　8　　）が整備されており，人の移動については（　　9　　）によってパスポートがなくても国境を越えることができる。金融業も自国で営業免許を取れば他の加盟国で新たに営業免許を取らずに事業展開ができ，これを（　　10　　）という。

　EU 移動する人々は，（　　11　　），EU 域外移民，（　　12　　）に大別される。(11) は南欧や（　　13　　）からドイツなどの西欧への移動がみられ，(13) では人口が減少する加盟国もみられる。

　2010 年代には，（　　14　　）の雇用数が人口増加に追いついておらず，就職状況が厳しくなっている。年齢別にみると，（　　15　　）では男女ともに雇用が減少している。背景には，各国で（　　16　　）の受給開始年齢が引き上げられたことや，新しい技術の導入により労働需要が（　　17　　）労働者に集中していることがある。

第2章 EUの仕組み

本章では，EU（欧州連合）について，EU の仕組み，EU と加盟国の関係，EU が
どのような政策に携わっているのかを見ていく。EU は民主主義を重視しているが，
数の暴力にならないように大国が小国の意見に耳を傾ける制度的な工夫が施されてい
る。EU の予算から EU が扱う様々な取り組みを見ていく。

1. EU とは

ヨーロッパでは 19 世紀まで戦争が続き，20 世紀には 2 度の大戦の舞台にも
なった。EU 創設の目的の 1 つは互いに協力して発展する枠組みを作ることでヨー
ロッパの平和を実現させることにある。経済協力は 1952 年の欧州石炭鉄鋼共同体
（ECSC）[1] から始まり，1957 年のローマ条約では欧州経済共同体（EEC）と欧州原
子力共同体（EAEC）が創設された。このローマ条約が EU の正式のスタートと
なっている。欧州石炭鉄鋼共同体につながるシューマン宣言が 1950 年 5 月 9 日に
公表されたことから，5 月 9 日はヨーロッパデー（EU 創設記念日）となっている。

1967 年のブリュッセル条約で EC（欧州共同体）が創設され，3 つの共同体が 1
つに束ねられた。1993 年に発効したマーストリヒト条約で EC が EU となり，単
一市場もスタートし，1999 年にはユーロが誕生した。2004 年には中東欧諸国も
EU に加盟し，現在は 2009 年に発効したリスボン条約のもとで協力を進めている。

リスボン条約は EU 条約（the Treaty of European Union：TEU）と EU 機能条
約（the Treaty of the Functioning of the European Union：TFEU）の 2 つの条
約からなる。EU 条約は前文と 55 条からなり，EU の性格や EU の仕組み，加盟や
脱退について規定されている。EU 機能条約は前文と 358 条からなり，EU の運営
方法が細かく規定されている。本書では 2 つの条約を区別せずに単にリスボン条約

1　ECSC は 50 年後に解消する取り決めがあり，実際に 2002 年に廃止された。

Box3.　条約が成立するまで

　条約は，合意，調印，批准，発効という手続きを踏んで成立する。合意とは加盟国首脳による条約の承認であり，通常は欧州理事会で合意される。調印とは加盟国首脳が条約にサインすることであり，リスボン条約などの一次法では全ての加盟国の調印が必要である。調印の段階では首脳が条約にサインをしただけであり，加盟国の市民の賛同を得ているわけではない。そこで，批准という作業が必要になる。

　批准とは，調印された条約を加盟国が認める作業である。新しい条約の調印には国民投票が必要となる加盟国が多く，批准までの時間がかかるとともに否決の可能性が高くなる。その一方，これまでの EU 条約の改正であれば議会の承認だけで済む加盟国が多い。全ての加盟国が批准を終えると条約は発効し，法的な拘束力を持つようになる。

　EU 加盟国が増えるにつれて，加盟国間の意見の調整が難しくなっており，条約の合意や調印に時間がかかるようになってきている。リスボン条約の前身である欧州憲法では，EU 内での様々な対立により調印までに時間がかかった。その上，批准もスムーズに進まず，2005 年にはフランスとオランダで相次いで国民投票で否決されたため，欧州憲法の発効を断念することになった。リスボン条約は 2007 年 12 月に調印，2009 年 12 月に発効と批准まで 2 年近くもかかっている。批准に時間がかかる理由の 1 つとして，条約の内容が市民にきちんと伝わっていないという問題がある。EU が目指す姿をきちんと市民に伝え，EU 統合のメリットを説明し，理解を得ることが重要になっている。

と呼ぶことにする。

　リスボン条約だけでは日々変化する経済情勢に対応できない。そこで，EUでは様々な二次法（secondary legislation）が創られている。二次法は，規則（regulations），決定（decisions），指令（directives），勧告（recommendations），意見（opinions）からなる。これに対してリスボン条約は一次法（primary legislation）と呼ばれている。

　規則は内容の全てが法律として全加盟国にそのまま適用されるものであり，加盟国は規則に準じる新たな法律を作る必要がない。EU で規則が 1 つ作られるたびに全加盟国の法律が 1 つ増えることになる。決定は名宛人に対してのみ法として有効となり，特定の企業や加盟国を指定することができる。指令は EU が決定した内容を満たすように加盟国がそれぞれ法律を定める。指令の内容を超えた独自の規制を課すこともできる。例えば，EU の労働時間指令では有給休暇を年に 20 日与え

ることとされているが，フランスでは30日，リトアニアでは28日，デンマーク，オーストリア，スウェーデンでは25日に上乗せ設定されている。このような上乗せ規定は加盟国それぞれの事情に沿ったものであるが，加盟国ごとの法のばらつきを生み出す要因にもなっており，ビジネス展開の阻害要因になることもある。ここまでの3つには法的拘束力がある。勧告や意見には法的拘束力はないものの，EUが政策や対応について情報や方向性を示す。

　これらの一次法と二次法は，加盟国の法律よりも上位に位置すると考えられており，オプトアウト（適用除外）の特例を受けない限り，EU加盟国には受け入れの義務がある。そのため，EU加盟を希望する国は，自国の法律をEUの法律に合わせる必要がある。EUに加盟するための基準はコペンハーゲン基準と呼ばれている。

　コペンハーゲン基準は，民主主義，法の支配，人権および少数民族の尊重と保護を保証する政治的基準，市場経済を実現させてEU内での競争に対応できるようにする経済的基準，政治的目標や経済通貨同盟を含めてEUの法律に対応できるようにする法的基準からなる。EUの法体系をアキコミュノテール（acquis communautaire）というが，単一市場，競争法，教育と文化など35分野でアキコミュノテールを国内法として導入しなければならない。

　EUへの加盟を希望する国は，EUに対して加盟申請を行い，加盟候補国として認められる必要がある。加盟候補国になると財の自由移動，労働者の自由移動，会社法，エネルギー，税制など35の分野で加盟交渉が行われ，全ての分野でアキコミュノテールを受け入れる必要がある。

　リスボン条約にはEUからの脱退規定もある。EUからの脱退を希望する加盟国が欧州理事会に対して脱退の意思を通知すると，脱退後のEUとの関係などを決めるための協議が始まる。協議が終わり脱退協定が発効した時点で脱退が成立するが，協議が難航した場合にも脱退の通知から2年後（延長することもできる）に脱退が成立する。脱退した国が再びEUに加盟したい時には，EU加盟のための申請からやり直すことになる。

　EUは原子力や経済協力からスタートしたが，現在では図表2-1のような幅広い分野で取り組みを進めている。

　これらの政策はEU市民の生活にも大きく関わるものであるが，EUがどこまで市民生活に介入するべきなのかは常に重要な問題となっている。特に，ECからEUへと変わることになったマーストリヒト条約の批准の際には，EUの権限が大きくなりすぎるのではないかという懸念が市民の間で広がった。そこで，EUは補

図表 2-1　EU の政策分野

公衆衛生	気候変動・グリーンディール	経済・金融・ユーロ	移民・難民	国境警備
産業政策	単一市場	デジタル経済・社会	雇用・社会問題	教育・訓練
研究・イノベーション	地域政策	輸送	農業・地域開発	海洋・漁業
環境	エネルギー	対外政策・安全保障	EU 拡大	近隣地域政策
貿易	国際協力・開発	人道援助・市民保護	公正・基本的人権	食の安全
消費者問題	銀行・金融サービス	競争政策	税制	税関
文化・メディア	若年層政策	スポーツ	EU 予算	不正防止

完性原理と比例性原理を取り入れている。

　補完性原理とは，加盟国の中央政府や地方政府では十分に政策目標が達成でき
ず，EU が携わった方が政策目標をより良く達成できるという 2 つの条件を両方と
も満たす時のみ，EU が政策に携わることを指す。例えば，海洋生物資源保護では
地中海のクロマグロの保護をどうするのか，という問題がある。クロマグロは国境
線を越えて移動するため，1 つの加盟国が保護をするだけでは不十分であり，EU
が統一基準を作る方が望ましい。比例性原理とは，EU の行動は条約の目的を達成
させるために必要な限度を超えてはならないというものである。補完性原理と比例
性原理により，政策はできるだけ市民に近い地方政府や加盟国政府が決めるべきで
あり，EU の関与は必要最小限にとどめなければならない，という制約を EU にか
けている。

　EU の権限は図表 2-2 のようになっている。EU が排他的権限を持つ分野では
EU が政策を決定し，法的拘束力を持つ二次法を策定する。権限を共有する分野で

図表 2-2　EU と加盟国の権限

権限の範囲	権限の対象
EU の排他的権限	関税同盟，域内市場の運営に必要な競争法規の確立，ユーロを通貨とする加盟国の金融政策，共通漁業政策の下での海洋生物資源保護，共通通商政策
EU と加盟国が共有する権限	域内市場，EU 条約により定められた側面に対する社会政策，経済的・社会的及び地域的結束，海洋生物資源保護を除く農業および漁業，環境，消費者保護，運輸，欧州横断ネットワーク，エネルギー，自由・安全および正義の領域，EU 条約により定められた側面に対する公衆衛生問題に関する共通の安全
加盟国の政策を促進・調整する権限	経済政策の調整，ユーロ，研究・技術開発および宇宙分野，開発支援及び人道援助，雇用政策，社会政策
支援・調整または補完的な活動分野における権限	人間の健康の保護と改善，産業，文化，観光，教育・職業訓練・青年およびスポーツ，市民の保護，行政協力

Box4．多様性の中での統一

　EU は 2000 年に多様性の中での統一（United in diversity）という標語を使い始めた。EU には 27 カ国が加盟しているが，言語や文化的な背景は加盟国ごとに，さらには地域ごとにも異なる。EU は統一的な政策を展開する一方で，多様性も重視しており，その一例として EU 公式文書の翻訳作業がある。

　EU 加盟国 27 カ国で 24 の公用語がある。公用語の数が加盟国数よりも少ないのは，ベルギー（フランス語，オランダ語など），ルクセンブルク（フランス語，ドイツ語など），オーストリア（ドイツ語），キプロス（ギリシャ語）の 4 カ国が他の加盟国の言語と重なっているためである。また，イギリスが 2020 年に脱退したものの，英語がアイルランド（アイルランド語と英語，アイルランド語はゲール語とも呼ばれる）とマルタ（マルタ語と英語）の公用語であることから，英語がカウントされており，今後も英語の公式文書が提供され続ける。24 言語での公式文書の提供には莫大な費用がかかるが，言語の多様性を維持を重視している。

　EU 内にはバスク語（スペイン）やサーミ語（フィンランド）など地域で使われる言語が 60 以上あるが，各加盟国がこれらの言語の保護にあたっている。

も EU は加盟国とともに法的拘束力を持つ政策を実施できる。調整や支援をする分野でも EU は法的拘束力を持つ政策を実施できるが，活動は加盟国が中心となる。

2．EU の諸機関

　EU には三権分立のシステムが整えられており，様々な EU の機関が役割を分担している。それらの EU の機関について見ていこう。

◆**欧州理事会（European Council）**

　欧州理事会は EU 加盟国首脳（加盟国の大統領や首相）と欧州委員会委員長が集まる会議であり，欧州首脳会議，EU サミットとも呼ばれる。欧州理事会は EU の方針を定め，様々な政策の優先順位を付けるが，二次法の制定には関わらない。

　欧州理事会は 1 年間に 4 回，3，6，9，12 月に開催される。欧州理事会をリードするのは任期 2 年半（1 回再任できる）の常任議長である。現在の常任議長はベルギーのシャルル・ミシェルである。欧州理事会では通常はコンセンサス方式という

決定方法を採る。多数決などの投票をするのではなく，参加者の意見が一致した段階で決定にする方式である。コンセンサス方式では意思決定までに時間がかかるというデメリットがあるが，多数決方式では加盟国間の対立が表面化する恐れがある。欧州理事会は首脳会議であるため，EUの協力体制への懸念が生じないように工夫されている。

Box5. EUのプレジデントたち

　EUにはプレジデント（President）という名前が付く役職がたくさんある。プレジデントには大統領という訳語もあるが，EUには大統領に相当する役職はない。

　欧州理事会の常任議長は英語表記だとPresident of European Councilとなる。日本ではEU大統領という訳語がよく用いられるが誤訳である。常任議長は欧州理事会のまとめ役であり，大統領に相当する権限はないため，駐日欧州連合ホームページでも議長という訳語を使っている。本書では常任議長という訳語を用いるが，リスボン条約が成立する以前は欧州理事会の議長が半年ごとに変わっていたが，リスボン条約以降は任期が2年半と長くなったことによる。

　その他には，欧州委員会委員長（President of the European Commission），閣僚理事会議長（President of Council of the European Union），欧州議会議長（President of the European Parliament），欧州中央銀行総裁（President of the European Central Bank）などがある。英語ではどれもプレジデントだが，日本語では様々な訳語が割り当てられている。

◆欧州委員会（European Commission）

　欧州委員会はEUの行政を担当している。EU予算の執行，行政計画の実施・運営，二次法の提出を行う。欧州委員会の委員は全加盟国から1名ずつ選出され，その中から委員長と7名の副委員長が選ばれる。任期は5年である。現在の委員長はドイツのウルズラ・フォンデアライエンであり，上級副委員長はオランダのフランス・ティマーマンス，デンマークのマルグレーテ・ベステアー，ラトビアのヴァルディス・ドンブロウスキス，その他にはスペイン，スロバキアなどから5名の副委員長が選出されている。欧州委員会は委員長の名前を取って呼ばれることも多い。

　フォンデアライエン欧州委員会では，低炭素社会を実現させる環境政策，社会政策や公平性に配慮した経済経策，デジタル経済への移行，国境管理や法の整備，ヨーロッパの国際的な地位向上，EUの政策決定過程の透明化の6項目を今後の政

策目標として掲げている（第4章）。

　EU予算案の提出権は欧州委員会のみが持ち，二次法の提出権もほぼ独占している。欧州理事会や欧州議会は欧州委員会に対して二次法の提出を要請できるが，欧州委員会がそれに応じる義務はない。また，欧州委員会には加盟国やEU諸機関が一次法や二次法を守っているか監視し，守られていない場合にはEU司法裁判所に提訴したり制裁金を科したりできる。

　欧州委員会には数多くの権限が与えられている一方，各委員は出身国や個人的な利害よりもEU全体の利害を優先させることが強く求められ，兼業も禁止されている。問題のある委員は委員長やEU司法裁判所から罷免されることもある。また，欧州議会で欧州委員会の総辞職の動議が可決されると，欧州委員会は総辞職しなければならない。これまでに総辞職の動議が可決されたことはないが，1999年にはサンテール欧州委員会が自主的な総辞職に追い込まれている。

◆欧州連合理事会（Council of the European Union，閣僚理事会）

　欧州連合理事会は，各加盟国から閣僚級の専門家（大臣など）を招集して構成されることから，閣僚理事会とも呼ばれている。リスボン条約では単に理事会と呼ばれているが，欧州理事会と混同しやすいため本書では閣僚理事会と呼ぶことにする。

　閣僚理事会は，二次法の審議，加盟国間の政策調整，EUとEU外の機関・国との国際協定の締結，共通外交安全保障政策の実施，EU予算の承認などの役割を担い，欧州議会とともに立法を担っている。閣僚理事会は通常はブリュッセル（BE）で開催されるが，4月，6月，10月はルクセンブルク（LU）で開催される。

　閣僚理事会には常設の総務理事会，外務理事会と必要に応じて設置される専門理事会が存在する。総務理事会はEUの中期予算策定やEU拡大交渉，欧州理事会のセッティングなどを，外務理事会は外交，防衛・安全保障，貿易，開発，人道に関する問題を担当する。専門理事会は，経済・財務理事会（ECOFIN），司法・内務理事会，雇用・社会政策・保健・消費者問題理事会，競争理事会，運輸・通信・エネルギー理事会，農業・漁業理事会，環境理事会，教育・青年・文化・スポーツ理事会が設置されている。閣僚理事会は各加盟国の担当大臣が参加する。外務理事会には外務大臣が，経済・財務理事会には経済大臣や財務大臣が参加する。なお，ユーロ参加国の経済大臣や財務大臣，経済問題担当の欧州委員，欧州中央銀行総裁（第12章）で構成されるユーログループはEUの公式の機関ではないが，通常は毎月1回，経済・財務理事会の前日に開催され，ユーロ地域の経済問題について協議

したり，ユーロ参加国首脳で構成されるユーロサミットの準備をしたりする。

　外務理事会は外務安全保障政策上級代表（High Representative of the Union for Foreign Affairs and Security Policy）が任期 2 年半の常任議長を務めるが，その他の理事会では議長は 3 名ずつ輪番制で決められている。議長の任期は 18 カ月で 6 カ月ごとに 1 人ずつ入れ替わる。初めの 6 カ月はいわば学習期間であり，次の 6 カ月で議長としての中心的な役割を果たし，最後の 6 カ月は後任の議長たちへのアドバイスや引継ぎを行う。閣僚理事会の開催国は事前に輪番制で決められている（図表 2-3）。閣僚理事会の議長国では，欧州理事会も開催される。

図表 2-3　閣僚理事会の議長国

2020 年上半期	クロアチア	2022 年上半期	フランス	2024 年上半期	ベルギー
2020 年下半期	ドイツ	2022 年下半期	チェコ	2024 年下半期	ハンガリー
2021 年上半期	ポルトガル	2023 年上半期	スウェーデン	2025 年上半期	ポーランド
2021 年下半期	スロベニア	2023 年下半期	スペイン	2025 年下半期	デンマーク

　閣僚理事会での決定事項は，単純多数決（simple majority），特定多数決（qualified majority），全会一致（unanimity）の 3 方式がある。原則として特定多数決が用いられ，単純多数決は閣僚理事会の運営に関わる事項で，全会一致は共通外交安全保障政策，EU 市民権，EU 新規加盟，間接税の調和，EU 予算の中期計画などに用いられる。閣僚理事会の決定事項の 80％は特定多数決で決められている。特定多数決では人口と加盟国数の 2 つの条件をクリアする必要があり，二重多数決制（double majority）とも呼ばれている。人口条件は各加盟国の人口を EU 比率で表して，賛成票の合計で 65％以上が必要となる。加盟国数の条件は加盟国数で 55％以上が必要であり，27 カ国中 15 カ国の賛成票が必要となる。人口比に応じて多数決を行うのは EU が民主主義を掲げているためである。しかし，人口比だけでは，ドイツ，フランス，スペインなどの大国だけで決定を行うことができることになる。そこで，加盟国条件を導入することで大国が小国から賛同を得ることが不可欠となるようにしている。

◆欧州議会（European Parliament）

　欧州議会は二次法の審議，EU 諸機関の監視，EU 予算の承認などの役割を果たし，閣僚理事会とともに立法を担当する。その他には，欧州委員会委員長やオンブズマンの選出，欧州中央銀行総裁，副総裁，専務理事の承認も行う。欧州委員会の

総辞職の動議を審議できる。

　欧州議会の議員は5年に1度EU全域で実施される欧州議会選挙によって選出される。欧州議会で政党を作るためには，25名以上の欧州議員が4分の1以上の加盟国から選出されなければならず，25名に達しない政治グループは無所属となるか，他のグループに参加するしかない。議席数は704議席プラス議長1議席の合計705議席であり，図表2-4のように加盟国ごとに議席数が配分されている。

図表2-4　欧州議会の議席数

加盟国別									政党別（2019年の選挙結果）	
BE	21	FR	79	NL	29				欧州人民党（EPP）	182
BG	17	HR	12	AT	19				社会民主進歩同盟（S&D）	154
CZ	21	IT	76	PL	52				欧州刷新（ER）	108
DK	14	CY	6	PT	21				緑の党・欧州自由同盟（Greens/EFA）	74
DE	96	LV	8	RO	33				アイデンティティと民主主義（ID）	73
EE	7	LT	11	SI	8				欧州保守改革グループ（ECR）	62
IE	13	LU	6	SK	14				欧州統一左派・北欧緑左派連盟（GUE/NGL）	41
EL	21	HU	21	FI	14				無所属（NI）	57
ES	59	MT	6	SE	21					

出所：欧州議会ホームページ。女性議員比率は41%。

　加盟国別の議席数は人口によって配分されている。人口8317万人のドイツは96議席で最も多く，51万人のマルタには最も少ない6議席が割り当てられている。人口で見ると両国には163倍の差があるが，議席数は16倍にとどまっており，1票の格差は10倍を超える。これは，多数者が少数者の声に耳を傾けるための工夫であり，もし1票の格差がなければマルタ人の意見はドイツ人の意見にかき消されてしまう。多数者が少数者を尊重するという，民主主義でも最も重要な要素を体現する工夫だといえる。

　リスボン条約では，EU諸機関のうち欧州議会が1番目に登場する。欧州議会は欧州石炭鉄鋼共同体の総会として始まり，長い歴史を持っているものの，選挙で選ばれないのに法案提出権をほぼ独占する欧州委員会に比べて権限が弱いことが「民主主義の赤字（欠如）」として指摘されてきた。EUの歴史は欧州議会の権限強化の歴史でもあり，現在は欧州議会選挙の結果を考慮して欧州委員会の委員長を決めたり，欧州委員会の委員を承認したりするなどの権限を得ている。また，EU加盟国議会も二次法の成立に関わるようになり，EU市民がEUの政策に関わる場面が

増えてきている。

その一方で，1979 年の第 1 回欧州議会選挙で 61.99％だった投票率は，その後低下していき，2014 年には 42.61％になった。2019 年には 50.66％とやや上昇したものの，投票率の向上が課題となっている。ベルギー（2019 年の投票率 88.47％），ルクセンブルク（84.24％）など投票率が高い加盟国とスロバキア（22.74％），チェコ（28.72％）など低い加盟国との差も大きい。

◆EU 司法裁判所（Court of Justice of the European Union）

　EU 司法裁判所は，司法裁判所（Court of Justice），総合裁判所（General Court），EU 職員裁判所（Civil Service Tribunal）からなり，ルクセンブルクに設立されている。裁判官の任期は 6 年。司法裁判所と総合裁判所では，EU 諸機関に対する訴訟を扱うが，総合裁判所では競争法，国家援助，貿易，農業，商標などを扱うケースが多い。EU 職員裁判所は EU 諸機関や職員間の雇用などの裁判を扱う。

◆その他の機関

　欧州会計監査院（European Court of Auditors）は，EU 諸機関の収入や支出などの資金がきちんと記録されているか，合法的，経済的，ルールに基づいて使用されているかを監視する。欧州中央銀行（European Central Bank）は，ユーロの単一金融政策を実施する。詳しくは第 12 章で見ていく。欧州対外行動庁（European External Action Service）は，外務安全保障政策上級代表を補佐し，EU の対外活動を担当し，他地域の国々との関係改善などに取り組んでいる。欧州経済社会評議会（European Economic and Social Committee）は雇用者，被雇用者，農業者や消費者などの利害関係者などに助言を行い，経済社会状況の改善，EU への参加，欧州統合の価値の促進を業務としている。欧州委員会，閣僚理事会，欧州議会などに意見を公表することもある。地域委員会（Committee of the Regions）は，EU の地方政府の代表からなっており，EU が健康，教育，雇用，社会政策，経済社会の結束，輸送，エネルギー，気候変動などの分野で地方政府に関わる二次法を策定する際には，地域委員会の諮問を受けなければならない。地域委員会は諮問に対して意見を作成して返送する。欧州投資銀行（European Investment Bank）は，EU 内の雇用や経済成長を促すプロジェクト，気候変動に関するプロジェクト，EU が実施する EU 域外のプロジェクトに資金を提供する。欧州投資銀行の資金は EU の金融市場で調達しており，その 90％は EU 域内に貸し出されている。オンブズマ

ン（Ombudsman）は行政に対する苦情申し立て制度のことである 。不公平な扱い，差別，権利の乱用，情報の不備・提供拒否，不合理な遅延，不正確な手続きなどを受けたと市民がオンブズマンに申し立てを行いオンブズマンが相当な理由があると認めると，EU諸機関や政府に対して調査を要求し，勧告を公表することもある。欧州情報保護庁（European Data Protection Supervisor）は，EU市民の情報を保護する役割を担う。EU諸機関は，個人の人種，民族的起源，政治的意見，宗教，哲学，労働組合への参加，健康，性的指向などについての情報を扱うことはできない。

　この他にも，出版局，採用事務所，コンピューター緊急対処チーム，EU職員研修所などの機関がある。

◆二次法の制定

　欧州委員会が提出した二次法は，閣僚理事会と欧州議会によって審議されるが，その手続きは通常立法手続きと特別立法手続きに分けられる。本書では通常立法手続きを取り上げる。

　通常立法手続きでは，欧州委員会が提出した法案を欧州議会が審議し，承認，修正条件付き承認，拒否のいずれかの立場を採り，閣僚理事会に送る。閣僚理事会は欧州議会の立場を承認するか承認しないかを決める。欧州議会が法案に対して承認の立場を採り，その立場を閣僚理事会が承認すれば法案が成立する。ここまでの手続きを第一読会という。法案に対して両者の承認が得られなければ，第二読会，第三読会と手続きが進み，第三読会でも欧州議会と閣僚理事会の承認が得られなければ法案は不成立となる。

　欧州委員会は法案を加盟国議会にも送付する。加盟国議会はそれぞれ2票（2院制の加盟国議会は1票ずつ，1院制の加盟国議会は2票）持ち，3分の1以上の反対票が集まると，欧州委員会は法案を再検討しなければならない。再検討の結果，法案を修正しないという選択肢もあるが，その場合は理由を示す必要がある。

3．EU 予算

　リスボン条約は EU に対して 5 年以上の期間からなる中期予算の作成を求めており，EU は 2021－2027 年の 7 年間の中期予算を策定している。支出項目は大きく 7 分野に分かれており，この中期予算に基づいて各年度の活動が行われる[2]。

図表 2-5　2021－2027 年の中期予算（億ユーロ）

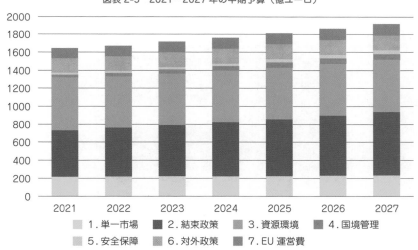

凡例：1．単一市場　2．結束政策　3．資源環境　4．国境管理　5．安全保障　6．対外政策　7．EU 運営費

　予算が毎年増加しているのは，この間の物価上昇を考慮しているためであり，予算を年々増やすという意味ではない。毎年 100 の予算を使う予定であるが，来年にかけて物価が 10％上昇すると予想されれば，今年の予算は 100，来年の予算は 110 としておかないと，物価が上昇した分だけ人件費や物品費が足りなくなる。中期予算は毎年の EU 予算の上限（シーリングという）としての役割がある。各項目については 2021 年予算で解説するが，以前の中期予算に比べて，農業への補助金を含む資源環境の比重が低下し，地域政策や社会政策を含む結束政策の比重が高まった。

　収入面は，関税収入（2021 年度予算では 10.8％のシェア），付加価値税（VAT）収入（11.0％），加盟国分担金（72.8％），その他（5.4％）からなる[3]。付加価値

2　日本では暦年は 1 月，年度は 4 月から始まるが，EU 予算では暦年も年度も 1 月から始まる。
3　リサイクルされないプラスチック包装への課税（1kg あたり 0.8 ユーロ）も EU の収入になる。

Box6.　付加価値税

　付加価値税（Value Added Tax：VAT）は日本の消費税に似た税であり，消費者が買い物の際に負担する。EU では，付加価値税率は 15％以上，軽減税率を設定する場合は 5％以上にしなければならないというルールがある。多くの加盟国で 20％以上の税率が設定されており，3種類以上の税率が設定されている加盟国もある。一方で，一部の品目について付加価値税の対象外とする加盟国もあり（日本でも授業料や家賃などは消費税の対象外となっている），成分によって食品の税率を変える加盟国もある。

ヨーロッパ諸国の付加価値税率（％，2020 年 1 月時点）

	標準	軽減		標準	軽減		標準	軽減
BE	21	6/12	HR	25	5/13	PL	23	5/8
BG	20	9	IT	22	5/10	PT	23	6/13
CZ	21	10/15	CY	19	5/9	RO	19	5/9
DK	25	なし	LV	21	5/12	SI	22	5/9.5
DE	19	7	LT	21	5/9	SK	20	10
EE	20	9	LU	17	8	FI	24	10/14
IE	23	9/13.5	HU	27	5/18	SE	25	6/12
EL	24	6/13	MT	18	5/7	UK	20	5
ES	21	10	NL	21	9	IS	24	11
FR	20	5.5/10	AT	20	10/13	NO	25	12/15

出所：データは欧州委員会，アイスランド政府，ノルウェー政府 HP。

　EU では税抜き表示は認められていない。付加価値税は頻繁に変更されるが，価格は常に税込みで表示されており，日本のような駆け込み需要やその反動はあまりない。観光業の振興のためにホテル宿泊費の付加価値税を一定期間だけ引き下げるというような，経済政策として用いられることもある。

　付加価値税に下限が設定されているのは，税の引き下げ競争を防ぐためである。国境付近に住んでいる人が税率の低い加盟国で買い物をすれば，付加価値税の差額分だけ支払いを節約することができるが，付加価値税が高い加盟国は十分な税収が得られなくなる。買い物客を呼び込むために両国が付加価値税を引き下げ合うと，結局両国とも税収が減ってしまう。このような事態を避けるために，下限を設定している。

税は消費税のように物やサービスの購入時にかかる税であり，各国の付加価値税の 0.3％分が EU 予算に拠出される（ただし，加盟国分担金の 50％相当額が上限でそれ以上は免除）。加盟国分担金は，国民総所得（GNI）[4]に基づいて加盟国が拠出するもので，経済規模の大きなドイツ（2021 年度予算では 25.7％）やフランス（18.0％）などが主要な負担国となる。その他の収入として，EU 競争法違反の課徴金や前年度からの繰り越しなどがある。EU 域外のアイスランド，リヒテンシュタイン，ノルウェー，スイスも EU 予算の一部を負担する。また，イギリスは EU 脱退後も年金債務などの負担が残っており，2021 年度には 75 億ユーロを負担する。

　その他には，欧州排出権取引制度からの収入，2023 年からは炭素国境調整メカニズムからの収入（いずれも第 4 章），2024 年からは金融取引税と共通法人税からの収入を加える予定となっている。これらの収入は制度設計の調整などで時間がかかり，導入が遅れたり導入が見送られたりする可能性もあることから，図表 2-5 には含まれていない。

◆復興基金

　2020 年にコロナウイルス（SARS-CoV-2）が流行したことにより，ヨーロッパ各国ではロックダウン（外出禁止と店舗の営業停止）がたびたび実施された。2017 年をピークに経済成長率が下降していたところに人為的な経済活動停止策を採ったことで経済は停滞した。経済の回復を促すため，7500 億ユーロの復興基金（NextGenerationEU）が創られた。7500 億ユーロは金融市場から調達し，2021－2024 年に 3 つの柱・7 分野に資金を配分し，2021 年には 2112 億ユーロが割り当てられる。復興基金は借金によって運営されるため，2028－2058 年にかけて EU 予算から返済する。

　第 1 の柱の加盟国支援では，EU が進めている環境対策パッケージのグリーンディール（第 4 章）関連の予算が多い。中でも，回復と強化の分野では 5600 億ユーロが投じられ，エネルギー消費量の少ないビルへの改築費用やデジタル政府のプラットフォーム構築費用などが対象となる。結束政策に関わる分野も多く，感染症による雇用やビジネスの喪失への対策費用に充てられる。期間雇用制度の改革，自営業者への支援，中小企業への資金援助なども含まれ，感染症患者の受け入れ態

4　国民総所得は国内総生産（GDP）に海外からの給与・金利・配当などの受け取りを足して，海外への支払いを引いたものである。国内総生産が大きくなればなるほど国民総所得も大きくなる傾向がある。

図表 2-6　復興基金の使途

1．加盟国支援		
	回復と強化	環境保護やデジタル化対応
	REACT − EU	生活や雇用の向上，行政サービスの充実
	気候中立経済への移行支援	気候変動対策
2．経済再始動・民間投資の支援		
	InvestEU の拡張	欧州投資銀行などからの投資の拡充
	企業の支払い能力補助基金	感染症で経営悪化した企業への支援
3．危機への対応・戦略的課題への挑戦		
	EU4Health	医療制度の拡充・強化
	市民保護：RescEU	緊急医療対策・災害対策の強化

勢の拡充なども支援対象となる。

　第 2 の柱の経済再始動・民間投資の支援では，第 3 章で紹介する InvestEU という基金への追加資金投入や経営は安定しているものの感染症の悪影響を受けて経営が悪化している企業への支援を行い，雇用の喪失を抑制する。企業への支援では，EU の資金が欧州投資銀行（EIB），各加盟国の政策投資銀行と経由して企業に配分される。2019 年末時点で資金繰りなどに問題がない企業が対象となる。

　第 3 の柱の危機への対応・戦略的課題への挑戦では，感染症，森林火災，化学・生物学・放射線学などの分野の危機，原子力発電や核施設の事故などの緊急時に速やかに市民の安全を守れるように投資を行う。医療機器，避難計画，災害ヘリコプターや消防ヘリコプターなどの危機，緊急時の野外病院などの準備を行う。ヨーロッパでは，森林火災，大雨や雪解け水による洪水，旱魃などが毎年のように発生しており，災害対策の必要性が高まっている。

◆2021 年度予算

　2021 年度予算の支出項目を見ていこう（図表 2-7）。2021 年の EU 予算は 1667 億 5000 万ユーロであり，2020 年予算の 1846 億 5000 万ユーロに比べて 9.7％削減される予定だった（イギリスが脱退したために予算が縮小される予定だった）が，復興基金が加わって 2.0 倍となった。

　1 番目の単一市場の正式名称は単一市場・イノベーション・デジタル化であり，経済の近代化と環境対策への投資を行う。研究プロジェクトへの資金援助プログラムである Horizon Europe が復興基金も含めて 173 億ユーロと大きな割合

図表 2-7　EU の 2021 年度予算（億ユーロ）

項目	EU 予算	復興基金	項目計
1．単一市場	213.6	229.7	443.3
2．結束政策	514.9	1740.2	2255.1
3．資源環境	584.4	79.6	664.0
4．国境管理	30.6		30.6
5．安全保障	21.9	17.0	38.8
6．対外政策	16.1	46.1	207.3
7．EU 運営費	10.5		10.5
その他	36.4		36.4
合計額	1667.5	2112.5	3780.0

注：空欄は予算の割り当てなし。復興基金は 2021 年度割り当て分。
四捨五入により縦横の合計額が項目の合計値と一致しない。
出所：European Commission, Draft General budget of the European
Union for the financial year 2021, COM（2020）300.

を占めている。最先端の科学研究，産業の競争力強化，イノベーションの実用化を 3 つの柱として集中的に支援していく。単一市場の効率性を高めるために関税手続きのデジタル化や税務当局の協力を進める予算に 9 億ユーロが充てられている。その他には，20 億ユーロが宇宙開発に使われる。人工衛星ナビゲーションシステム（Galileo），航空機用ナビゲーションシステム（EGNOS），地球観測衛星（Copernicus）の整備を進めている。

　2 番目の結束政策の正式名称は結束と価値であり，地域のコミュニティやインフラへ投資し，都市と地方の格差，高齢化，地方の人口減少などへの対策を行う。結束政策は EU 予算や復興基金で最大の規模を占める。結束政策では，欧州地域開発基金（EFRD）に 287.4 億ユーロ，欧州社会基金（ESF＋）に 126.6 億ユーロ，結束基金（CF）に 58.5 億ユーロを配分して，それぞれの基金から政策に必要な資金を支払う（基金については第 3 章 52 ページ）。雇用，社会生活，若年層の支援など市民生活を向上させるための施策が多い。28.9 億ユーロ支出されるエラスムスプラス（Erasmus＋）は，大学生の留学支援プログラムである。EU では単位互換など大学制度の調和を進めており，EU 域内の留学が容易になっている（40 ページBox7）。

　3 番目の資源環境の正式名称は天然資源・環境であり，農業や漁業など自然と関わりの深い産業への投資を行う。天然資源や環境という名前がついているも

のの，561億ユーロが農業・漁業部門に割り当てられており，EUの共通農業政策（Common Agricultural Policy：CAP），共通漁業政策（Common Fisheries Policy：CFP）が相当する。20世紀の共通農業政策では農産物に補助金を出していたために補助金目当ての過剰生産が問題となったが，現在は農家への直接支払いに充てられており，農家は過剰生産する必要がなくなった。農家への直接支援は375億ユーロに上り，農業補助の削減が課題となっているが，フランスやポーランドなど共通農業政策の受け取り国や各国の農家からの反発は大きい。農産物は途上国の方が安く生産することができ，EUや加盟国政府は多額の補助金や関税によって農業を保護している。

　4番目の国境管理の正式名称は移民・国境管理であり，経済の近代化を進めて環境対策への投資を行う。移民対策に12.4億ユーロ，国境管理に18.2億ユーロ配分されている。21世紀に入って移民や難民の受け入れが増えてきており，2015年には182万人を超える難民が流入して社会問題に発展した（第9章）。東欧諸国などが難民の受け入れに反対したり，各国で反難民を掲げる政党がかなりの議席を確保したりしており，市民の関心も高い。2014－2020年までの中期予算では他の予算項目に入っていたが，今回の中期予算では独立した項目になった。11億ユーロが配分される難民・移民基金（Asylum and Migration Fund）は，難民や移民の手続き場所であるレセプションセンターの整備を加盟国が進めるために使われる。8.5億ユーロが配分される統合国境管理基金（Integrated Border Management Fund）は，国境管理・ビザ・税関の設備に使われる。税関の近代化は貿易事務の効率化につながり，貿易を促進させる効果を持つ。

　5番目の安全保障の正式名称は強化・安全保障・防衛であり，国境管理の厳格化を図る。単一市場では人々や企業が国境を越えて自由に移動できるが，犯罪者や犯罪資金も自由に移動できる。市民の安全を守るためには加盟国間の協力が欠かせない。ユーロポール（European Union Agency for Law Enforcement Cooperation：Europol）は犯罪に関する情報の共有を行う組織であり，年間4万件の犯罪捜査を支援している。その他には，原子力発電所の廃炉などの核政策，復興基金を使ったEU4HealthやRescEUもこの項目に含まれている。

　6番目の対外政策の正式名称は近隣諸国と世界であり，EU域外の国・地域との協力関係を深めていく。EUは周辺地域を中心にサブサハラ，アジア・太平洋，中南米など幅広い地域に支援を行っている。エラスムスプラスによる留学支援，持続的発展のための資金援助，原子力発電や核の安全性向上，人道的援助などを行って

いる。EU 加盟を目指す国々に対しては，IPAⅢ（Instrument for Pre-Accession Assistance）を通じて支援している。19.5 億ユーロの予算のうち，11.4 億ユーロは経済成長と雇用のための投資とされており，インフラ整備などに充てられると思われる。

　7 番目は欧州委員会，欧州理事会など EU の諸機関の運営費，EU 職員の給与や年金などである。EU 諸機関運営費 80.3 億ユーロのうち欧州委員会が 37.4 億ユーロと最も費用が高く，欧州議会 20.6 億ユーロ，欧州理事会と閣僚理事会 6 億ユーロと続いている。欧州委員会は 3 万 2000 人のスタッフと 33 の総局（Directorate Generals）を抱えており，人件費などの負担が重い。本書でデータを利用している欧州統計局（EUROSTAT）も欧州委員会の総局の 1 つである。欧州議会はストラスブール（FR）とブリュッセル（BE）で開催されており，議員だけでなく秘書や事務職員なども移動するため多額の費用がかかっている。経費削減のために開催地を絞るべきだとの意見も出ているが，EU 諸機関を地理的に分散させるべきとの考え方から 2 都市での開催が続いている。

◆EU 予算の役割

　20 世紀の EU 予算は収入面では付加価値税，支出面では農業支援の割合が高かった。付加価値税は単価の高い工業製品を生産する国の負担が大きくなり，ドイツの負担が大きいことを表している。当時は EU 加盟国が少ないこともあって，ドイツの工業の負担でフランスの農業を支える構図となっており，ドイツの工業とフランスの農業の結婚という表現もあった。21 世紀に入ると中東欧諸国などが EU に加盟し，それらの地域への支援が不可欠となった。農業への配分は徐々に減りつつあ

図表 2-8　EU 予算のネットの受け取り・支払い国（2019 年，億ユーロ）

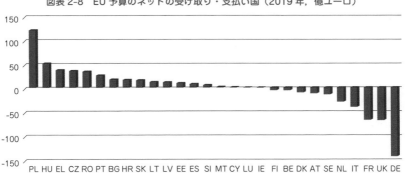

り，競争力向上や地域政策の比重が増しており，経済的な不満を持つ市民の増加に対応する形で社会政策も重要になってきている。EU 予算の役割は，工業国から農業国へと資金を流すものからドイツなど西側からポーランドなど東側に資金を流すものへと変わりつつある。どちらにせよ，工業国で国民総所得の大きなドイツが主要な負担国となることには変わりがない。図表 2-8 は補助金など EU 予算の受取額から加盟国分担金など EU への支払いを引いたものであるが，ポーランドなど中東欧諸国が主な受け取り国であり，ドイツやフランスなどが支払い国となっている。イギリスは支払い超過になっており，このことも EU への不満につながっていた。

　これまで EU はできるだけ小さな政府を目指してきたが，感染症対策を理由に財政規模を膨らませてきており，財政規律が失われたといってもよい。共通農業政策に批判的なイギリスが脱退したことで農業予算改革が停滞する恐れもある。金融危機や感染症などによる経済危機は一定の確率で今後も発生する。経済危機のたびに借金を膨らませていけば，短期的には景気を下支えするかもしれないが，長期的には EU 予算を圧迫して政策の自由度を低下させる。EU への信頼の低下にもつながるだろう。

第2章のチェックシート（1）　EUの仕組み

EUの現在の条約は（　　1　　）である。二次法には，内容の全てが法律となる（　　2　　），範囲を特定する決定，内容は達成しなければならないが方法は加盟国に委ねられる（　　3　　），勧告，意見がある。(2)や(3)などは全ての加盟国に効力が及ぶが，（　　4　　）という適用除外を求めることもできる。

EUに加盟するためには，政治的基準・経済的基準・法的基準からなる（　　5　　）を満たさなければならない。EUの法体系は（　　6　　）と呼ばれる。EUへの加盟を申請して認められると（　　7　　）になる。

EUは幅広い分野に携わっているが，（　　8　　）と（　　9　　）により，関与には制限が設けられており，できるだけ地方政府や加盟国政府が政策を担当するようになっている。

（　　10　　）はEU加盟国の首脳が集まり，（　　11　　）をまとめ役としてEUの方針を決定する。（　　12　　）はEUの行政を担当し，二次法の提出権をほぼ独占している。（　　13　　）は専門家の立場から二次法を審議する。外務理事会の議長は（　　14　　）であり，EU外相の役割を担っている。(13)での決定方法には原則として（　　15　　）が用いられる。

（　　16　　）はEU市民による選挙で選出された議員から構成されており，(13)とともに立法を担っている。（　　17　　）は司法の役割を担っている。

第2章のチェックシート（2）　EUの予算

　EUは7年の期間からなる（　　1　　）を作成しており，(1)は各年度予算の（　　2　　）としての役割を持っている。EUの収入で最も大きな割合を占めるのが（　　3　　）であり，（　　4　　）が最大の負担国となっている。日本の消費税にあたる（　　5　　）では，（　　6　　）を防ぐために最低税率が（　　7　　）％に設定されている。

　2020年の感染症による経済の停滞を受けて，EUは3つの柱からなる（　　8　　）を創設した。第1の柱ではEUの環境政策パッケージである（　　9　　）関連に多くの予算が投入される。第2の柱では（　　10　　）という基金への追加資金投入を行う。

　各年のEU予算を見てみると，単一市場対策では（　　11　　）という研究プロジェクトへの資金支援が大きな割合を占めている。(8)を含めると（　　12　　）が最も予算割合が大きい。社会生活や雇用に関する政策が含まれる。（　　13　　）と呼ばれる農業政策にも大きな予算が充てられており，農家への直接支援が中心となっている。2010年代にはシリアなどEUの外から（　　14　　）が流入してきており，これらへの対策費も重要性を増している。EU諸機関のうち，最も多くの予算を使っているのは（　　15　　）であり，EUの統計をまとめている（　　16　　）など多くの部局を持っていることが背景にある。

第 3 章

EUの経済政策

第2章図表2-1（19ページ）で見たように，EUの取り組みは35分野に及ぶ。本章では経済に関わる政策項目をいくつか見ていこう。グリーンディールとEU拡大は第4章で，難民問題は第9章で，ユーロの金融政策は第12章で見ていく。

1. EUの取り組み

◆産業政策

　日々，新しい技術が開発・導入され，地球規模での競争がますます激しくなっている中で，ヨーロッパの企業や産業の競争力向上は欠かせない。EUは研究開発を進めるための資金提供，新しい技術を人々が使えるようにするための取り組み，起業支援などに取り組んでいる。2020年3月には欧州産業政策を策定し，競争力を向上させる，環境に中立的な経済を2050年までに創る，デジタル化を進展させるという3つの重点項目を挙げている。欧州委員会は長期戦略としてグリーンディールを掲げているが（第4章），環境に配慮した形で技術開発や産業の展開を進めていくという特徴がある。

　また，中小企業（Small and Medium-sized Enterprises：SMEs）の育成も進めていく。EUの企業の99％は中小企業であり，2500万社以上の中小企業が1億人を雇用している。持続可能な経営やデジタル化への移行を支援し，規制を削減することで市場へのアクセスを改善し，資金調達がより容易になるように，中小企業戦略を進めていく。中小企業のうちデジタル技術を導入できている割合は17％に過ぎず，大企業の54％に大きく後れを取っている[1]。デジタルイノベーションハブと呼ばれる機関を240創り，企業が抱える様々な問題に対してアドバイスをする。

1　European Commission, Unleashing the full potential of European SMEs, Factsheet, March 2020.

　EUには単一市場があり，貿易やビジネスが国境を越えて展開できるようになっているものの，製品に求められる要件や税制など多くの分野で加盟国間のルールの差異が残っており，単一市場の恩恵を十分に受けられていない。より透明で実効性のある単一ルールを策定し，ルールの周知を徹底する対策を行う。単一市場内のビジネス障壁を取り除き，単一市場の恩恵を最大限に受けられるようにすることで，2029年末には7130億ユーロ相当の便益が得られると見込まれている[2]。

　企業が単独で立地するよりも，同じ産業や関連産業が集積する方が競争力が増す。このような集積地を産業クラスターという。ヨーロッパには51業種，2950の産業クラスターが存在し，ヨーロッパの雇用の23.1％を占めている。中でも図表3-1を含む198の産業クラスターは他の地域よりも2.4倍も生産性が高い。図表3-1では製造業が多いが，金融業などでもクラスターは競争力の源泉となっており，ICT（情報通信技術）[3]でも産業クラスターの誘致を進めている。例えばスイスのツーク市はクリプトバレーと呼ばれ，暗号通貨（crypto currency）やDLT（分散型台帳技術）などの企業が集積している。マルタやエストニアなどもDLT関連の産業クラスター育成を進めている。

図表3-1　ヨーロッパの産業クラスター

産業	主な集積地（国名）
電化製品	テュービンゲン（DE），アルザス（FR），ロンバルディア（IT），グロスターシャー（UK）
自動車	シュトゥットガルト（DE），オーバーバイエルン（DE），ロレーヌ（FR），アルザス（FR）
通信機器	ブリュッセル地域（BE），西フィンランド（FI），ストックホルム（SE），オスロ（NO）
発電・送電	アントワープ（BE），カールスルーエ（DE），カタルーニャ（ES），ピエモンテ（IT）
金融	コペンハーゲン（DK），ウイーン（AT），ロンドン（UK），スイス中部（CH）
畜産加工	ブルターニュ（FR），東ヨークシャー（UK），ソールラン（NO）
医療機器	コペンハーゲン（DK），カールスルーエ（DE），アイルランド東部（IE），ローヌ・アルプス（FR）
石油・ガス	ハンブルク（DE），マドリード（ES），東スコットランド（UK），ソールラン（NO）

出所：Hugo Hollanders and Iris Merkelbach, European Panorama of Clusters and Industrial Change 2020 edition, The European Observatory for Clusters and Industrial Change.

2　European Commission, A single market that delivers for businesses and consumers, Factsheet, March 2020.
3　ヨーロッパでは通信会社のプレゼンスが高いことから，ITよりもICTの方がよく使われる。

◆雇用・社会問題

　補完性原理により雇用対策や社会保障制度は加盟国の責任で実施されるが，EU はベストプラクティスの共有や加盟国間の制度の調和など補完的な役割を担う。EU の単一市場では，人々は EU 域内（EU27 カ国と EEA3 カ国）であればどこでも居住できる。居住できるということは，学業や就業も自国と同じようにでき，社会保障でも自国民と EU 域内移民の間で差別がないようにする必要がある。EU では 1700 万人が自国以外の単一市場参加国で働いているとされている。

　2017 年 11 月には，雇用の機会均等，公正な労働条件，社会的保護と社会参加の面を重視するという，欧州社会権の柱（European Pillar of Social Rights）を採択した。人々が安心して生活できるようにする政策を進めるとともに，障碍者やホームレスなど経済的立場の弱い人々が社会的疎外（social exclusion）を受けないようにすることも含まれている。

　日々進化する新しい技術を取り入れる必要性は産業政策でも見てきたが，それは企業レベルだけでなく個人レベルでもいえる。単純な作業や繰り返し作業などはロボットや AI などに代替されるようになり，それらを使いこなすスキル（技術）が

図表 3-2　欧州社会権の３つの柱

雇用の機会均等	公正な労働条件	社会的保護と社会参加
・教育・職業訓練・生涯教育 ・男女平等 ・機会均等 ・就業支援	・安定して順応性のある雇用 ・公正な水準の賃金 ・雇用条件・解雇の保護に関する情報 ・労働者も交えた社会的対話 ・ワークライフバランス ・健康的・安全・順応的な労働環境　とデータ保護	・保育・子供支援 ・社会的保護 ・失業給付 ・最低所得 ・老後の所得と年金 ・ヘルスケア ・障碍者の社会参加 ・介護 ・ホームレス支援 ・基本的なサービスの利用

出所：欧州委員会ホームページ，The European Pillar of Social Rights in 20 principles；EUMAG「急激に変化しつつある世界に対応する「欧州社会権の柱」」駐日欧州連合代表部ホームページ。

図表 3-3　欧州スキルアジェンダの数値目標

指標	目標値	現在値（年）	目標増加率
25−64 歳の学習経験者（＊）	50%	38%（2016）	＋32%
低学歴者の学習経験者（＊）	30%	18%（2016）	＋67%
失業者の学習経験者（＊）	20%	11%（2019）	＋82%
基本的なデジタルスキル保有者	70%	56%（2019）	＋25%

注：（＊）は過去 12 カ月間で学習経験のある人の割合。目標値は 2025 年の目標。

必要とされている。EU は 2020 年 7 月に欧州スキルアジェンダ（European Skills Agenda）を策定した。スキルのマッチングの強化，将来を見据えた職業教育と訓練，STEM（科学・技術・工学・数学）分野の卒業生の増加，職業訓練プログラムの見直しなど 12 の行動計画からなる。図表 3-3 のような数値目標もあり，人々が学校卒業後も継続的に学習して新しい技術を身に付けるように促していく。

Box7．ボローニャプロセス

　EU では 1999 年から教育制度の調和に取り組んでおり，ボローニャプロセスと呼ばれている。大学生は留学することが奨励されているものの，国ごとの大学制度の差が障壁となっていた。ボローニャプロセスの受け入れは義務ではないものの，例えば，学部課程 3 年，修士課程 2 年，博士課程 3 年という修業年数は多くの国で取り入れられており，単位の互換制度に参加している国も多い。2020 年時点では，EU 加盟国にバルカン諸国，トルコやロシアなども含めた 48 カ国が欧州高等教育地域（European Higher Education Area）に属している。

　EU は 2025 年までに欧州教育地域（European Education Area）の整備を目指し，外国での学習や課外活動の促進，母国語以外で 2 カ国語の習得，高校単位の互換制度，デジタル化への対応も含めた教育の質の改善などに取り組んでいる。欧州学生証なども導入される見通しとなっている。エラスムスプラス（Erasmus+）などのプログラムを通じて留学のための奨学金を支給している。なお，エラスムスプラスには日本人も大学院への留学で応募できる。詳しい情報は，駐日欧州連合代表部のホームページ（日本語）に記載されている。

◆輸送

　輸送には貨物輸送と旅客輸送があり，道路，鉄道，空路，水路が利用されている。ヨーロッパの多くの国は地続きであり，国境を越えた人や物の移動は頻繁に発生する。輸送部門の効率性を高めるためには統一的なルールの策定，規格の調和，新しい技術の導入などが必要であり，安全性の向上も欠かせない。輸送部門は多くのエネルギーを消費するため，環境面への配慮も不可欠となる。輸送では，乗客の権利，安全性，都市交通，持続可能な輸送，高度道路交通システム，公共サービス，物流・複数交通手段を用いた輸送，社会的側面，危険物の輸送などの分野に取り組んでいる。

　特に環境面では，2050 年までに輸送部門から排出される温室効果ガスを 1990年比で 60％削減するという目標を掲げている。そのために，都市部での化石燃料車の禁止，航空機燃料の 40％を低炭素燃料にする，貨物船燃料からの二酸化炭素（CO2）排出を 40％削減，300km 以上の貨物輸送の 50％を鉄道や道路から水路に

図表 3-4　TEN-T プロジェクト

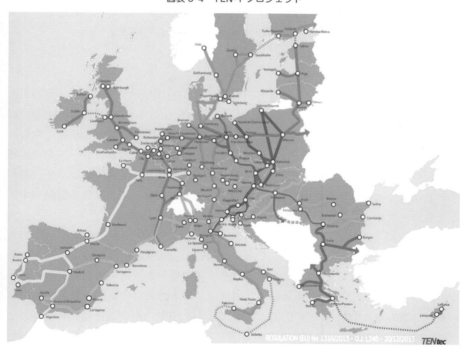

出所：欧州委員会ホームページ。

移行，中距離旅行の移動手段を鉄道へ移行，欧州高速鉄道ネットワークの完成，TEN-T（trans-European transport network）の完成，道路での交通事故死亡者数ゼロに向けた取り組みを行う。

　TEN-TはEU域内の国際的な交通網の整備を目指すものであり，2050年までに鉄道13万8072km，道路13万6706km，水路2万3506kmを整備する。そのうち重点計画部分として鉄道5万762km，道路3万4401km，水路1万2800kmを2030年までに整備する。

　図表3-4のオレンジの線のライン＝アルプス回廊は，アムステルダム（NL），ロッテルダム（NL），アントワープ（BE）などの北方の港からジェノバ（IT）まで中央ヨーロッパを南北につなぐ回廊であり，デュッセルドルフ（DE），ケルン（DE），フランクフルト（DE），チューリッヒ（CH），ミラノ（IT）などの主要都市を結んでいる。2016年に完成したスイスのゴッタルド基底トンネルは，全長57kmのトンネルであり，チューリッヒからミラノまでの旅客の移動は1時間に短縮された。トンネルを通る車両にはトラックを載せることもでき，トラックがスイス山間部を避けて走行することにより，移動時間が短くなるだけでなく，坂道をトラックが走ることで多く発生する排気ガスを削減させることもできる。

◆貿易

　EU加盟国の主要な貿易相手国はEU加盟国であり，EU全体で見ると，そのシェアは3分の2に上る（各国の主要貿易相手国は第5章から第10章の概況を参照のこと）。EU加盟国は貿易で密接につながっており，域内の障壁を取り除くために単一市場を創設しユーロを導入した。EU域外とも積極的に貿易を行っており，図表3-5のEUの主要貿易相手国を見ると，アメリカ，中国，イギリスが3大貿易相手国となっており，日本は輸出面でも輸入面でもEUにとって第7位の貿易相手国となる。

　貿易の円滑化を図るために，EUはエジプト，日本，シンガポール，ベトナムなど72の国・地域とFTA（Free Trade Agreements：自由貿易協定）などの貿易協定を結んでいる。20世紀の貿易協定は貿易障壁となる関税の削減に取り組んできたが，21世紀にはビジネスをより円滑に進めるためにより広い範囲のルールの統一に取り組んでいる。2019年に発効した日欧EPA（経済連携協定）を見ると（図表3-6），前半部分では貿易や関税に関する章が並んでいるが，政府調達や補助金など産業政策に関わる章や知的財産や企業統治などビジネスの遂行に関わる章も

図表 3-5　EU27 カ国の貿易相手国（2019, %）

順位	シェア	順位	シェア
1：アメリカ	15.2 (18.0, 12.0)	10：メキシコ	1.5 (1.8, 1.3)
2：中国	13.8 (9.3, 18.7)	11：カナダ	1.5 (1.8, 1.1)
3：イギリス	12.6 (14.9, 10.0)	12：ブラジル	1.5 (1.5, 1.4)
4：スイス	6.3 (6.9, 5.7)	13：サウジアラビア	1.3 (1.2, 1.4)
5：ロシア	5.7 (4.1, 7.5)	14：台湾	1.2 (1.1, 1.4)
6：トルコ	3.4 (3.2, 3.6)	16：シンガポール	1.2 (1.4, 0.9)
7：日本	3.0 (2.9, 3.2)	17：ベトナム	1.1 (0.5, 1.8)
8：ノルウェー	2.6 (2.4, 2.8)	18：ウクライナ	1.1 (1.1, 1.0)
9：韓国	2.2 (2.0, 2.4)	19：南アフリカ	1.0 (1.1, 1.0)
10：インド	1.9 (1.8, 2.0)	20：モロッコ	1.0 (1.1, 0.8)

注：シェアは，輸出入合計（輸出，輸入）の数値。金額は輸出入合わせて 4.1 兆ユーロ。
　　イギリスは EU 域外国扱い。

あり，民間企業による自由な貿易だけでなく，サービスの貿易や相手国への企業進
出のサポートも行っている。

　EU は貿易協定の交渉で，貿易と持続的開発（Trade and Sustainable Develop-
ment：TSD）を重視しており，2018 年には，EU の自由貿易協定における貿易と持
続的成長の章をより効果的にする戦略のための 15 項目を策定した[4]。

図表 3-6　日欧 EPA の内容

第 1 章：総則	第 9 章：資本移動・決済・セーフガード	第 17 章：透明性
第 2 章：財の貿易	第 10 章：政府調達	第 18 章：規制に関する協力
第 3 章：原産地規則	第 11 章：反トラスト・企業の合併	第 19 章：農業分野の協力
第 4 章：税関と貿易の促進	第 12 章：補助金	第 20 章：中小企業
第 5 章：貿易救済	第 13 章：国有企業	第 21 章：紛争解決
第 6 章：衛生植物検疫（SPS）	第 14 章：知的財産	第 22 章：制度的規則
第 7 章：貿易の技術的障壁（TBT）	第 15 章：企業統治	第 23 章：最終規定
第 8 章：サービス貿易・投資・e コマース	第 16 章：貿易と持続的開発（TSD）	

4　European Commission, Commissioner Malmström unveils 15-point plan to make EU trade
and sustainable development chapters more effective, press release, 2018-2-28.

　図表3-7の13番目の項目では，安全な労働条件，労働者の健康への配慮，サプライチェーンの責任ある管理などが盛り込まれている。カナダ，メルコスール，メキシコ，インドネシアとの FTA では TSD が含まれている。EU は TSD を貿易協定に盛り込むことで，人道や環境に配慮する EU の政策や価値観を相手国と共有し，相手国に改善を要求する。TSD に対処するためには企業には一定のコストがかかり，商品価格の引き上げ要因になる。EU の企業が人道や環境に配慮する経営を行う一方で協定相手国がそのような経営を行わなければ，EU の製品が価格面で不利になる。TSD を FTA に加えることには人道的な意味もあるが，EU の企業が不利にならないようにするという産業政策でもある。

図表 3-7　EU の TSD 戦略

A．各機関との連携
1．加盟国や欧州議会との連携
2．国際機関との連携
B．市民社会の活性化
3．市民社会による監視の強化
4．市民社会の視点を FTA 全体（全ての章）まで拡大
5．企業や事業の社会的責任の担保
C．実効性
6．相手国別の優先事項
7．TSD 条項の完全な履行の促進
8．中核的な国際協定の早期批准
9．TSD 条項の実施に関するレビュー
10．TSD 条項に関するハンドブック作成
11．TSD に関する予算
12．気候変動
13．貿易と労働
D．透明性とコミュニケーション
14．透明性とコミュニケーションの向上
15．TSD への質問等への迅速な回答

出所：欧州委員会ホームページ，Feedback and way forward on improving the implementation and enforcement of Trade and Sustainable Development chapters in EU Free Trade Agreements より作成。

Box8.　日欧 EPA の関税率

　2019 年 2 月に発効した日欧 EPA の関税率を見てみよう。EU から日本への輸入では約 94％の品目（農産物約 82％，工業製品 100％），日本から EU への輸出では約 99％の品目で関税が撤廃される。EPA の発効後すぐに関税が撤廃されるものと段階的に撤廃されるものがある。牛肉は EPA 前の 38.5％から段階的に引き下げていくが，16 年目の 9％が下限であり，関税率がゼロ％にならない。関税率が引き下げられた品目については，日本での販売価格の下落が見込まれる。

　日本に農産物を輸出したい EU と，EU に工業製品を輸出したい日本が交渉し，お互いに妥協して新たな関税率を決めたといえる。農産物や加工品については，GI（地理的表示，157 ページ Box18）も互いに認められた。

日欧 EPA による関税率の引き下げ（EPA 前→ EPA 後）

EU から日本への輸出	関税率	日本から EU への輸出	関税率
ハードチーズ	最大 29.8％ → 16 年目に 0％	緑茶	3.2％→即時 0％
ソフト・フレッシュチーズ	最大 29.8％ →非関税枠の設定	イチゴ	11.2％→即時 0％
パスタ （スパゲッティ・マカロニ）	30 円 /kg → 11 年目に 0 円	リチウムイオン電池	2.7％→即時 0％
冷凍クロマグロ	3.5％→即時 0％	産業用ロボット	1.7％→即時 0％
航空機燃料	934 円 /kl →即時 0 円	乗用車	10％→ 8 年目に 0％
羊毛の衣類	20％→ 11 年目に 0％	乗用車用タイヤ	4.5％→即時 0％
顔料	4.4％→即時 0％	光ファイバー	2.9％→即時 0％

2.　地域政策

　1 人当たり GDP の指標で見ると，EU27 カ国は 53 から 261 と非常にばらつきが大きいが（3 ページ，図表 1-1），1 国内でも地方によってばらつきがある。例えば，チェコの 1 人当たり GDP は 90 だが，プラハでは 191，北西地方（Severozápad）では 63 と国内でも 3 倍以上の差がある（2018 年の数値，図表 1-1 の 92 は 2019 年の数値）。地域経済の振興を図るためには，国レベルよりも細かな統計が必要となる。

　EU では，地域の区分けに NUTS（Nomenclature of Territorial Units for Statistics，英語と略語が少しずれている）が用いられる。NUTS は 1 から 3 まで 3 段階に分けられており，このうち，NUTS2 が EU の地域政策や地域統計の多くで基準となる。ドイツのような人口の大きな加盟国では，NUTS2 で地域ごとの差

図表 3-8　NUTS の分類

	人口規模	地域数	使用例
NUTS1	300−700 万人	104	DE2（バイエルン），UKL（ウェールズ）
NUTS2	80−300 万人	1281	FRH0（ブルターニュ），NL31（ユトレヒト）
NUTS3	15−80 万人	1348	ITF47（バーリ），SE121（ウプサラ県）

を比較することができるが，エストニアなど人口が少ない加盟国では，国全体が
NUTS2 の 1 地域になる。EUROSTAT の統計では，NUTS1 では 1 文字，NUTS2
では 2 文字，NUTS3 では 3 文字の数字やアルファベットが加盟国名の後に付けら
れて地域を示すラベルとされている。

　地域政策ではインフラ整備がメインだが，起業支援，社会政策，環境保全などの
政策も行われている。政策に必要な資金は EU と地方が共同で拠出する。インフラ
整備などは，1 人当たり GDP が 75 未満の低開発地域がメインとなり，1 人当たり
GDP が 75−90 の移行地域や 1 人当たり GDP が 90 以上の高開発地域への配分は少
ない。国境付近の町では遠く離れた首都よりも国境を越えた隣町との結びつきの方
が強いことが多い。しかし，加盟国単位の経済政策では国境の向こう側を整備する
ことができない。例えば，川が国境になっている地域で川の真ん中まで橋を通して
も意味がない。このような場合には，EU の国境地域開発（European Territorial
Cooperation）プログラムを利用して，政策の調整や資金の拠出を行っている。

◆RegioStars

　EU は地域間の格差を是正するための結束政策（Cohesion policy）を進めてお
り，数多くのプロジェクトに資金を拠出している。複数の加盟国にわたる大規模な
プロジェクトもあれば，1 つの町だけで実施される小規模なプロジェクトもある。
良いプロジェクトの情報は新たに取り組みを始める他の地域の参考になる。EU は
RegioStars Award という地域プロジェクトの表彰制度を 2008 年より実施してお
り，ベストプラクティスの共有に役立てている。2020 年は 206 件の応募があり，
そのうち図表 3-9 にある 25 のプロジェクトが決勝に残った。

　各カテゴリーの優勝プロジェクトを見ていこう。

　カテゴリー 1 の ESA BIC Portugal は，リスボンの北，約 200km のところにある
コインブラ市にある ESA ポルトガル宇宙ソリューションセンターが持つ技術をビ
ジネスに応用するためのサポートプログラムである[5]。サポートのために，ESA ビ

図表 3-9　RegioStars Award 2020

カテゴリー 1：スマートなヨーロッパへの産業移行	
Smart Solar Charging Region Utrecht：NL	太陽光発電と電気自動車のマッチング
HyTrEc2：DE，NL，NO，SE，UK	燃料電池車の普及プログラム
House of Digitalization：AT	教育・産業・行政分野への IT サポート
Me3DI：FI	金属 3D 印刷産業の集積地設立
ESA BIC Portugal：PT	宇宙関連ビジネスの育成
カテゴリー 2：循環型経済への取り組み	
Take the Cool Food challenge：FR，UK	農産物に関わる二酸化炭素排出の削減
SeRaMCo：DE，BE，FR，NL，LU	建設廃棄物のコンクリートへの二次利用
Fibrenamics Green：PT	廃棄物から新しい製品を作るプロジェクト
EcoDesign Circle：EE，FI，DE，LT，PL，SE	設計・製造時の環境負荷低減
Blue Circular Economy：北極圏地域	漁具も含めた海洋プラスチックのリサイクル
カテゴリー 3：デジタル時代に向けた訓練と教育	
E-SCHOOLS：HR	学校教育の ICT 化支援
Museums over the borders：PL	博物館のマルチメディア化
CYNIC：SE，FI	デジタル産業発展のための中小企業サポート
Digital Academies for Inclusive Learning：IT	デジタルスキル向上のための教育サポート
Digital platform for remote training：FR	遠隔教育環境の充実
カテゴリー 4：都市問題への市民の参加	
A Jewel in a Poor Neighbourhood：BE	教会を多目的施設に改修
Buergerbahnhof-Plagwitz：DE	人口動態や社会の変化に対応した都市開発
High Five!：DE	15－25 歳を対象にした政治参加ワークショップ
SHICC：UK，BE，FR，DE，IE	共同体土地信託の立ち上げ
VilaWATT：ES	子供たちへのエネルギー転換についての教育
カテゴリー 5：若者たちによる国境を超えた協力	
ENERGY@SCHOOL：IT，PL，HR，SI，DE，AT，HU	学校内のエネルギー消費削減プロジェクト
Time is now for change：PL，LT	国境を越えた若年層交流プログラム
iEER Interreg Europe：FI	若年層への起業支援プログラム
Dem Klima auf der Spur：DE，CZ	青少年への国際交流環境教育
XBIT：HR，RS	ICT 関連の教育・訓練・起業サポート

5　ESA は 1975 年に設立された欧州宇宙機関（European Space Agency）であり，EU の機関ではないが，EU とは緊密な関係を結び，研究開発予算の一部を EU が拠出している。

ジネスインキュベーションセンター，ESA 技術移転ブローカー，ESA ビジネスア
プリアンバサダーを設立した。GPS や気象情報など，宇宙から得られる情報は，
物流，農業，ヘルスケア，環境対策など様々な場面に応用できる。プロジェクトか
らは，地球観測衛星の画像と空気質センサーを使用して都市の汚染レベルをマップ
化する企業や，行方不明になったペットを GPS 追跡機能を使って見つける企業な
どが誕生している。プロジェクトの開始から 5 年でスタートアップ企業 30 社と高
スキル労働者 100 人の雇用を生んだ。

　カテゴリー 2 の Take the Cool Food challenge は，農場から食卓までの間に発
生する二酸化炭素の量[6]を減らすためのアプリの開発プロジェクトである。Cool
Food には新しい食生活をするという意味に加えて，地球を冷やすという意味がか
けられている。Cool Food アプリの作成には食品，栄養学，環境の専門家が関わっ
ており，アプリは食事に関わる二酸化炭素の量を計算してくれる。地元の製品を買
う，肉類や乳製品を控えるという行動で二酸化炭素の排出が制限される。アプリは
フランスとイギリスで提供され，2 年間で 2800 人のユーザーが 399 トンの二酸化
炭素削減に貢献した。これは，パリ＝ニューヨーク間のフライト 400 往復で発生す
る二酸化炭素に相当するという。

　カテゴリー 3 の E-SCHOOLS は，クロアチアの学校教育の ICT 化を進めるプ
ロジェクトであり，クロアチア国内の約 1400 の学校の中から 151 校がパイロッ
ト校として ICT 教育に取り組んだ。学校のネットワーク環境を整え，CARNET
(Croatian Academic and Research Network) が PC の利用方法や質問受付など教
師のサポートを行い，授業内で PC 等を利用するだけでなく，学校運営のデジタル
化を進めることで学校間，保護者，地方政府とのコミュニケーションも改善した。
パイロット校での取り組みは 2015－2018 年にかけて行われ，7000 人の教師と 2 万
3000 人の子供たちが参加し，151 校中 147 校でデジタル能力の向上がみられた。そ
の後，2019－2022 年までに 700 校が次のプログラムに参加している。このプログ
ラムは 2020 年に発生した感染症の際にも役立った。

　カテゴリー 4 の SHICC は，手ごろな価格での住宅供給を目指す共同体土地信
託 (Community Land Trusts：CLTs) の立ち上げを支援するプログラムである。

6　ある製品が生産されてから消費，廃棄されるまでに発生する二酸化炭素をカーボンフットプリント
　（carbon footprint）という。穀物を生産するためには種や肥料の輸送や農機具の利用などから二酸化炭
　素が発生する。肉類の生産には穀物などの飼料が大量に必要となることから，肉類の食事を減らすことは
　二酸化炭素を減らすことにつながる。

CLTs は住宅，商業施設，公共施設などを開発して保有する非営利団体で，アメリカやイギリスでは様々な CLTs が活動している。民間市場に任せると住宅価格は高騰しがちであり，所得の低い人などが快適な住宅に住むことが難しくなる。そこで CLTs が土地を保有して住宅を開発し，手ごろな価格での賃貸を可能にしている。一方で，CLTs の立ち上げには様々なノウハウが必要となり，CLTs 活動で先行しているイギリスの経験をもとに SHICC が支援を行っている。イギリス，ベルギー，フランス，ドイツ，アイルランドなどで活動しており，これまでに 33 の都市型 CLTs を立ち上げた。今後は 66 の都市型 CLTs の立ち上げを支援し，250 戸，750 人の受け入れを目指している。

　カテゴリー 5 の ENERGY@SCHOOL は，教師と生徒をエネルギー保護者に任命し，学校でのエネルギー効率改善に取り組むプロジェクトである。イタリア，ポーランド，クロアチア，スロベニア，ドイツ，オーストリア，ハンガリーの学校が 3 年間のプロジェクトに参加した。学校は自治体が使用するエネルギーの 70% を占めるとされており，照明や暖房の適切な使用などでエネルギーの消費を抑える取り組みを行う。このような取り組みに子供たちを参加させることで，教育効果も狙える。環境問題は一部の専門家だけが取り組んでも効果が薄く，多くの人が少しずつでも行動する方が効果が大きい。そのためには，現在どのような問題があるのか，問題はどのようにして解決できるのか，などを知ることが重要であり，当事者として体験できればさらに教育効果が大きい。プロジェクトではベストプラクティスの共有もできるようになっており，他の学校も取り組みを始めることができるようになっている。

　RegioStars のノミネートプロジェクトには大規模なものもあるが，数十人から数百人が関与する小規模なものも多い。それぞれの地域が抱える問題の解決のためのプロジェクトに EU が資金の一部を拠出して，賞を通じてベストプラクティスの共有を進めている。一般の人々が投票できるのも各地域プロジェクトへの理解を深める仕掛けの 1 つとなる。

◆ 広域地域プロジェクト

　EU はより広い範囲の地域をまとめたプロジェクトも展開している。2009 年開始のバルト海地域戦略，2011 年開始のドナウ川流域開発戦略，2014 年開始のアドリア海・イオニア海地域戦略，2015 年開始のアルプス地域戦略の 4 つがある。これらのプロジェクトには多くの地域や幅広い分野の政策が含まれている。2019－2024

年までの広域地域プロジェクト全体の目標として，市民と自由の保護，強力で活気のある経済基盤の開発，気候中立的・環境配慮・公正・社会を重視するヨーロッパの構築，ヨーロッパ内だけでなく世界からの投資の呼び込みの 4 つがあり，この大枠に基づいてそれぞれの戦略が実施されている。広域地域プロジェクトは 2019－2020 年にかけて見直され，社会情勢の変化に合わせた新たなプロジェクトの導入やプロジェクト数の絞り込みが行われている。

　バルト海地域戦略には，スウェーデン，デンマーク，エストニア，フィンランド，ドイツ，ラトビア，リトアニア，ポーランドが参加し，必要に応じてベラルーシ，アイスランド，ノルウェー，ロシアの非加盟国とも協力している。海洋保護，地域の接続，地域の繁栄の 3 つの主要目的からなり，海水浄化，豊かで健康な自然などの 8 つのサブ項目を設定している。これらの目的を達成させるために，栄養，船舶，漁業，観光，教育，輸送など 14 の分野で 44 のプロジェクトを進めている。

　栄養とは，海水に含まれる栄養分が多すぎたり少なすぎたりする問題を指している。農地に過剰な農薬が散布されると，海水に含まれる栄養分が多くなりすぎてプランクトンなどが大量発生し，プランクトンのせいで海水に含まれる酸素濃度が低下して魚が生息できなくなる。リトアニアでは冬になると一部の河川で洪水が起き，牧草地の農薬が海に流れ出てしまう。この問題を解決するには，海岸地域だけでなく農地も含めた河川流域の幅広い地域の協力が必要となる。

　その他のプロジェクト例として，よりクリーンな船の運航がある。2019 年からバルト海で運行する旅客船は，トイレなどの下水を船内で処理して海に排出するか，下水を港湾の専門施設に廃棄しなければならない。船の燃料では重油からディーゼル燃料への移行が進んでおり，将来的には液化天然ガスへの移行が推奨されている。また，最新のナビゲーションシステムを導入することで航路の無駄を省いて燃料消費量を抑える取り組みもある。

　ドナウ川流域開発戦略には，ドイツ，オーストリア，ハンガリー，チェコ，スロバキア，スロベニア，ブルガリア，ルーマニア，クロアチアの EU 加盟国に加えて，セルビア，ボスニア＝ヘルツェゴビナ，モンテネグロ，ウクライナ，モルドバの計 14 カ国が参加している。地域の接続，環境保護，地域の強化，地域の繁栄の 4 つの主要目的からなり，持続可能な開発や知識社会の確立など 5 つのサブ項目を設定している。これらの目的を達成させるために，持続可能なエネルギー，生物多様性，水質改善，知識基盤型社会，競争力向上，安全など 12 の分野で 85 のプロジェクトを進めている。

　ドナウ川はドイツの黒い森から黒海まで 2857km と EU 域内で最も長い川であるが，ライン川に比べると河川交通のインフラ整備が進んでおらず，交通量はライン川の 20％以下ともいわれている。ドナウ川の開発には，水路 20，人口運河 4，支流開発 5，他の河川との接続 3 と多くのプロジェクトが含まれている。例えば，ミュンヘン北東のシュトラウビングからフィルスホーフェンの間は水深が 1.6 メートルまで下がることがあり，船舶が航行するのに必要な 2.5 メートルを確保できるのは 1 年間に 144 日程度となっていた。そこで，船舶が航行でき洪水の被害も防げるように工事が行われた。その他にも，ハンガリーではソビエト時代に作られた下水処理場を新しい設備に交換したり，セルビアでは 1999 年に NATO（北大西洋条約機構）の空爆により破壊されたノービサードのジェジェイ鉄道橋を再建したりするプロジェクト，ブルガリアのビディンとルーマニアのカラファトを結ぶ全長 1.4km のカラファト橋の建設なども含まれている。

　アドリア海・イオニア海地域戦略には，クロアチア，ギリシャ，イタリア，スロベニアの EU 加盟国に加えて，アルバニア，ボスニア＝ヘルツェゴビナ，モンテネグロ，北マケドニア，セルビアが参加している。海洋を基盤とした成長（blue growth），地域の接続，環境保護，持続可能な観光の 4 つの主要目的からなり，ブルーテクノロジー，漁業と養殖，港湾整備，持続可能で責任のある観光業など 10 の分野で 59 のプロジェクトを進めている。

　海洋を基盤とする経済をブルー経済という。この地域では漁業と観光業が重要な産業となっている。漁業については過剰な漁が問題になっている。漁業者の多くが小規模で最新の技術の導入が遅れていることから，R&D やスタートアップ企業の増加を促し，これらの技術を漁業者が取り入れやすくするようにするとともに，海洋資源の調査も進めている。観光は夏の時期に集中しており，特定の場所に環境客が押し寄せることが社会問題化している地域もある（153 ページ Box17）。地域の文化や自然などが十分に観光に生かされれば時期と地域の分散が図られる。観光開発は海洋生物の生息地を奪い海洋汚染につながりやすく，両者は対立関係に陥りやすい。今後は両者の協力関係の構築が重要となるだろう。

　アルプス地域戦略には，オーストリア，フランス，ドイツ，イタリア，スロベニアの EU 加盟国に加えて，スイスとリヒテンシュタインが参加している。持続可能な成長とイノベーション，地域の接続，持続可能性の確保の 3 つの主要目的があり，地域別に 9 つのアクショングループに分かれてプロジェクトが進められている。それぞれのアクショングループでは，労働市場・教育訓練の改善，旅客や輸送

の複線化，水資源や文化も含めた地域の資源の保護と価値の向上などに取り組んでいる。

　この地域は過去にはアルプス山脈によって分断されており，輸送や交通の便が他の地域よりも劣っていた。交通インフラなどの整備は近年進んでいるものの，インターネット接続などの面では他の地域より遅れており，対策が急がれる。また，アルプス地域は清潔な水をはじめ鉱物資源や生物多様性などの面で資源が豊富であり，美しい自然や多様性のある文化は多くの人々を惹き付けている。これらの資源を環境を破壊することなく利用するためのルール作りが必要となる。また，地球温暖化によるアルプス山脈の雪の減少が報告されており，観光業や地域の人々の生活に影響を与え始めている。このような問題への対策も急がれる。

3．基金

　EU の様々な政策を実行に移すためには資金が必要となる。EU では，支出先や目的などに応じて様々な基金があるが，ここでは欧州構造投資基金と InvestEU を取り上げる。

◆欧州構造投資基金

　欧州構造投資基金（European Structural and Investment Funds：ESIF）は，欧州地域開発基金（European Regional Development Fund：ERDF），欧州社会基金（European Social Fund+：ESF+），結束基金（Cohesion Fund：CF），欧州地域開発農業基金（European Agricultural Fund for Rural Development：EAFRD），欧州漁業基金（European Maritime & Fisheries Fund：EMFF）の 5 つの基金の総称であり，EU の様々な政策を実行する上での基本的な基金となる。

　欧州地域開発基金は全ての加盟国を対象としており，研究・イノベーション，デジタル化，中小企業の競争力向上，低炭素社会のテーマを設定している。110 万もの企業への資金援助，経営支援，立ち上げ支援を実施する。また結束基金とともに，鉄道や道路などの交通網の整備も進めている。

　結束基金は中東欧諸国を中心に 15 カ国を対象としており，汎欧州交通網の整備や環境面での整備が進められている。交通網では TEN-T と呼ばれるプロジェクトにより，鉄道や道路網の整備が進められる。結束基金では，廃棄物のリサイクルや

図表 3-10　欧州構造投資基金

上下水道網の整備，森林火災予防などにも取り組んでいる。

　欧州社会基金は雇用，企業立ち上げ，障碍者への支援，教育の改善，公的サービスの効率化など人々の生活に直接関わるプロジェクトを多く担当している。

　欧州地域開発農業基金は特に地方の開発を対象としており，経済面だけでなく環境面や社会面からの発展を促すプロジェクトを多く含んでいる。これらのプロジェクトは EU の共通農業政策（CAP）の第 2 の柱としても知られており（第 1 の柱は農家への直接支払い），オーガニック農業支援，若い農家への支援，生物の多様性，エネルギー効率の向上などを含んでいる。基金は農業に特化しているわけではなく，非農業分野のプロジェクトも多く抱えている。

　欧州漁業基金は共通漁業政策や EU 統合海洋政策に関わるプロジェクトを含んでいる。海洋資源の保護のために，目的外の海洋生物捕獲の削減，漁船などのエネルギー効率の向上，生物多様性の確保などに取り組んでいる。

◆InvestEU

　2010 年代の EU 経済は投資不足に苦しんだ（図表 3-11）。投資の水準は 2010 年代を通じて，1995 － 2007 年の平均を下回り続け，特に南欧や東欧では投資不足が経済の回復の足かせとなった（10 ページ）。投資額を増やすために，EU では 2015 年に欧州戦略投資基金（European Fund for Strategic Investments：EFSI，欧州構造投資基金：ESIF とは異なる）が創設された。EU の資金に民間の資金を加えて総額 5000 億ユーロの投資を 2020 年までに実施する。

図表 3-11　EU 全体の投資（GDP 比率，%）

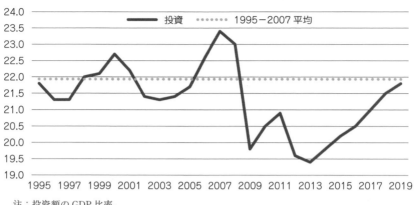

注：投資額の GDP 比率。

　今後も投資を継続的に実施するために，2021−2027 年の新たな投資プログラムとして InvestEU が始まり，欧州戦略投資基金を含む，CEF Debt Instrument，Innovfin SME guarantee，Student Loan Guarantee Facility などの 14 の基金が InvestEU という 1 つの枠組みに入る。EU が拠出した 152 億ユーロをもとに，持続可能なインフラに 115 億ユーロ，研究とイノベーションに 112.5 億ユーロ，社会的投資と人々のスキル向上に 40 億ユーロ，中小企業への投資に 112.5 億ユーロの合計 380 億ユーロまで EU 予算からの保証を付け，それに加えて欧州投資銀行などから 95 億ユーロの投資を受ける。こうして EU 側から合計 475 億ユーロの資金を拠出し，それに加盟国政府や民間の投資を加えて総額 6500 億ユーロの投資を 2027 年までに行う予定となっている。

　14 の基金が乱立して申請などが煩雑になっていたことから，InvestEU では，加盟国政府や民間からの投資を促す The InvestEU Fund，投資に対する技術的なアドバイスを行う The InvestEU Advisory Hub，投資プロジェクトの紹介などを行う The InvestEU Portal を設置する。

　2020 年までに行われた投資プロジェクトを 2 つ見てみよう。

　ドイツの Green City Solutions では，苔を使ったパネル，City Tree を各地に設置している。街路樹には大気を浄化する役割があるが，街路樹は大木に成長すると剪定などの維持管理費が増え，老木には倒壊の危険もある。そこで，街路樹の代わりに 1 メートル四方程度のパネルを設置し，パネルの内部に苔を敷き詰める。コケはフィルターの役割を果たして大気の浄化に役立つ。街路樹を植えられない狭い

スペースにも設置でき，木と同じ役割を果たすことから，City Tree と呼ばれている。苔は乾燥に弱いため，パネルのセンサーが苔の状態を監視して適切な水分や培養液を自動で補充できるようになっており，この部分に先端技術が使われている。ドイツテレコムや断熱材メーカーのアルセコもパートナーとして参加しており，2014 年にベルリン（DE）に City Tree が設置された。その後，2019 年までに 50 基以上がヨーロッパ各地に設置され，2020 年以降も設置を続ける予定となっている。

　GROOF プロジェクトは，ルクセンブルク，ベルギー，ドイツ，フランス，スペインで行われており，建物の屋根に温室を設置して野菜などの食料を生産することで都市の二酸化炭素排出量を削減させるものである。GROOF という名前は，Greenhouses to reduce CO2 on Roofs という意味で付けられている。ビルで換気すると内部の熱が建物の外に放出されてエネルギーが無駄になる。このような熱を回収して温室の作物の生育に役立て，人間の活動によって生まれた二酸化炭素を回収して温室の植物に与えることで，作物の生育を早めることができる。大気中の二酸化炭素を回収して温室の植物に与える技術は既に存在しており，これと建物の排熱を利用する技術を組み合わせることで，レタスやトマトなどの野菜類や穀物などを効率よく育てることができる。エネルギーの再利用や大気中の二酸化炭素活用に加えて，遠くの産地で生産された作物に代えて建物の屋根で生産した作物を食べることで輸送にかかるカーボンフットプリントを減らすこともできる。すでにベッテンブルク（LU），ジェンブロー（BE），ビュルシュタット（DE），パリ（FR）に設置された 4 つの温室で年間 54 トンの二酸化炭素削減を達成している。

第3章のチェックシート

　EUの産業政策では，EU企業の99％を占める（　　1　　）の育成を重視
しており，同じ種類の企業が集積した（　　2　　）の発展も重要になって
いる。EUの（　　3　　）の下で人々は域内どこででも居住できるが，AIな
どが利用される社会では（　　4　　）の向上が欠かせない。運輸政策では
（　　5　　）によって道路・鉄道・水路が整備されている。EUは域外との
貿易の促進を図るために，日本など72の国・地域と（　　6　　）を結んで
いる。

　地域ごとの経済構造を把握するために，（　　7　　）と呼ばれる地域の区
分けを行っている。1人当たりGDPが75未満の（　　8　　）にインフラ
整備を行い，国境地域の開発を一体的に行う（　　9　　）も進めている。

　EUは地域間の格差を是正する（　　10　　）を進めているが，各地でのプ
ロジェクトのベストプラクティス共有のために（　　11　　）という表彰制度
を設けている。

　EUはより広い範囲の地域をまとめた広域地域プロジェクトを展開して
おり，バルト海地域戦略，EU内で最も長い川の周辺地域を対象にした
（　　12　　），アドリア海・イオニア海地域戦略，アルプス地域戦略の4つが
ある。

　EUの政策を実施するための資金を提供する（　　13　　）は，5つの資金
の総称である。欧州地域開発農業基金はEUの農業政策である（　　14　　）
にも役立てられている。また，投資不足を解消して先端的な取り組みを支援す
るために，（　　15　　）が2021年にスタートした。

第4章 EUの長期戦略

EUの中期予算は7年の期間で作られており，多くの施策が複数年にわたって実施される。2019年に誕生したフォンデアライエン欧州委員会は任期である2024年までの長期戦略を打ち出している。特に環境問題は2050年までの目標値があり，非常に長い期間を対象にした戦略となっている。本章では，2015年に策定された経済通貨同盟の強化についても取り上げる。

1. フォンデアライエン欧州委員会の重点政策

フォンデアライエン欧州委員会は，2019−2024年までの重点政策として図表4-1の6つを挙げている。

1番目のグリーンディールは，2050年までに実質的にカーボンニュートラル（温室効果ガスの発生をゼロにする）を達成させる政策である。日本では環境問題への対策はコスト増要因として扱われる。工場からの排気ガスを浄化するために煙突に除去装置を付ければコスト増につながる。しかし，EUのアプローチは日本とは異なり，そもそも有害な排気ガスを出さないようにする新技術を導入すればよい。煙突だけでなく業務全体の見直しを進めることで，事務部門などは効率化がエネルギー使用量の削減につながる。このような対策を進めることで競争力の強化につな

図表4-1　フォンデアライエン欧州委員会の重点政策

グリーンディール	国際社会での立場強化
デジタル社会への移行	欧州的な生活の推進
市民のための経済	民主主義の新展開

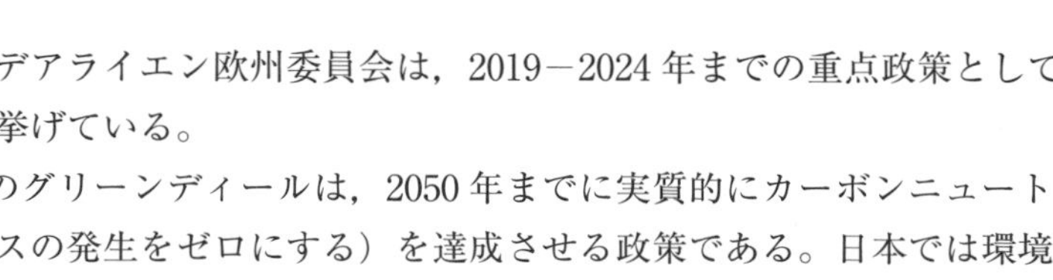

がり，新しい産業が雇用を創出するという発想のもとで政策が創られている。詳細は第2節で紹介する。

　2番目のデジタル社会への移行では，データ関連のインフラ整備，ネットワーク環境の整備などを通じて市民がデジタル化の恩恵を受けられるようにする政策である。オンラインショッピング，SNS，感染症対策アプリなどすでに様々な技術が生活に浸透しており，市民生活をより便利にする一方で，個人情報の不適切な管理やサイバー攻撃などのリスクも存在する。デジタル社会を迎えるためには，最新の技術が使える人と使えない人との分断もなくす必要がある。これらの課題に対処するために，労働者のための技術，公正で競争力のある経済，開かれた民主的で持続可能な社会という3つの柱を設定している。

　ヨーロッパでは，ドイツのような国でも高速なインターネット接続ができない地域や人々が多く残されており，高速通信網の拡充は喫緊の課題となっている。デジタル化と通信網の整備だけでも必要な投資と実際の投資額の差が6500億ユーロになるとみられている。

　デジタル化が進むにつれて，プラットフォーマーなどが絶大な力を持って他の企業を支配する場面がみられるようになってきている。デジタルサービス法はオンラインサービスに関するルールを明確にし，プラットフォーマーの責任を強化させる

図表4-2　デジタル化の3つの戦略（一部抜粋）

1．労働者のための技術	
戦略	接続性を高めるための投資，サイバー攻撃からの保護，人権を尊重したAIの開発，家庭・学校・病院を含めた高速通信網の構築，医療・交通・環境面でのスーパーコンピューターの活用
行動計画	AI白書（2020年），5G・6G行動計画（2021），デジタル教育行動計画（2020），EU政府間相互運用戦略（2021）
2．公正で競争力のある経済	
戦略	革新的なスタートアップ企業やSMEsの資金アクセス改善，デジタルサービス法の策定，EUルールの改正，公平な企業競争環境の構築，高品質なデータへのアクセス促進
行動計画	欧州データ戦略（2020），デジタルサービス法（2020），データ法（2021），EU競争法の見直し（2020－2023），デジタルファイナンスに関するフレームワーク（2020）
3．開かれた民主的で持続可能な社会	
戦略	2050年の気候中立を実現させるための技術，デジタル部門の二酸化炭素排出削減，個人情報に対する市民の権利確保，欧州医療データスペース構築，フェイクニュース対策
行動計画	デジタルサービスに関する域内市場ルールの見直し・新規策定（2020以降），eIDAS規則の見直し（2020），循環型電子機器イニシアティブ（2021），EU共通電子医療記録（2022以降）

出所：European Commission, Communication: Shaping Europe's digital future, February 2020.

ものであり，EU では競争法などビジネスルールの整備を進めようとしている。デジタルファイナンスでは，暗号通貨関連の法整備，金融部門のセキュリティ強化，EU レベルでのデジタル決済市場の構築などに取り組む。

　人々がデジタルサービスを利用する上で，情報管理の重要性は高い。オンラインとオフラインのルールの統一化やデータ改竄（かいざん）への対策が不可欠となる。今後，個々人の体質や遺伝子などに基づいたオーダーメイド医療が普及する中で，医療情報の共有は研究開発に不可欠だが，個人情報の保護も厳重に行われなければならない。EU ではすでに一般データ保護規則（GDPR）が施行されており，個人データを扱う権利は本人にあるとされている。eIDAS 規則（Electronic Identification and Trust Services Regulation：イーアイダス）は，電子署名（eSignature：電子ファイルの作成者を証明する仕組み），電子タイムスタンプ（eTimestamp：電子ファイルの作成・送信時間を証明する仕組み），電子 ID（eID：オンライン上での本人確認），ウェブサイト認証（Qualified Web Authentication Certificate：Web ページの安全性を証明する仕組み），電子シール（eSeal：送信内容を読み取られないようにする仕組み），電子登録配信サービス（Electronic Registered Delivery Service：電子データを第三者に送信するサービス事業者）などのルールを定めるものであり，2014 年に採択，2016 年に施行されてから時間が経っていることから，見直しの必要性が高まっている。

　3 番目の市民のための経済では，経済の活性化を通じて市民の生活の向上を図る政策である。経済通貨同盟の深化，域内市場，雇用・成長・投資，欧州セメスター，若年層雇用に取り組む。経済通貨同盟と欧州セメスターについては第 3 節で扱う。域内市場では，サービス部門のルール統一などに取り組む単一市場戦略，中小企業やクロスボーダーの資金調達を容易にする資本市場同盟，法人税行動計画からなる。法人税は企業が支払う税であるが，税制が加盟国ごとに異なることを利用した租税回避（第 6 章 113 ページ）が問題となっている。EU では法人税の課税標準の統一（Common Consolidated Corporate Tax Base：CCCTB）の取り組みを2011 年から始めており，2016 年には CCCTB の見直しを進めている。しかし，税制は加盟国に主権があるため，統一化は難航している。

　第 1 章でも見たように，2010 年代に入って若年層の雇用は悪化している。若年層の失業率は全年齢の約 2 倍であり[1]，パートタイムや見習い職に就いている人も

1　若年層の失業率が高いのはヨーロッパだけでなく，広く世界で見られる。

多い。2013年に創設された若年層保障政策（Youth Guarantee）では15−24歳の若年層を対象に職業訓練，見習い・研修生制度，雇用のマッチングなどを行い，2019年までに2400万人が労働市場にアクセスできた。2021年以降は対象を29歳まで広げ，さらに障碍者なども対象に含めて社会包摂を実現させる。中小企業やスタートアップ企業への支援，キャリア教育の充実，デジタルラーニングの整備などを通じて若年層支援を強化していく。

4番目の国際社会での立場強化では，自由貿易の進展，バルカン諸国などの近隣諸国やアフリカ諸国との関係強化，世界各地での開発援助などを通じてEUの国際的な立場を強化し，世界からヨーロッパへの投資の増加を促す。対外政策，近隣諸国政策，国際協力・国際開発，人道援助・市民保護，貿易政策，安全保障・防衛，EU拡大，防衛産業の強化に取り組む。

EU拡大では現在5カ国が加盟候補国であり，加盟交渉が開始された国もある。コペンハーゲン基準を満たし，35分野で法改正を行ってEUのアキコミュノテールを国内法として導入する必要がある。現在のところ，交渉が早期に終了して新規加盟の承認に入りそうな国はない。アイスランドは加盟交渉が3分の1ほど終了していたが，政権交代により加盟交渉を打ち切った。IPAIIIは加盟候補国と潜在的

図表4-3 EU加盟に関わる国々

国名	立場	近況
アルバニア	加盟候補国	2018年に司法，汚職，行政などの改革が進めば加盟交渉に入ることを勧告。2020年に加盟交渉入りを欧州理事会で承認。
北マケドニア	加盟候補国	2019年に加盟交渉を開始。2020年に加盟交渉の枠組みを加盟国に提示。
モンテネグロ	加盟候補国	2006年にセルビアから独立。2012年に加盟交渉がスタートし，2020年時点では3分野の交渉が終了。
セルビア	加盟候補国	2012年に加盟候補国となり，2014年に加盟交渉開始。
トルコ	加盟候補国	1987年に加盟交渉を申請し，2005年に加盟交渉をスタートさせたものの交渉が進展せず，2018年に交渉を事実上凍結。
ボスニア＝ヘルツェゴビナ	潜在的な加盟候補国	2016年に加盟申請。2019年に加盟交渉開始のための14の条件を提示。
コソボ	潜在的な加盟候補国	2008年にセルビアからの独立を宣言。EUはコソボに対する支援を開始。ただし，スペイン，キプロス，ギリシャ，スロバキア，ルーマニアが国家として承認していない。
アイスランド		2009年に加盟申請，2010年に加盟交渉開始。2013年にアイスランド政府が加盟交渉を棚上げし，2015年に加盟候補国を辞退。11分野で交渉終了していた。

な加盟候補国の支援を行っている。

　5 番目の欧州的な生活の推進は，人々が安心して日々の生活を送れるように制度を整える政策であり，欧州医療同盟（European Health Union），欧州保障同盟戦略（European Security Union strategy），移民の統合，司法協力，基本的権利，消費者保護，移民と難民に関する新協定，移民統計の整備，法の支配の分野に取り組む。EU は人道的な立場から移民や難民の受け入れに寛容だが，市民の中には移民や難民の流入に強く反対する動きもある。EU 域内への入国前審査の厳格化，難民手続きの迅速化，国境管理に関わるデータベースの整理などを進めるとともに，市民と移民・難民との交流を促進して相互理解を深める取り組みも行う。

　6 番目の民主主義の新展開では，EU と市民との距離を縮めるための取り組みを行う。2020−2022 年にかけて，欧州の将来会議（Conference on the Future of Europe）を開催し市民が意見表明できる場を作る，EU ホームページで EU の施策について自由に意見を書き込めるスペースを作る，EU の政策について戦略的洞察レポート（Strategic Foresight Report）を作成するという取り組みを行う。欧州委員会のホームページには Have your say というコーナーがあり，登録すると EU の政策方針や法案に対して記名・匿名で意見を書き込める。例えば，ユーロのラウンディング[2]の統一ルールを作るという項目では，2020 年 9 月 28 日から 10 月 26 日の間に 1455 件の書き込みがあった。最新の 3 件の書き込みのうち，反対 2 件，賛成 1 件と反対意見もきちんと公開されている。欧州委員会はこれらの書き込み受けて必要があれば法案の修正を行うこととなっている。

　フォンデアライエン欧州委員会の取り組みは幅広いものの，2020 年は感染症への対策やイギリス脱退後の交渉などの影響もあるのか，スケジュール通りに取り組みが進んでいないケースも見られる。EU は 2000−2010 年のリスボン戦略，2010−2020 年の欧州 2020 などの長期戦略で数値目標を掲げていたが，今回の長期戦略は 2019−2024 年までと期間が短く，数値目標の設定もない。これまでは野心的な目標を掲げても達成できなかったことから，より現実的なアプローチを採用したともいえる。

2　1 セントと 2 セント硬貨を廃止して，5 セント刻みで支払うようにすること。買い物の合計金額が 12.33 ユーロの場合，現金での支払額は 12.35 ユーロとなる。合計金額が 12.36 ユーロの場合も現金での支払額は 12.35 ユーロになる。ラウンディングは現金払いにのみ適用される（第 11 章）。

2．グリーンディール

　グリーンディールはフォンデアライエン欧州委員会が最も早く詳細を公表した政策であり，パリ協定（世界の平均気温を産業革命前に比べて2度以内の上昇に抑える国際的取り組み）や2030年に向けた国連の取り組み（持続可能な開発目標：Sustainable Development Goals：SDGs）の分野でも世界をリードしつつ，新技術の導入などで雇用や経済成長を促す政策である。ヨーロッパでは環境問題への市民の関心が高まりつつあり，環境対策を望むデモも頻発している。ドイツなどでは環境保護を訴える緑の党が議席を増やしており，2019年の欧州議会選挙でも既存政党が苦戦する中で緑の党が議席を増やしたことも背景にある。フォンデアライエン欧州委員会はグリーンディールを進める上で，あらゆる人々や地域を巻き込むことを重視しており，産業の高度化や創出といった経済的な問題だけでなく，地域政策もグリーンディールの一部として進めていこうとしている。グリーンディールには図表4-4のような9つの政策分野がある[3]。

　1番目の生物多様性は豊かな生態系を守るための政策であり，環境にやさしい農業・漁業を進めていくとともに，土壌，森林，失地を回復させ，都市の緑化を進めていく。2030年までに，陸地や海洋の少なくとも30％を法的な保護地域とすることを目指し（森林についての目標値も作成中），有機農業の推進と生物多様性に富んだ農地の増加，2万5000km以上の河川を自然に流れる状態に戻す，ミツバチなどの花粉交配者を増やす，農薬の使用量を50％削減し農薬の有害性も低下させる，

図表4-4　グリーンディールの政策分野

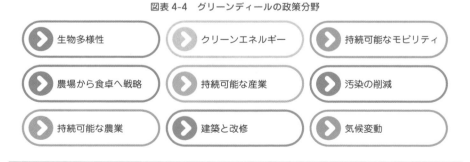

3　European Commission, The European Green Deal, COM (2019) 640 final；JETRO「欧州グリーン・ディールの概要と循環型プラスチック戦略にかかわるEUおよび加盟国のルール形成と企業の取り組み動向」『調査レポート』2020年3月。

肥料の使用量 20％削減，30 億本の植樹などの目標を掲げている。

　500 種類の野鳥保護に関する鳥類指令と動植物の生息地を保護する生息地指令の対象となるなど生物多様性の維持に関わる地域は，Natura 2000 に登録されている。各地の野生保護区などが登録されており，保護区管理者等の職で 10 万 4000 人分の雇用を生み出しており，関連業者でも 7 万人以上の雇用につながっている。Natura 2000 登録地域には年間 60 億ユーロ投資されており，将来は 50 万人の雇用を生み出すことが期待されている。

　2 番目の農場から食卓へ戦略（From Farm to Fork strategy）では，農産物の生産現場だけでなく，流通，販売，消費，廃棄までの各段階で環境に配慮した経済活動を促す政策である。他の項目との重複もあるが，2030 年までに農薬の使用量 50％削減，肥料の使用量 20％削減，畜産や養殖で使う抗生物質の 50％削減，全農産物の 25％で有機農業を行うなどの数値目標がある。数値目標は生産面に偏っているが，消費者が安全な食品を選べるようにラベル制度の改革，食品廃棄物の減量（2023 年に数値目標を設定），Horizon Europe を通じた研究開発への投資なども行

Box9.　ネオニコチノイド系農薬の禁止

　農薬は農産物を害虫から守るために利用されるが，害虫を食べたり作物の生産に役立ったりする益虫や害をもたらさない生物まで駆除してしまう。21 世紀に入ると世界各地でミツバチの減少が見られるようになり，ネオニコチノイド系の農薬が原因ではないかという研究が出てきている。イミダクロプリド，チアメトキサム，クロチアニジンなどのネオニコチノイド系農薬は強力で長期間効力があることから，農薬だけでなくシロアリ駆除やノミ対策としてペットの首輪に使われることもある。

　EU では，2005 年にネオニコチノイド系農薬を承認したが，その後，ミツバチへの悪影響が懸念されたことから，2018 年にはイミダクロプリド，チアメトキサム，クロチアニジンの屋外散布を禁止し，2020 年にはチアクロプリドの承認を取り消した。アセタミプリドについてはミツバチへの影響が少ないとして 2033 年まで承認を続けることとなった。なお，日本では 2010 年代にネオニコチノイド系農薬の使用基準を緩和し，より多くのネオニコチノイド系農薬が使われるようになっている。

　農産物の受粉に役立つ昆虫はミツバチだけでなく，マルハナバチなど 100 種類ほどいるといわれている。受粉をミツバチだけに頼るのはリスクが大きく，様々な昆虫を保護することは生物多様性の実現だけでなく，安定的な農業生産にも寄与することとなる。

う。執筆時点では戦略に明記されていないが，子供から大人までを巻き込んだ消費者教育なども必要になる。

　3番目の持続可能な農業では，環境に配慮した農業の促進を図る。EUでは共通農業政策（CAP）により農家の支援を行っているが，農家が支援対象になるためには持続可能な農業に取り組むなどの条件を満たさなければならなくなる。条件の設定とともに，農家へアドバイスする仕組みを作り，新しい技術の普及を図る。今後，共通農業政策は持続可能な社会，持続可能な環境，持続可能な経済を軸に改革を進めていく。

　4番目のクリーンエネルギーでは，温室効果ガス[4]を排出するエネルギーの利用を減らすための政策を行う。電力，燃料，冷暖房などに使われるエネルギー源には，石炭，原油（軽油やガソリンは自動車，重油は船舶や暖房に使う），天然ガスなどの温室効果ガスを排出するものと，太陽光，風力，地熱（発電や暖房に用いられる），原子力などの温室効果ガスを排出しないものがある。石炭は安価に得られるエネルギーだが，燃やすと温室効果ガスが排出されるだけでなく，二酸化炭素の1500倍の温室効果があるといわれているブラックカーボン（いわゆる煤のこと）やNOx（窒素酸化物），SOx（硫黄酸化物），PM（粒子状物質）なども排出され，大気汚染につながる。

　EUはエネルギー制度統合戦略（EU Energy System Integration Strategy）を進め，より効率的で循環的なエネルギーシステムの構築，クリーンな発電，クリーンな燃料の普及を目指す。農業残渣（野菜の食べられない部分など出荷されないもの）をバイオガスなどに活用すること，建物，輸送での再生可能エネルギーの利用促進，水素燃料を使った製鉄所などイノベーションの促進，炭素を回収してセメント材料などに使って固定すること，エネルギー消費についての表示の改善，スマートメーターの設置などを進めていく。

　5番目の持続可能な産業では，製品の生産，流通，消費，廃棄までのライフサイクルを通じた環境対策を行う。他の政策分野との重複が多く，循環型経済への移行，ごみの削減，電子機器の高寿命化，繊維製品のリサイクルなどに取り組む。

　6番目の建築と改修では，建物の省エネ化や建設現場での環境負荷抑制に取り組む。建物の建設には膨大な資源とエネルギーが必要であり，ヨーロッパでは社会全

4　温室効果ガスは二酸化炭素，メタン（CH4），亜酸化窒素（N2O），パーフルオロカーボン（PFCs），ハイドロフルオロカーボン（HFCs），六フッ化硫黄（SF6）などからなり，二酸化炭素に換算して排出量を計算している。

Box10.　循環型経済への移行

　EU は 2015 年に循環型経済行動計画を採択し，2020 年に新しい循環型経済行動計画を採択した。自動車にガソリンを入れて走ると，ガソリンは運動エネルギーに代わって車を動かし，廃熱や排気ガスは大気中に放出される。ガソリンは生産，利用，廃棄を一度ずつ経過するが，この様子を循環型（circular）と対比して直線的（linear）という。金属などの資源，原油などの燃料，衣服などは直線的に利用されることが多く（衣服に使われた繊維は１％しかリサイクルされていない），資源を１度しか利用できていない。

　第３章で紹介した GROOF プロジェクトでは，建物内の暖房で利用した熱を再利用して植物の生育に充てている。エネルギーを２度しか利用していないが，社会全体のエネルギー使用量を減らすことにはつながる。金属はきちんとリサイクルすれば何度も利用することができる。PC などの電気製品も頻繁に買い替えるのではなく，部品の交換で拡張できるようにして製品のライフサイクルを長くすることも循環型経済行動計画に含まれる。将来，流行を煽って服を次々に買わせるようなビジネスモデルは禁止されるかもしれない。

　使い捨てプラスチック削減指令（68 ページ）も循環型経済行動計画の一環である。プラスチックはペレットの状態から過熱して成型すると再成型できなくなるが，使用済みプラスチックを再びペレットに戻して再成型できるようにするケミカルリサイクルの実験が進んでいる。木材パルプ，トウモロコシなどの植物，牛乳のたんぱく質，甲殻類の殻などを原料にした代替プラスチックの研究も盛んであり，製品化しているものもある。

体のエネルギーのうち 40％を建設部門が消費しているとされている。建物のエネルギー効率の改善，循環型経済を意識した建物デザインの普及などに取り組む。

　7 番目の持続可能なモビリティでは，運輸部門から発生する二酸化炭素を 2050 年までに 90％削減する。利用形態別の二酸化炭素排出比率は 2017 年時点で，道路（自動車，トラックなど）71.7％，空路 13.9％，水路 13.4％，鉄道 0.5％，その他 0.5％となっている。船舶や自動車などで天然ガスなどの環境負荷の低い燃料への切り替え，電気自動車の普及，交通システムの近代化，航空業界への排出権取引の適用などを進めていく。自動車などの乗り物は停止している状態から動き出すまでが最もエネルギーを消費する。信号の最適化を図ることで自動車やトラックのエネルギー消費を減らすことができる。将来は自動運転が普及するため，自動運転時代に合わせた交通システムや交通サービス（Mobility as a Service：MaaS：マース）

図表 4-5　電気自動車の累計登録台数（万台）

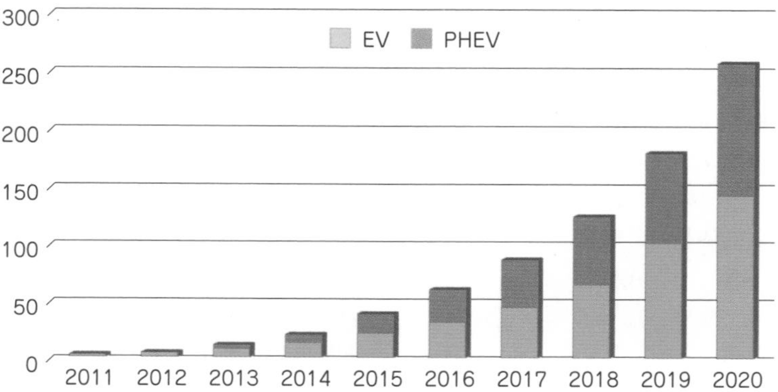

注：EU＋EFTA＋イギリス＋トルコの数値，2020年は1－11月までの累計。
出所：European Alternative Fuels Observatory.

の開発も必要になる。温室効果ガスを排出しない航空機の市場を2035年にスタートさせる目標も立てている。

　電気自動車には，電気のみで走るバッテリーカー（本書ではEVと表記する）と，電源からの充電に加えてガソリンなどの化石燃料を使って発電して充電できるプラグインハイブリッド（PHEV）がある。プラグインハイブリッドは充電が切れそうになると化石燃料を消費するため厳密には電気自動車とは言えないが，充電を怠らなければ化石燃料は使わないで済む[5]。EUは2030年までに電気自動車（水素車も含む）を乗用車で3000万台，トラックで8万台走る状態にし，充電スポットを100万カ所設置する目標を立てている。

　2020年時点でEVとPHEVを合わせて約255万台が登録され，2019年に比べて77万台増えているが，自動車全体に占める割合はEVで0.48％，PHEVで0.39％とほとんどゼロといってよい。現在のペースでは2030年の3000万台は厳しい目標だが，それを達成したとしても普及率は約10％に過ぎず，道路から排出される二酸化炭素の削減は困難だといえる。

　新車販売に占める電気自動車の割合は，EU全体で見てEVで4.2％，PHEVで4.3％と低い水準にとどまっているが，ノルウェー71.6％（EVとPHEVの合計），

5　日本で普及しているハイブリッドカー（HV）は電源からの充電ができず，全てのエネルギーを化石燃料から取っていることから，国際的な基準では環境にやさしいエコカーとして認められていない。

図表 4-6　電気自動車の新規販売シェア（%）

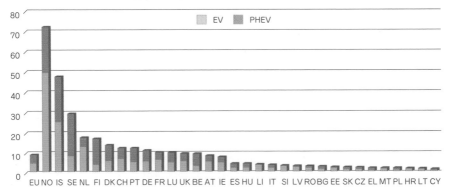

注：2020 年 11 月時点。
出所：European Alternative Fuels Observatory.

　アイスランド 47.0％，スウェーデン 28.9％と北欧での普及率が高まりつつある。ド
イツやフランスは 2019 年までの新車販売は少なかったが，2020 年に販売数が急増
した。化石燃料車の販売禁止（ノルウェー 2025 年，イギリス 2030 年，フランスと
スペイン 2040 年）や電気自動車に対する優遇措置[6]が販売を後押ししている。一
方で，南欧や東欧では販売が少ない。電気自動車のシェア上位には，Renault Zoe
（2020 年の販売シェア 9.3％），Tesla Model 3（5.1％），Hyundai Kona（3.4％）な
どテスラを除くと小型車が多いが，電気自動車は価格が高く十分に価格が安い中古
車も出回っていない。所得の低い人々にとっては電気自動車の購入ハードルが高
く，化石燃料車の禁止は低所得者の自動車利用を禁止することと同じ意味を持つ。
　8 番目の汚染の削減では，市民と生態系を守るために大気，水，土壌の汚染を防
ぐ。水，大気，産業，化学物質の 4 分野の対策からなる。水の分野では，湖沼，河
川，海洋の生物多様性の保護，農場から食卓へ戦略による過剰栄養の削減，マイク
ロプラスチックや医薬品による汚染の削減を目指す。大気の分野では，世界保健機
関（WHO）の基準に沿った大気質基準の見直し，地方自治体への支援を行う。産
業の分野では，大規模な産業施設からの汚染の削減，工場などの事故の削減を目指
す。化学物質の分野では，毒性物質の削減のための新化学物質戦略の構築，持続可
能な代替品の開発，グローバルな競争力を向上させつつ健康を保護すること，市場

6　ノルウェーでは電気自動車は付加価値税（VAT）免除，有料道路の無料通行，バスレーン走行許可な
　どの優遇措置がある。オランダでは電気自動車の商用車に優遇税制があり，オーストリアでは高速道路の
　一部区間で電気自動車の制限速度が化石燃料車よりも高く設定されている。

で販売される製品に含まれる物質に関する規制の改革を行う。

　EU は 2018 年に使い捨てプラスチック削減指令（Single-use plastics Directive）を採択し，2021 年に施行される。ヨーロッパでは年間 2800 万トン以上のプラスチックが廃棄されており，31％が埋め立て，39％が焼却処分されている。プラスチックが海洋に流れ出ると波と紫外線の作用で細かい粒となり，5mm よりも小さくなるとマイクロプラスチックと呼ばれる[7]。マイクロプラスチックは海洋だけでなく土壌からも人体からも検出されており，人間を含めた動物への影響が懸念されている。使い捨てプラスチック削減指令では，綿棒，カトラリー（スプーン，ナイフ，フォークなど），風船，食品容器，カップ，ペットボトル，たばこのフィルター，ビニール袋，飴などの包装，衛生タオルと生理用品の 10 種類の製品について使用禁止，リサイクル率の向上，浜辺などでの清掃費用の負担などの規制が課せられる。海洋に流出するプラスチックの大部分は漁具であるため，漁具の廃棄に関する規制も強化される。

　ペットボトルに関しては，ドイツや北欧諸国などでデポジット制度がすでに導入されている。ペットボトル飲料を購入する際にデポジット料金を追加で支払い，飲み終わった後にボトルを返却するとデポジットされたお金が戻ってくる。大型スーパーには図表 4-7 のような回収機が設置されており，購入した店でなくてもペットボトルの返却ができる。回収機ではバーコードを読み取るため，日本のようにラベルをはがすと返金されなくなってしまう。なお，現時点ではデポジット制度は国ごとに運用されているため，ドイツで買ったペットボトルをエストニアで返却することはできず，購入した国でしか返金してもらえない。

　9 番目の気候変動では，欧州気候法（European Climate Law）により 2050 年までに実質的なカーボンニュートラルを実現すること，欧州気候協約（European Climate Pact）を通じて市民や社会の全ての参加者を気候変動問題に巻き込むこと，2030 年気候目標計画により 2030 年の温室効果ガス排出量を 1990 年比で 55％削減することを目指す。欧州排出権取引制度（EU Emissions Trading System：EU-ETS）の改革，排出権取引制度に含まれない輸送，建設などの部門でも加盟国による排出目標設定，エネルギー効率の向上，再生可能エネルギーの利用増加，低炭素を実現する技術開発，オゾン層の保護などに取り組む。

7　日焼け止めクリームや一部の化粧品にはマイクロプラスチックが配合されており，海辺で使うとマイクロプラスチックを流出させることになる。ヨーロッパではマイクロプラスチックを含まない製品の開発が進んでいる。

図表 4-7　ペットボトルのデポジット

注：左の「PANT」がデポジット。デポジットの金額は 1 スウェーデンクローナ。右は回収機。
　　ペットボトルを左側の機械に入れるとバーコードを読み取り金額が表示される。緑のボタン（多
　　くの国で BON と書かれている）を押すとバーコード付きレシートが出て，レジで換金してもら
　　える。ペットボトルだけでなく缶や瓶もデポジットの対象になっている。

　欧州排出権取引制度は 2005 年に開始され，2005−2007 年を第 1 フェーズ，
2008−2012 年を第 2 フェーズ，2013−2020 年を第 3 フェーズとし，制度を徐々に
整えてきた。2021−2030 年は第 4 フェーズに入る。EU27 カ国と EEA3 カ国が参
加し，発電所や産業プラントなど大量にエネルギーを消費する域内 1 万 1000 の施
設や航空業が対象となる。EU は毎年，EU ＋ EEA 全域を対象に年間の排出枠の上
限を設定する[8]。各企業は自社の年間排出量を予想して排出枠をオークションで購
入する。購入した排出枠を超えると 1 トン当たり 100 ユーロの罰金が科される[9]。
1 年で 1 万 2000 トンの二酸化炭素を排出する予定で 1 万 2000 トン分の排出枠を購
入した企業が 1 万 3000 トンの二酸化炭素を排出すると，1000 トン×100 ユーロ＝
10 万ユーロの罰金を支払うか，他の企業から 1000 トン分の排出枠を購入しなけれ
ばならない。一方で，実際の排出量が 1 万トンだった場合は，余った 2000 トン分
の排出枠を翌年に繰り越したり他の企業に売却したりできる。オークションの売上
金や罰金は EU の収入になる。二酸化炭素では電力，石油精製，製鉄，セメント，
石灰，セラミック，パルプ，有機化学，航空業など，窒素酸化物では硝酸，グリオ
キシル酸などの生産企業，パーフルオロカーボンではアルミニウム精錬企業が対象

8　EU-ETS では二酸化炭素に加えて窒素酸化物とパーフルオロカーボンを対象にしており，二酸化炭素
　　に換算した排出量 1 トンを 1EUA（EU Allowance）という単位で表している。2021 年の排出枠の上限
　　は約 15 億 7000 万 EUA であり，2022 年以降は排出枠の上限が毎年 2.2 ％削減される。
9　第 3 フェーズまでは，航空業には排出枠の大部分が無料で取得できるという優遇措置があったが，第 4
　　フェーズでは優遇措置が廃止される。

となる。今後は対象業種の拡大が見込まれる。

　EU域内での温室効果ガスの排出規制が厳しすぎると，一部の企業はEU域外に移転して生産するかもしれない。また，EU製品は排出規制の緩い国からの製品との競争で不利となる。排出規制の緩い国から製品を輸入するのは，EU域外から温室効果ガスを輸入することと同じであり，これをカーボンリーケージ（carbon leakage）という。この問題に対処するために，EUは炭素国境調整メカニズム（Carbon border adjustment mechanism）を整備しようとしている。温室効果ガス排出量の多い国からの輸入品に対して炭素税を課すものであり，EU域外国に対して環境対策を促す手段になりうる。2024年の導入を目指しているものの，技術的（例えば，輸入製品がEU製品に比べてどれくらい多くの温室効果ガスを発生させているのか製品ごとに数値化するのが困難）にも政治的にもハードルが高い。

　グリーンディールでは数多くの目標が掲げられているものの，具体策が決まっていないものも多く，2023年頃には全体像が見えてくるだろう。目標を達成するためには様々な分野で新しい技術を導入する必要があり，研究開発の促進，新技術の導入費用の支援，効果測定などやるべき内容も多く，資金の確保も必要になる。

3．EUの経済ガバナンス

　EUの単一市場では人・物・資本・サービスが自由に移動できるだけでなく，単一通貨ユーロも導入されている。加盟国には財政赤字の上限が設定されており，加盟国政府による経済政策にも一定の制限がある。このような深化を遂げたEUの経済領域を経済通貨同盟（Economic and Monetary Union：EMU）という。市民や企業が国境を意識せずに経済活動できることが理想だが，加盟国間の制度や経済構造の差が残っており，加盟国間の意見の調整にも課題を抱えている。EUでは2015年にFive Presidents' Report[10]を公表し，2025年までに経済同盟（Economic Union），金融同盟（Financial Union），財政同盟（Fiscal Union），政治同盟（Political Union）からなる，より完全な経済通貨同盟の実現を目指している[11]。

[10]　当時の欧州委員会委員長，欧州理事会常任議長，ユーログループ議長，欧州中央銀行総裁，欧州議会議長の5人のプレジデントによって作成されたレポートであることからこのように呼ばれている。
[11]　European Commission, On steps towards Completing Economic and Monetary Union, COM (2015) 600 final.

　財政同盟は EU が加盟国に課している財政赤字の削減を進めるための取り組みである。金融同盟は大企業だけでなく中小企業も資金調達しやすくするための改革であり，資金を貸す側では国境を越えた資金運用が容易になるようにする。政治同盟は目標にはあるものの達成は困難であることから本書では省略する。ここでは経済同盟と財政同盟に関わる経済ガバナンスを見ていき，金融同盟は第 14 章で解説する。

◆経済ガバナンスの必要性

　隣接する 2 国の間で経済パフォーマンスが大きく異なる場合，いくつかの解決方法がある。最も容易に実行できるのが政府債務を増やして企業などに補助金を与える方法であり，政府支出が増えた分だけ GDP（国内総生産）も上昇する。しかし，努力しなくても補助金が受け取れるため，企業間の競争が減少し，生産性の向上も見込めなくなる。債務が増えると国際金融市場で警戒感が高まり，金融危機などが発生すると追加の借り入れが困難となる。短期的には GDP を増やせるものの，長期的な競争力の喪失につながる。為替レートの調整も比較的容易に実行でき，パフォーマンスが劣る国の為替レートを減価（日本の場合は円安を意味する）させることで輸出を増やして経済活動を活発化させることができる。ただし，これは製品価格の値引きと同じであり，産業の高度化や競争力の向上に直接つながるわけではなく，やはり長期的な競争力喪失につながる。EU では 27 カ国中 19 カ国がユーロに参加しており，為替レートの減価を政策として使うことができない加盟国が多い。

　最も困難な対策は経済構造の改善であり，競争力のある産業の育成，新しい産業の創出，教育制度の改革，労働市場の柔軟化，市場での競争の促進など，時間がかかり，政治的なハードルが高い政策を幅広く実施する必要がある。多くの困難があるものの，長期的な競争力が最も高まる方法でもある。

　EU は 2010 年代に経済ガバナンス（economic governance）を強化させた。経済通貨同盟を機能させるためには，市場での競争を促進し，政府が健全な運営をする必要がある。しかし，政府は自国企業を優遇し，競争よりも規制を好む。財政を決めるのは議会，つまり政治家だが，政治家は選挙に当選するために財政赤字を増やすバラマキ政策を好む。改革への姿勢は加盟国によって異なるが，加盟国ごとの差が大きくなれば単一市場のメリットが享受できない。そこで，EU は加盟国に対して経済の構造改革を促し，財政赤字の抑制を要求する。経済ガバナンスは，欧州セ

メスター（European semester）というカレンダーを通じて進められる。EUによるモニタリングと勧告を定期的に行い，問題のある加盟国に対して，財政赤字の抑制を要求し，是正措置を発動する。EU加盟国は経済ガバナンスに従うことが求められており，EUから様々な政策の実施が求められる。加盟国政府は人気のない政策であっても「EUの勧告だから」ということで進めることができるが，加盟国政府が市民からの批判の矢面に立つことも多い。EUの経済ガバナンスは非常に複雑であり，実効性の高くないものもあることから，欧州委員会は2020年に経済ガバナンスの見直しを始めている。

◆経済のモニタリング

　毎年秋に，欧州委員会が今後12-18カ月に必要な対策をまとめた年次持続可能成長戦略（Annual Sustainable Growth Strategy：ASGS）と各国の主要な経済指標をモニタリングする経済警戒報告（Alert Mechanism Report：AMR）を作成する。ASGSは持続可能な環境，生産性，公正，マクロ経済の安定の4つの面から作成される。2020年の感染症で経済が大きく落ち込んだことから，2021年のASGSでは復興基金などを活用した各国経済の回復が重要政策として挙げられている。その上で，持続可能な環境分野ではグリーンディールに沿った環境対策の実施，生産性の分野では5Gの展開や人々のデジタルスキルの向上，AIなどの最新技術の研究開発，公正の分野では女性や若年層も活躍できる社会の構築，マクロ経済の安定では中期的な財政健全化と民間部門の債務急増対策などが挙げられている。

　AMRでは，過去3年平均の経常収支[12]がGDPの-4%から+6%に収まっていること，民間部門の債務がGDPの133%以下であること，過去3年間の若年層失業率の上昇幅が2%ポイント以下であることなど14項目をモニターしており，数値が逸脱している加盟国にはより詳細な調査（in-depth review）が実施される。

　翌年の2月には，欧州委員会から加盟国別勧告（Country-Specific Recommendations：CSR）が公表され，それぞれの加盟国に必要な政策が勧告されている。CSRで勧告された政策は後に欧州委員会から「完全に実施された」から「全く進展がない」まで5段階で評価される。2011-2019年までのCSRでは，完全に実施された7%，かなりの進展があった16%，ある程度の進展があった

12　経常収支＝貿易サービス収支＋第一次所得収支（給与や金利の受払）＋第二次所得収支（政府援助や家族送金など）で計算される。詳しくは川野祐司『これさえ読めばすべてわかる国際金融の教科書』文眞堂，第1章。

46％，進展があまり見られない27％，まったく進展がない5％となっており，構造改革の難しさがうかがえる[13]。

2020年のCSRを見てみると，フランスに対しては，医療製品の適切な供給と医療従事者のバランスの取れた配分を行いeHealthに投資することで医療システムを強化すること，求職者に対してスキル向上と積極的な支援をすること，中小企業の資金確保を支援しつつ持続可能な輸送・クリーンで効率的な生産・エネルギーとデジタルインフラの研究開発の促進，規制環境の改善や税制の簡素化の4点が指摘されている。イタリアに対しては，医療従事者や医療製品・医療インフラの分野で医療システムの回復と強化を目指すこと，非正規労働者に対して十分な賃金と社会保障を保証すること，中小企業・革新的な企業・自営業などの企業に十分な資金を供給すること，司法制度の効率性と行政の実効性を高めることの4点が指摘されている。

加盟国はEUからの勧告を受けて4月に改革プログラムを提出し，5月に欧州委員会が各国から提出された改革プログラムを評価して新しいCSRの作成を行う。CSRや加盟国の改革プログラムは7月に閣僚理事会で承認され，その後加盟国は改革に着手することになる。

ユーロ参加国は翌年度予算を10月15日までに欧州委員会に提出し，欧州委員会は加盟国の予算を評価する。欧州委員会は11月に意見を公表し，加盟国は意見に従って予算案を修正する。

秋に始まって秋に終わる一連のサイクルが欧州セメスターである。2011年の開始以降，欧州委員会，加盟国政府，閣僚理事会などが参加して欧州セメスターを毎年運営している。

◆安定成長協定

EU加盟国には財政赤字の削減が求められており，これを安定成長協定（Stability and Growth Pact：SGP）という。GDP比率で見て，単年度財政赤字（fiscal deficit）を3％以下，累積政府債務（government debt）を60％以下にする必要があり，累積政府債務が60％超えている加盟国は超過部分を削減して60％以下にすることが求められる。図表4-8のように，2019年時点で単年度財政赤字を満たし

13　European Commission, 2020 European Semester: Country-specific recommendations, COM (2020) 500 final.

図表 4-8　単年度財政赤字と累積政府債務（2019 年，%）

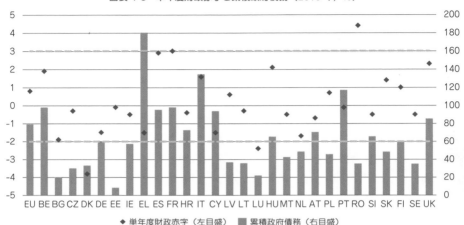

注：単年度財政赤字のマイナスは財政黒字を表す。水色の点線は単年度財政赤字の基準 3%，オレンジの
　　点線は累積政府債務の基準 60% を表す。

ていないのはルーマニアだけであるものの，累積政府債務はイギリスを含めて 13
カ国が基準を超えている。2020 年は感染症の影響で加盟国政府の借り入れ増が見
込まれるうえに GDP の減少も見込まれているため，財政赤字比率がさらに上昇
し，数年間は高い数値が続くと予想される[14]。

　安定成長協定は予防措置と是正措置からなる。予防措置として加盟国は財政に
ついての中期目標（Medium-Term Objectives）を作成しなければならず，赤字が
多い加盟国は赤字削減計画を作成しなければならない。財政赤字の基準を満たせ
ず違反した加盟国には是正措置が適用される。過剰赤字手続き（Excessive Deficit
Procedure：EDP）が適用されると，加盟国は是正のための行動計画を提出しなけ
ればならない。ユーロ参加国には EU への預け金が科せられることもある。違反が
続くと結束基金の支援が凍結されたり，EU への預け金が没収されたりすることも
あり，罰則を伴った仕組みとなっている。図表 4-9 のように多くの加盟国が EDP
の対象になっている。

　制裁措置は最終的には閣僚理事会で決まる。閣僚理事会では特定多数決が用いら
れるが，制裁への賛成票が人口比で 65%，加盟国数で 55% 必要となり，人口比で

14　2020 年 11 月時点では，ユーロ地域 19 カ国の単年度財政赤字は 2020 年で 8.6%，2021 年で
　　5.9%，累積政府債務は 2020 年は 102%，2021 年は 86% になると予想されている。European
　　Commission, 2021 Draft Budgetary Plans, COM (2020) 750 final.

図表 4-9　過剰赤字手続きの適用状況（2020 年時点）

BE	2010−14	FR	2003−07, 2008, 2009−18	NL	2002−05, 2009−14
BG	2010−12	HR	2013−17	AT	2009−14
CZ	2004−08, 2009−14	IT	2004, 2005−08, 2009−13	PL	2004−08, 2009−15
DK	2010−14	CY	2004−06, 2010−16	PT	2002, 2005−08, 2009−17
DE	2002−07, 2009−12	LV	2009−13	RO	2009−13, 2020
EE		LT	2009−13	SI	2009−16
IE	2009−16	LU		SK	2004−08, 2010−14
EL	2004−07, 2009−17	HU	2004−13	FI	2010−13
ES	2009−19	MT	2004−07, 2009−12, 2013−15	SE	

35％以上の反対があると制裁措置を否決できる。そこで，過剰赤字手続きに関しては「制裁発動に反対する加盟国が人口比で 65％以上，加盟国数で 55％以上に達しない場合は自動的に制裁発動となる」という逆特定多数決を導入した。制裁を否決するためのハードルが上がっているものの，実際には制裁措置に踏み切るかどうかの採決をしないという方法を用いて制裁を回避している[15]。EU の経済ガバナンスには様々な仕組みがあり，安定成長協定のように罰則付きのものもあるが，罰則の適用は政治的に難しい問題であり，仕組みはあるものの運用はされないというガバナンス（統治）上の問題を抱えている。2020 年の感染症による経済の悪化を受けて，安定成長協定は事実上棚上げされており，少なくとも数年間は EU が財政健全化に舵を切ることはない。財政同盟への取り組みは事実上，頓挫しているといっていいだろう。一方で，金融同盟への取り組みは遅れている分野があるものの順調に進んでいる。第 14 章で詳しく見ていこう。

15　2012 年にハンガリーに対して結束基金の凍結を決めたが 3 カ月後に撤回している。2015 年のフランス，2016 年のスペイン，イタリア，キプロス，ポルトガルは制裁が発動されるべき状況だったが，制裁が回避されている。

第4章のチェックシート（1）
フォンデアライエン欧州委員会の重点政策

　フォンデアライエン欧州委員会は6分野の課題に取り組んでいる。デジタル化の分野では，（　　1　　）網を構築して全ての人が十分な速さのネットサービスを受けられるようにする。大量のデータを扱う（　　2　　）の責任を明らかにし，ビジネスに必要な電子署名などに関わる（　　3　　）規則を見直す。市民のための経済では，（　　4　　）により15－29歳の雇用を増やして社会包摂を実現させる。

　モンテネグロやセルビアなどの（　　5　　）のEU加盟を（　　6　　）を通じて支援する。欧州的な生活を推進するために，（　　7　　）を整備して欧州保障同盟戦略を進める。市民との距離が遠いとの批判に対しては（　　8　　）を開催し，市民の意見表明の場を設けている。

　フォンデアライエン欧州委員会が最も重要視している政策は，（　　9　　）である。生活環境や農業生産を守るために（　　10　　）を実現させる。ミツバチに悪影響を与える農薬の禁止などを進める。（　　11　　）戦略では，農産物の生産・流通・消費の全過程の改革を目指す。農家に対しては，（　　12　　）を通じて資金援助する。資源を使い切るのではなく再利用する（　　13　　）への移行を進めていく。持続可能なモビリティを達成させるために，化石燃料を使わない（　　14　　）の普及を目指す。

　土壌や大気などには様々な汚染物質があるが，マイクロプラスチックによる汚染を防ぐためにEUは（　　15　　）を施行した。すでに，ペットボトルや缶などの容器の（　　16　　）を進めている加盟国もある。2021年以降は温室効果ガスの排出を抑えるための（　　17　　）が強化され，航空業界への優遇措置も廃止する。EU域外で温室効果ガスを排出する（　　18　　）を防ぐために，（　　19　　）により輸入品に税を課すことも検討している。

第4章のチェックシート（2）
EU の経済ガバナンス

　EU には人・物・資本・サービスが自由に移動する（　　1　　）があるが，統一通貨ユーロや財政赤字の抑制なども含めた協力体制を進めており，これを（　　2　　）という。(2) は（　　3　　），（　　4　　），金融同盟，政治同盟からなり，2025 年までのさらなる深化を目指している。

　EU の経済ガバナンスは（　　5　　）というカレンダーに沿って進められる。EU は今後 12－18 カ月に必要な政策を（　　6　　）にまとめ，経済指標をモニタリングする AMR を作成する。それぞれの加盟国に対しては（　　7　　）を行い，改革の進み具合を 5 段階で評価する。

　ユーロ参加国は，自国の翌年度予算を（　　8　　）に提出し，評価を受けなければならない。予算案の修正を求められることもある。経済ガバナンスでは加盟国政府と (8) や各国から専門家が集まる（　　9　　）が協力して進められている。

　単 年 度 財 政 赤 字 は GDP 比 率 で（　　10　　）％，累 積 政 府 債 務 は（　　11　　）％以下にするというルールを（　　12　　）という。予防措置として加盟国は財政についての（　　13　　）を作成し，財政赤字が多い加盟国は赤字削減計画を作成する。違反が続く加盟国に対しては（　　14　　）が適用され，財政赤字削減のための行動計画を作成しなければならない。違反が続くと，EU の（　　15　　）による支援金が凍結されることもある。

　EU の経済ガバナンスには，ルールはあるが運用されないという問題点がある。これを解消するために（　　16　　）という決定方式が導入されたが，投票を回避するという方法で骨抜きにされている。

ヨーロッパの国々 第Ⅱ部

第Ⅱ部ではヨーロッパの国々を6つの地域に分けて，各国の経済の特徴や近年の動向を見ていく。ヨーロッパの国々は経済的な結びつきを強める一方，各国・地域ごとの独自性も残っている。経済政策や企業活動などのトピックも見ていくことにしよう。なお，本書の地域分けは社会や文化などの理論に基づいたものではなく，各章のトピックに合わせたものである。

第5章 ドイツとフランス

ドイツはEU最大の，フランスは第2位の経済国であり，ともにEUをリードする役割を果たしている。過去にはドイツのルール地方の石炭，フランスのアルザスやロレーヌ地方の鉄鉱石をめぐる争いが絶えなかった。鉄鉱石の加工には石炭のエネルギーが必要だったためである。第二次大戦後には，2つの資源を国際的に共同管理する欧州石炭鉄鋼共同体が1952年に設立され，ドイツ，フランス，オランダ，ベルギー，ルクセンブルク，イタリアが参加した。後に経済の幅広い協力を進めるようになり，現在のEUにつながった。

1. 概　　況

一般に，ドイツは工業国，フランスは農業国といわれている。GDPで見るとドイツの製造業はフランスやEU平均を大きく上回っており，フランスの農業もドイツやEU平均を上回っている（図表5-1）。GDPや労働人口に占める割合が小さくても農業は両国にとって重要な産業であり，共通農業政策（CAP）も多く受け取っている。フランスの製造業が弱く見えるものの，自動車，航空業など重要な産業を抱えている。

図表5-1　ドイツとフランスの経済構造（2019年，％）

	農業	製造業	小売	情報通信	金融	公的部門
EU28	1.4	13.9	17.0	4.8	4.2	16.7
	4.1	13.6	24.8	3.1	2.4	23.6
ドイツ	0.7	19.1	14.5	4.4	3.4	16.9
	1.3	17.1	22.7	3.0	2.4	25.0
フランス	1.6	9.8	15.8	4.8	3.6	19.5
	2.6	9.1	23.1	3.2	2.8	29.3

注：上段は各産業がGDP，下段は労働人口に占める割合。

　ドイツやフランスは，ヨーロッパ諸国にとって重要な貿易相手国であり，特にドイツはほとんどの国で貿易相手国上位 5 位に入る。輸出額はドイツの GDP の 4 割弱を占め（日本は約 2 割），ドイツ製品はヨーロッパだけでなくアメリカなど世界中に輸出されている。そのため，ドイツ経済は世界貿易の動向の影響を受けやすいといえる。

図表 5-2　主要な貿易相手国と品目（2019 年，%）

DE	輸出	自動車 9.6，その他 4.3，自動車部品 4.2，医薬品 3.8，航空機 2.1 アメリカ 8.9，フランス 8.0，中国 7.3，オランダ 6.2，イギリス 5.9
	輸入	その他 6.1，自動車 5.7，原油 3.3，自動車部品 3.2，ガス 2.5 中国 10.0，オランダ 7.9，アメリカ 6.6，フランス 6.0，ポーランド 5.2
FR	輸出	航空機 7.7，その他 5.1，医薬品 4.6，自動車 4.2，ターボ機 3.3 ドイツ 14.1，アメリカ 8.5，イタリア 7.6，スペイン 7.5，イギリス 6.9
	輸入	自動車 5.9，原油 3.7，燃料油 3.7，ターボ機 2.6，自動車部品 2.6 ドイツ 14.8，中国 9.3，イタリア 7.6，アメリカ 6.8，ベルギー 6.6

出所：データは UNcomtrade（HS2017），品目名は税関の輸出統計品目表を参考にした。

■ ドイツ（DE）

　ドイツは GDP でも人口でも EU 最大の国であり，21 世紀には政治的面でも中心的な役割を果たすようになっている。図表 5-1 のように製造業が大きな地位を占め，自動車，化学，医薬品などのプレゼンスが高い。ドイツでは産業と銀行の関係が密接であり，ハウスバンク制度と呼ばれている。ドイツ銀行，DZ 銀行，コメルツ銀行などの大銀行が経済で重要な役割を果たしているが，ドイツ銀行は 2010 年代に経営が悪化している。ドイツの首都はベルリンだが，金融ではフランクフルトが中心地であり，フランクフルト証券取引所はヨーロッパ有数の証券取引所となっており，40 銘柄からなる DAX 指数は世界的に注目されている。

　ドイツの国土は比較的なだらかで，主要な山間部はドイツ中央部と南部に限られる。豚肉，牛乳，牛肉，ジャガイモ，小麦，砂糖など農業や畜産業も盛んで，ジャガイモは多くの種類が安価に売られており，ジャーマンポテトなどの料理も多い。ドイツはビジネスや観光で日本人になじみの国であり，フランクフルトやデュッセルドルフには日本企業も多く進出している。カッセルやブレーメンなどを通るメルヘン街道，ローテンブルクやニュルンベルクなどを通る古城街道，ビュルツブルクやフュッセンなどを通るロマンティック街道などの観光ルートも人気がある。東ド

イツ地域にもドレスデンやマイセンなど観光地が多い。ソーセージなどの食べ物も
よく知られているが，ドイツで最も美味しいのはパン（ドイツ語でブロート）であ
り，地域によってさまざまな種類が楽しめる。ドイツは多くの観光客を惹き付けて
いるが，ドイツ人は旅行好きで世界中に出かけている。

　ドイツはフランス，オランダ，ポーランドなど9カ国と国境を接しており，道
路，鉄道，水路などでの接続も充実している。チェコなどの東欧諸国とはバリュー
チェーン（第10章）を構築しており，ドイツから部品を東欧諸国に運んで，現地
で組み立てなどの仕上げをする役割分担ができている。

　ドイツは第二次大戦の反省から州の権限が強くなっており，教育制度などは州に
よって少しずつ異なっている。かつては大学に進学するためにはギムナジウムに入
学する必要があったが，近年は一般学校からの大学進学も可能になってきている。
日本は法制度や大学制度など多くの制度をドイツから輸入しており，大学の少人数
クラスを英語のセミナーではなくドイツ語のゼミナールと呼んでいる大学も多い。

　ドイツを代表する産業は自動車産業であり，VW（フォルクスワーゲン），
BMW，メルセデスなどの企業がある。排気ガスの環境規制も厳しく古い車種は都
市部で走れないが，2015年にはVWのディーゼル車で排気ガス規制を偽ってクリ
アしていたことが明らかになり，環境対策の転換が求められるようになった。ドイ
ツは2010年代は電気自動車への切り替えに消極的であったが[1]，2020年代に入っ
て積極的な姿勢に転換した。ザクセン州はヨーロッパで最大のリチウム埋蔵量を誇
り，バッテリーや電気自動車関連のクラスターが育ちつつある。

　2015年に大量の難民が訪れた時には難民に寛容な世論があったものの，その
後難民に対する姿勢は変化しており，難民排斥を唱えるドイツのための選択肢
（AfD）が各地の州議会選挙で議席数を伸ばしている。ドイツのための選択肢は東
ドイツ地域で支持が高く，この背景には東西ドイツの経済格差がある。

　1989年に東西ドイツを隔てていたベルリンの壁が崩壊し，1990年に東西ドイツ
が再統一した。経済発展の遅れた旧東側を支援するために使命感を持って東側に
進出した西側企業もあったものの，経営がうまくいかずに撤退する例が多かったと
いう。旧西側と旧東側のマルクを1：1で統合したこともあるが，旧東側の賃金を
西側に合わせて上昇させたことが旧東側の停滞の原因となった。社会主義体制の下

1　自動車の基幹部品であるエンジンには多くの技術と専門部品が必要であり，自動車産業は多くの産業を
　束ねている。しかし，電気自動車ではエンジンやトランスミッションなどの部品が不要になり，多くの雇
　用が失われるとみられている。

で人生を過ごしてきた人々にとっては，競争して労働生産性を上げるということを理解して実践することが難しかった。旧東側は旧西側に比べて，生産性が低いにもかかわらず高賃金という状態になり，企業は競争力を失った。このような状況のもと，旧東ドイツ地域への支援制度が整えられた。連帯税（Solidaritaetszuschlag）

Box11.　アウトバーン

　ドイツの高速道路はアウトバーン（Autobahn）と呼ばれる。日本ではアウトバーンは速度無制限と紹介されるが，ドイツ全域で高速道路は 130km/h である。一部区間（白丸に黒の斜線が入っている標識があるところ）では制限速度を超えても黙認されており，この区間では 200km/h 程度で走行している車もある。なお，ドイツでは市街地は 50km/h，郊外は 100km/h となっており，郊外路線では片側 1 車線で中央分離帯がないところでも 100km/h 近いスピードで走行している。

　左はアウトバーンの標識。右に曲がって 17 号線に入るとチェコのプラハに行くことができる。2017 年にドレスデンからプラハまでが高速道路でつながり，物流が大きく改善された。東ドイツ地域では交通量も少なく走りやすいが，西ドイツ地域では右の写真のように工事区間が多く，車線規制も多い。

　アウトバーンでは渋滞時に両端に車を寄せて走行しなければならない。緊急車両がスムーズに走れるようにするため，片側 2 車線の道路では道路の真ん中を開けるように渋滞に並ぶ。また，上り坂ではトラックの追い越しが禁止されており，全トラックが一番右側の車線を走行しなければならない。このようなルールは日本でも導入すべきだろう。

　アウトバーンも含めて，ドイツの道路は幅が広く，標識も見やすい。日本と逆の右側通行ではあるが，ドイツの道路はヨーロッパの中でもかなり走りやすい。車文化が発達しているドイツでは，自動車での観光でしか出会えない景色もある。

図表 5-3　ドイツの州別失業率

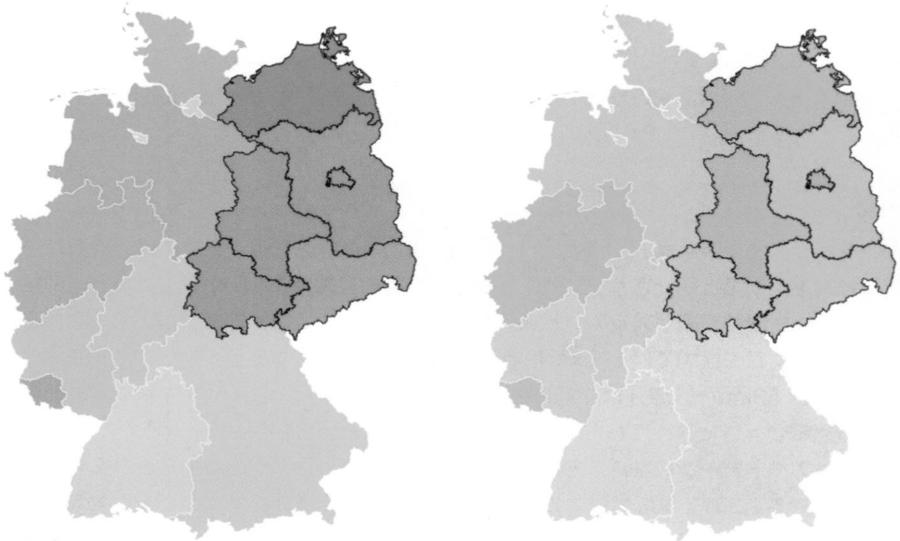

注：州境が黒線のところが旧東ドイツ。ブレーメンとハンブルクは色なし。最も薄い黄色は失業率 2.8％，
　　最も濃い赤は 12.5％。
出所：Statistik der Bundesagentur für Arbeit.

もその 1 つであり，所得税や法人税に対して 5.5％を付加して旧東ドイツ地域のイ
ンフラ整備などに使われている。2021 年からは一定所得以下の人への所得税の連
帯税が廃止されて 90％の人が免税になるものの，連帯税の負担への不満は強い。

　東西ドイツの格差は再統一から 30 年で着実に縮まっているものの，東側が西側
よりも経済的に劣っている状況は続いている。図表 5-3 の失業率では，1991 年で
は東側の 6 州が西側よりも高く，2019 年にはドイツ全体の失業率が下がっている
ものの，やはり東側の方が高い傾向にある[2]。

　日本からベルリンまでの直行便はないが，2020 年にベルリンのブランデンブル
ク空港（BER）が開港したことから，将来は直行便の運航が期待される。ブラン
デンブルク空港の開港に伴って，テーゲル空港は閉鎖された。

　ドイツには，ハリボー（菓子），ヒューゴボス（衣料），BASF（化学），バイエ

2　1 人当たり GDP で見ると，2000 年には西側平均 136 に対して東側平均 85（ベルリンを除くと 78）
　だった格差が，2018 年には西側 131 と東側 93（同 87）と縮まっている。しかし，東西で 1.4 倍の格
　差が残っている。

ル（化学），モンブラン（文具），ミーレ（家電），クルツァー（義歯），ティッセン
クルップ（製鉄），シュフラー（ベアリング），カールツァイス（光学機器），ライ
カ（カメラ），ジーメンス（製造），イーオン（電力），アルディ（小売り），アディ
ダス（スポーツ用品），プーマ（スポーツ用品），ルフトハンザ（航空），ドイツテ
レコム（通信），SAP（ソフトウェア），ドイツ銀行（銀行），アリアンツ（保険），
ミュンヘン再保険（再保険）などの企業がある。

🇫🇷 フランス（FR）

　フランスは EU 第 2 位の経済大国であり，第二次大戦後の EU を政治面でリード
してきた。第二次大戦の戦勝国フランスと敗戦国ドイツが協力することで，EU は
深化を遂げることができた。EU の会議は英語で開催されることが多くなったが，
法律の専門家の会議ではフランス語が使われており，フランス語の法案を英語に翻
訳して審議している。

　フランスは，北はベルギー，ルクセンブルク，ドイツと接し，西は大西洋に面し
ている。イギリスとはドーバー海峡海底のユーロトンネルでつながっている。南に
はピレネー山脈がありスペインやアンドラと国境を接し，地中海とも面している。
南東部には中央山塊やアルプス山脈があり，イタリアやスイスとの国境がある。地
中海のコルシカ島もフランスの領土になる。さらに，フランスには海外県や海外領
土があり，中南米にはグアドループ，マルティニーク，フランス領ギアナ，サンバ
ルテルミー島，サンマルタン島，太平洋地域にはフランス領ポリネシア，ニューカ
レドニア，ウォリスフツナ，インド洋地域にはレユニオン島，モザンビーク沖には
マヨット，カナダ西部沖にはサンピエールとミクロン島がある。

　図表 5-1 で見たように，フランスはドイツに比べて農業のプレゼンスが高い。
GI（地理的表示，157 ページ Box18）への登録にも積極的で，農産物や畜産物のブ
ランド化を進めている（図表 5-4）。ブランド化されているものは生産地や生産方
法を制限しているものが多く，特定の村や地域で生産したものにしかブランド名を
付けられない。

　フランスの農産物が有名ではあるものの，ステランティス（旧 PSA，本社はオ
ランダ）やルノーなどの自動車メーカーはヨーロッパだけでなく世界市場でのプレ
ゼンスも高く，ルノーは日本の日産の親会社でもある。図表 5-2 ではフランスの輸
出製品第 1 位が航空機になっているが，トゥールーズに主要オフィス（本社はオ
ランダのライデン）を置くエアバスは，アメリカのボーイングと航空機の市場を二

図表 5-4　フランスの農畜産物

チーズ	カマンベール（ノルマンディ地方），コンテ（コンテ地方），ロックフォール（アベロン県），ブリー（モー村，オーブ県など）
バター	エシレバター（エシレ村），ボルディエ（ブルターニュ地方），ベイユヴェール（ナント）
肉類	ブレス鶏（サオーヌ・エ・ロワール県など），バザス牛（バザス村），カマルグ牛（カマルグ地方）
果物	リムーザンリンゴ（リムーザン地方），アルデッシュ栗（アルデッシュ県），ソリエスイチジク（ソリエス地方）
穀物	カマルグ米（カマルグ地方）
その他	ゲランド塩（ブルターニュ地方），フォアグラ（ドルトーニュ県，ランド県など），ラベンダー（プロバンス地方），トリュフ（ペリゴール地方）

分している。エアバスは，ドイツ，フランス，スペイン，イギリスなどで部品を作り，それらをトゥールーズやドイツのハンブルクで組み立てている。製造のグローバル化が進んだことで，中国やアメリカにも組み立て拠点がある。フランスには多くのファッションブランドもあり，カルティエ，シャネル，エルメス，ラコステ，ロレアル，LVMH などは国際的によく知られている。

　フランスは世界最大の観光客受け入れ国であり，2018 年には 8900 万人がフランスを訪れている。フランスには首都のパリをはじめ，ニース，ボルドー，マルセイユなどほぼ全土に有名な観光地が点在している。世界遺産は 45 件（海外領土も含む）登録されており，観光業が大きな役割を占めている。フランス政府は 2020 年に 1 億人の観光客誘致を目指していたが，感染症の影響で 2020 年の観光客は激減した。

　フランスの経済や社会の仕組みは異質であり，資本主義でも社会主義でもない第 3 の道と呼ばれることもある。フランス社会はエリート主義であり，国立行政学院（École Nationale d'Administration：ENA），エコールポリテクニーク（École Polytechnique）などのグランゼコール（Grandes Écoles）と呼ばれる教育機関の卒業生が社会の中枢を占めている。ENA の卒業生が君主（monarch）になるということからエナルクという言葉もある。マクロン大統領は 2019 年に国立行政学院の廃止を公表したが，2020 年に撤回に追い込まれている。エリート支配層に対して市民はデモで意見表明するが，デモは物流を妨げるなど暴力的になることが多く，暴動もよく発生する。2018 年に燃料税の引き上げへの反対をきっかけに発生したイエローベスト運動は，その後，労働市場改革，年金改革，エリート支配などへの反対も掲げて各地で暴力的な抵抗運動に発展している。第 2 節で見るようにフ

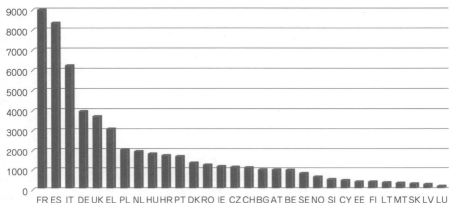

図表 5-5　各国の観光客数（2018 年，万人）

注：日本は 3119 万人，アメリカは 7974 万人。
出所：World Bank.

ランスは 2010 年代に構造改革に乗り出し，経済の競争力も向上しているが，市民のデモが改革の足を引っ張る状況が続いている。

　フランス政府は経済にも積極的に介入する。外国企業がフランス企業を買収しようとすると政府が買収阻止に乗り出すこともある。主要な企業の株主になり，企業の経営にも影響を及ぼそうとし，特に従業員の削減計画が出ると政府と与野党が協力して計画の撤回を目指す。雇用を守る姿勢は重要だが，フランス企業の競争力の低下につながるだけでなく，フランスへの企業進出の足枷にもなる。特に，2014 年に成立したフロランジュ法と呼ばれる法律は，大企業の株式を 2 年以上保有する株主の議決権を 2 倍にするというものであり，政府が保有する株式の議決権も 2 倍になり，政府の企業への関与がますます強まることとなった。フロランジュ法は，1000 人以上の従業員を雇用する企業が工場などを閉鎖する際に事業所の売却先を探すなど，雇用を守るための努力を企業に義務付けている[3]。

　フランスには，ダノン（食品），トタルエナジーズ（旧トタル，石油），サノフィ（医薬品），ミシュラン（タイヤ），サンゴバン（ガラス），アルストム（鉄道），

3　北欧諸国では企業による解雇が容易である代わりに，解雇する従業員の再就職を支援しなければならない。解雇など雇用の柔軟性（flexibility）と社会保障（security）や再就職を支援する仕組みをセットで導入することをフレクシキュリティ（flexicurity）といい，EU の雇用政策でも同様の概念が取り入れられている。

EDF（電力），オラノ（旧アレバ，電力），カルフール（小売り），ユーロトンネル（輸送），エールフランス（航空），タレス（宇宙航空），オレンジ（通信），BNPパリバ（銀行），BPCE（銀行），ソシエテジェネラル（銀行），アクサ（保険）などの企業がある。

2．規律か成長か

　長期にわたる経済成長と短期的な景気支援とは，時に対立することもある。競争力を向上させるためには労働市場の柔軟性を向上させ，新しい産業を育成し，産業構造の転換を図る必要がある。その過程では，古い産業から失業者が発生し，政治問題化しやすい。不況期には構造改革よりも安易な景気刺激策が好まれる。多くの政府が多額の債務を抱えていることから，物価を上昇させることで債務の実質価値を目減りさせたいという誘因があるが[4]，物価上昇は市民の実質購買力や実質資産を低下させる。経済政策を決めるのは政治家であり，政治家は選挙で当選するために近視眼的な政策を好む。政府は長期的な戦略に基づいて規律ある行動を採るべきだが，実行するのは非常に難しい。

◆インフレの問題点
　ドイツは規律を重んじる国として知られている。第二次大戦後は財政赤字を削減してインフレ率（物価上昇率）を低く保つ政策を志向してきてきた。ドイツの中央銀行であるブンデスバンクはインフレ抑制を重視するインフレファイターとして知られている。短期的な成長よりも規律を重んじる姿勢がドイツマルクの安定につながり，ドイツ経済の発展を支えた。
　ドイツがインフレの抑制を重視する背景には，ハイパーインフレーションの経験がある。ハイパーインフレーションは猛烈な物価上昇を指し，月次で50％を超える物価上昇の継続や年間のインフレ率が500％以上などの定義がある。ドイツの

4　満期1年で100の借金をすると来年に100の返済が必要だが（金利は無視する），返済額の実質的な価値は物価によって異なる。現在の1年の生活費を100とすると，物価上昇がなければ1年の生活費と同じ価値を来年返済する必要があるが，物価が2倍に上昇して1年の生活費が200になれば100の返済額は生活費半年分で済むことになる。物価が上昇すると，債務者が得をして債権者が損をする。見た目の数字を名目（nominal），物価を考慮した数字を実質（real）という。

図表 5-6　主なハイパーインフレーション

国	期間	最高月間インフレ率	合計の物価上昇
ドイツ	1922/7－1923/12	29500%	1.79×10^{10} 倍
ポーランド	1923/1－1924/1	275%	699 倍
ギリシャ	1941/5－1945/12	13800%	na
ハンガリー	1945/8－1946/1	4.19×10^{16}%	3.81×10^{27} 倍
エストニア	1991/1－1991/2	87.2%	na
ウクライナ	1991/4－1993/12	na	4772 倍
セルビア	1992/2－1994/1	2.97×10^{8}%	3.6×10^{21} 倍
ブルガリア	1997/2－1997/2	285%	2.85 倍
ジンバブウェ	2007/5－2008/11	7.96×10^{10}%	na

出所：ケイブス他『国際経済学入門II』日本経済新聞社，p. 121；Hanke and Krus, World
Hyperinflations, Randall Parker and Robert Whaples, eds., The Handbook of Major
Events in Economic History, 2013, pp. 367-377；Reinhart and Rogoff, From Financial
Crash to Debt Crisis, NBER Working Paper, 15795, 2010.

ハイパーインフレーションは，20 世紀以降ではハンガリー，セルビア，ジンバブ
ウェに続く 4 番目の大きさであり，1922 年に発生したハイパーインフレーション
は 1923 年 10 月にピークを迎え，1 カ月間で物価は約 300 倍上昇した（図表 5-6）。
月間インフレ率が最も高い月では物価が 2 倍に上昇するまでの期間がハンガリーで
は 15 時間，ジンバブウェは 25 時間，セルビアは 1.4 日，ドイツは 3.7 日となる。
これは月間平均であるため，人々は瞬間的にはもっと激しい物価上昇を経験しただ
ろう。
　図表 5-7 は 1923 年にドイツで発行された切手である。このような切手はコイン
店などで手に入れることができ，この 2 枚はデパートの文房具売り場で購入した。

図表 5-7　ハイパーインフレーション下のドイツで発行された切手

左は 100 マルク切手に 10 億マルクの印字が重ねられており，右側は 50 億マルク切手として発行されている。ドイツは 2 年半で約 200 億倍に物価が上昇し，1 兆マルクを 1 新マルクに交換するデノミネーションに追い込まれた。

　ハイパーインフレーションが生じると，人々の生活水準は大幅に低下する。家計は労働力を提供して賃金を対価として受け取るが，通常は労働力の提供が先で賃金の受け取りが後になる。インフレが生じると労働力を提供して賃金を受け取るまでの間に賃金の実質価値が下がってしまう。例えば，1 カ月間の給料がジャガイモ 100kg に相当する額だとしても，1 カ月で 100 倍のインフレが生じると契約通りの金額を受け取ってもジャガイモは 1kg しか買えない。そこで，翌月には賃金を 100 倍にする契約を新たに結んでも，賃金を受け取るまでにさらに 100 倍のインフレが生じれば，やはりジャガイモは 1kg しか買えない。賃金が後払いになる慣習のため，インフレは家計の実質的な購買力を弱める。こうして生じた経済の混乱がナチスの台頭を許したという負い目がドイツ人の心にはあるのかもしれない。

　20 世紀後半には経済成長と物価上昇が同時に生じたため，経済成長には物価上昇が必要だという誤解が広く浸透した。ドイツはインフレファイターであるにもかかわらず経済成長を続けていることがこの誤解への反論であるが，このような事実を前にしてもマイルドなインフレが必要だというインフレ必要論がある。年率で数％のインフレが生じていると企業は製品価格を容易に引き上げることができ，家計は賃金が少しずつ増えているような錯覚に陥ってしまうが，マイルドなインフレ下では家計の実質的な購買力もマイルドに低下しており，ペースが緩やかであるためにそのことに気が付かないのである。インフレが必要だという提言は，家計の富を政府に移し替えるべきだという主張と同じである。

　将来のインフレ見通しが不安定であれば，長期的な計画を立てづらくなる。貯蓄の価値も低下し，住宅や老後といった長期のマネープランにも悪影響を及ぼす。人々の行動は委縮し，経済活動も低下するだろう。逆に，インフレ率が十分に低ければ，長期的な計画を立てる際にインフレ率を考慮しなくてもよくなり，人々は安心して行動することができ，経済の活力は奪われない。インフレの抑制と経済成長は両立できる。

　フランスはインフレ抑制よりも成長を重視するといわれているが，実際にはフランスのインフレ率もドイツ並みに低く抑えられている。2001－2019 年までのインフレ率の平均値は，EU の 1.95％，ドイツの 1.55％に対して，フランスは 1.56％となっている。

◆労働コストの抑制

　賃金は企業にとってコストであり，コストが上昇すれば製品価格の値上げを余儀
なくされる。一方で，賃金は家計にとっては購買力であり，購買力が高まれば価格
の高い商品を買うことができる。需要面からも供給面からも賃金は物価に大きな影
響を与える[5]。企業は賃金に加えて税金や社会保険料も負担しており，これらを含
めたものを労働コストと呼んでいる。2000年代にはドイツの労働コストがフラン
スやEU平均よりも低く推移しており，2010年代にはフランスの労働コストが低
く推移している。

　ドイツでは2002年から2006年にかけて労働市場改革が行われた。一連の改革は
ハルツ改革（Hartz reforms）といわれており，中でも4番目の改革プログラムで
あるハルツⅣがドイツの労働コストを引き下げた[6]。ハルツⅣは失業給付や生活保
護に関するものであり，失業給付を失業前の賃金ではなく一律月額345ユーロと
いう形で支払うことになった。配偶者や子供がいると上乗せがある。一連の改革
では，ミニジョブ制度も整備され，月間の賃金が450ユーロ以下のパートタイムに
ついては，企業は税や社会保障費の支払いを免除される。ミニジョブは女性や高齢

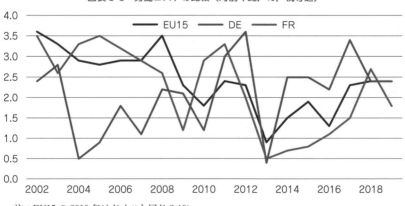

図表5-8　労働コストの比較（対前年比，%，税等込）

注：EU15の2019年はドイツと同じ2.4%。

5　賃金は国内要因であり，国外要因である原油などの商品価格も物価に影響を与える（245ページ）。
6　Ebbinghaus and Eichhorst, Employment Regulation and Labor Market Policy in Germany,
1991-2005, IZA Discussion Paper No. 2505, 2006；Krause and Uhlig, Transitions in the
German Labor Market: Structure and Crisis, Deutsche Bundesbank Discussion Paper Series 1:
Economic Studies, No. 34/2011.

者，副業などで多く利用されており，企業にとっては低コストで人を雇うことができる制度ではあるが，これらの人々の賃金が事実上 450 ユーロに制限されることにもなる。

　これらの改革の結果，失業者は失業前よりも賃金が低い仕事にも再就職するようになった。日々の労働の中で商品知識，新しい法律，PC 操作などの新しい技術を身に付けることができるが，失業中は業務経験がなくスキルが低下する。スキルの低下は再就職に不利になるため，たとえ賃金が下がったとしても早く再就職して業務を続けた方がよい。ドイツの一連の改革では，多くのワーキングプアが発生したという批判もある。月額 450 ユーロは独立して生活するには不十分であることは確かであり，低賃金の人々は共同生活をしたりアルバイトをしたりする必要がある。2010 年代に経済が好転したこともあり，ドイツは徐々に社会保障を充実させ，2015 年には最低賃金も導入した。2010 年代にはドイツの労働コストはフランスや EU 平均を上回っており，2020 年代に経済が停滞する可能性もある。

　一方，フランスは 2000 年代中盤には労働コストが大きく上昇している。フランスでは労働組合の力が強く，鉄道，空港などのインフラ部門も含めてストライキが頻発している。経営陣が厳しい態度で臨もうとしても，政府が介入して労働組合に有利な調停を行うため，労働コストが削減できない。労働者保護が強いため，企業はリストラもできず，工場閉鎖も難しい。特に大企業の工場閉鎖や移転にはフランス政府が介入する。

　2005 年に初期雇用法などの労働市場改革が公表されたが，2006 年に大学生による大規模デモが発生して撤回に追い込まれた。初期雇用法では企業は 26 歳未満の労働者を雇用する際に 2 年間の試用期間を設定でき，その間の解雇も可能になる。解雇が容易であればとりあえず雇用してみることが可能になり，若年層の失業を減らす効果があると期待された。解雇が非常に難しければ，企業は期間雇用やアルバイトの形でしか雇用しない。しかし学生らは，解雇しやすくなるという点に注目してしまい，初期雇用法のメリットを理解できなかった。この背景には，フランスでは若年層の失業率が高く，就業者も期間雇用や見習い雇用が多いことがある[7]。大学卒業者であっても正社員として職を得るまでには何年も時間がかかるケースもあり，何としても解雇を避けようとする心情がある。

7　Dares, Emploi et chômage des 15-29 ans en 2014, Dares Analyses, Décembre 2015 - N° 088.

　2010 年代に入ると，フランスは賃金の一部を経費として計上することを認める，社会保障負担の軽減，解雇規制の緩和などに取り組んでおり[8]，これらが労働コストの低下につながっている。2015 年には労働法の改正に着手した。改正案は 3800 ページにも上るといわれる労働法の簡素化を図るものであり，すでに労使間で実施されている慣行も含めて実情に合わせた改革を実施しようとするものだった[9]。フランスは週 35 時間労働制を採用しているが，繁忙期には労働時間を最大で 1 日 12 時間，週 60 時間まで増やすことができる。ただし，12 週間にわたって 1 週間の平均労働時間が 46 時間を超えることはできず，週 60 時間を何週間も続けることは許されない。週 35 時間を超えると割増賃金を支払う必要があるが，この割増率も引き下げられた。一方で，割増賃金の対象となる深夜労働の時間帯が 1 時間延長されるなど労働者にとって有利な改正もあった。また，この改正では「つながらない権利」が導入された。夜間は勤め先のメールやファイルにアクセスできなくするもので，ワークライフバランスを考慮した施策である。労働者の生活を守るとともに，対策ソフトウェアなどの新しいビジネスも生み出した。

　労働市場改革に対して，市民は激しいデモで対抗し，各地で暴動に発展した。しかし，政府は労働法改正を押し切り，この影響で当時のオランド大統領は再選できなかった。2017 年に誕生したマクロン政権も労働市場の改革を続ける意向を見せており，レファレンダム（投票）制度によって労働組合の力を弱めた。これは労働時間や給与などに関して，経営者が労働組合を通さずに直接労働者に意見を聞く制度であり，労働組合とは相いれない考えを持つ従業員の声も経営者に届くようになった。2018 年には解雇された労働者が不当解雇として企業を訴えた場合の補償額を在職期間に応じて決まるようにし，在職期間が 29 年以上の場合は月給の 20 カ月分が上限となる。また，テレワークを推進し，ボーナスなどの労働条件の交渉も産業別ではなく企業ごとにできるようになった。

　フランスは政権交代や激しいデモがあるにもかかわらず改革を続けており，2010 年代後半には失業率の低下，経済成長率の上昇などの果実を手にし始めている。2020 年代初頭は感染症の影響で不景気になるが，このまま改革を続けていけば 2020 年代も力強く成長することが期待される。

8　2013 年の競争力・雇用税額控除（Le crédit d'impôt pour la compétitivité et l'emploi：CICE）や 2014 年の責任・連帯協定（Responsibility and solidarity pact）など。

9　川野祐司「労働法改正問題にみるフランス経済の問題点」『世界経済評論 IMPACT』No. 640，2016 年。

◆財政赤字の削減

　税収などの歳入よりも政府支出の方が多ければ財政赤字になる。一時的な財政赤字は借り入れで賄うことができるが，慢性的な財政赤字が続くと返済や金利負担が増え，その分だけ政策の自由度を下げてしまう。また，政府が借り入れを行うと，民間投資に向かうはずだった資金が政府に使われることになる。一般に，政府は民間よりも効率が劣るため，多額の財政赤字は経済成長率を引き下げる。財政赤字が発生する原因は，歳入よりも歳出が多いことであり，財政構造改革を進めるには歳出を減らすしかない。

　ドイツは伝統的に財政赤字を嫌う国であり，ドイツ基本法には構造的な財政赤字をGDPの0.35％以内に抑えるという項目があり，さらに2009年に債務ブレーキ制度（Schuldenbremse）を導入し，単年度財政赤字をゼロにすることを政府に義務付けている[10]。債務ブレーキ制度は財政条約[11]という形でEUレベルの政策にもなっている。ドイツは2010年代に財政黒字を達成したものの，2020年に債務ブレーキの一時停止を公表しており，数年間は財政赤字を容認することになる。これまでドイツの単年度財政赤字や累積政府債務が少なかったことが，不況期に財政赤字を拡大させる余地を生んでいる。

　財政赤字を生む要因の1つに社会保障制度がある。ヨーロッパでは少子高齢化が進んでおり，少子化対策が進んでいるといわれるフランスでも1975年以降，人口を維持できる出生率2.1を下回り続けている（データは世界銀行）。少子高齢化により年金財政の持続可能性が問題となっている。40年などの法定期間の間に掛け金を支払って65歳などの年金受給年齢に達すると，満額の年金を生涯受け取ることができるというのが一般的な年金制度であり，現役世代の掛け金に財政からの補助を加えて退役世代に支払う賦課方式を採用している国が多い。フランスには職業別など42種類の年金制度があるが，マクロン政権下でこれらの一本化など，年金改革を進めようとしている。年金財政を健全化するには，現役世代の社会保障負担の引き上げ，増税，年金受給年齢の引き上げなどがある。フランスは2020年に現行の62歳から64歳への受給開始年齢の段階的引き上げとマルス・ボーナス制度の

10　JETRO「ドイツ・スイスの債務ブレーキ制度とEFSF拡充に関するドイツ保証引受法改正」『ユーロトレンド』2012.3。

11　正式名称は，経済通貨同盟における安定・協力・統治に関する条約（Treaty on Stability, Coordination and Governance in the Economic and Monetary Union：TSCG）。この中の財政協約と呼ばれる部分で条約参加国に均衡財政を義務付けている。

導入を決めた。マルスとは年金受給額の減額を意味し，42 年の満期の加入期間を経て法定受給年齢の 62 歳で年金を受給しようとすると，最大 30％の減額を受けてしまう。一方，1 年長く働いて 63 歳から年金を受給するとマルスは消滅する。さらに，1−3 年長く働いて 64−66 歳から受給すると年金額が上乗せされるボーナスが得られる。マルス・ボーナス制度により高齢労働者により長く働いてもらい，年金受給年齢を自主的に引き上げてもらうことで年金財政の改善を図ろうとしている。

3．経済のデジタル化に向けて

　経済と社会のデジタル化（digitalisation）は，新しいビジネスを創出して効率化を高めるだけでなく，行政コストを削減し，より多くの人を社会に包摂（inclusion）するためにも役立つ。紙の書類を廃止すれば紙資源や輸送エネルギーの節約にもつながるように，デジタル化は環境問題にも役立つ[12]。デジタル化の進展では北欧やベネルクス諸国などが進んでおり，EU が公表するデジタル化指数（Digital

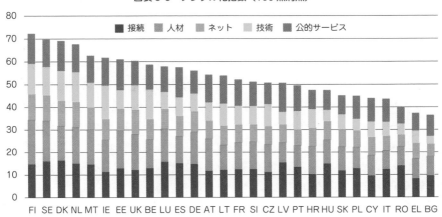

図表 5-9　デジタル化指数（100 点満点）

出所：DESI composite index 2020.

12　書類のデジタル化は電力や通信帯域の利用を増やし，クラウド化は電力や通信帯域の大幅な利用増加につながる。デジタル機器の製造や廃棄の過程でも環境負荷が発生する。デジタル化すれば環境負荷が減るとは一概にはいえない面もある。

Economy and Society Index：DESI）を見ると，ドイツはEU28カ国中12位，フランスは15位と出遅れている（図表5-9）。

　デジタル化指数は，インターネットへの接続状況，デジタル人材，インターネットサービスの利用，デジタル技術の導入，公的サービスのデジタル化という5つの面で評価し，合計で100点満点になる。それぞれの項目を見てみると，ドイツは接続，人材，ネットで，フランスは技術や公的サービスで比較的順位が高くなっているが，それらの項目でもEUの中では中位にとどまっており，デジタル化戦略は両国にとって重要な課題となっている[13]。

図表5-10　ドイツとフランスのデジタル化順位

接続	人材	ネット	技術	公的サービス
1：デンマーク	1：フィンランド	1：フィンランド	1：アイルランド	1：エストニア
2：スウェーデン	2：スウェーデン	2：スウェーデン	2：フィンランド	2：スペイン
3：ルクセンブルク	3：エストニア	3：オランダ	3：ベルギー	3：デンマーク
8：ドイツ	10：ドイツ	9：ドイツ	11：フランス	12：フランス
18：フランス	17：フランス	21：フランス	18：ドイツ	21：ドイツ
27：キプロス	27：ルーマニア	27：ブルガリア	27：ルーマニア	27：ギリシャ
28：ギリシャ	28：イタリア	28：ルーマニア	28：ブルガリア	28：ルーマニア

出所：DESI composite index 2020.

　ドイツは2018年にデジタル競争力の向上，インフラと機器の整備，イノベーションとデジタル化の進展，社会のデジタル化，近代的な国家という5つの柱からなるデジタル化戦略を公表した[14]。デジタル競争力の強化では，各種の教育を通じてデジタル人材を育成して起業を促す。DigitalPact School戦略で4万3000校に高速インターネット，デジタルラーニングシステムの導入を目指す。デジタルエンジェル政策では，特に地方に焦点を当てて，オンライン銀行やオンライン行政サービスの使い方などをアドバイスする機関を作る。その他には，女性をデジタル暴力から守る取り組みも進める。

　インフラと機器の整備では，5Gをはじめとした高速通信網などのインフラ整備を進める。デジタルテレマティクス整備では，かかり付け医師，歯医者，薬局，病

13　田中信世「コロナ危機下のドイツのデジタル競争力とデジタル化推進策」『国際貿易と投資』国際貿易投資研究所，No. 122，pp. 78-93，2020年12月；DESI 2020 Country Report Germany, France.

14　The Federal Government of Germany, Shaping Digitalization, 2018-12.

院などを接続し，電子カルテの相互利用もできるようにする。イノベーションとデジタル化の進展では，基礎科学や医療をはじめとして，経済や社会の幅広い分野でのイノベーションを支援する。医療分野でのビッグデータや AI の活用，ブロックチェーンの活用，インダストリー4.0[15]関連の支援，森林の救援地点のデジタルマップ化，サイバーイノベーションハブの設置などを進める。社会のデジタル化では，文化，環境，移動，労働などの様々な分野でデジタル化を進める。デジタル図書館の整備，美術館や博物館のデジタル化，オンライン対話集会のプラットフォーム作成，自律的な移動手段の確保，数学・情報通信・自然科学・技術（MINT）分野の教育強化などを行う。近代的な国家では，2022 年末までに連邦政府と地方政府がオンラインサービスを提供できるようにする。個人や企業が行う様々な手続きがオンライン上で完結することを目標としている。

　フランスは 2018－2022 年の投資計画（Grand Plan d'Investissement）でエコロジー社会への移行の加速，スキルベースの社会構築，競争力のイノベーションの強化，公共部門のデジタル化を目指し，2019 年の PACTE 法（Plan d'action pour la croissance et la transformation des entreprises）ではデジタル化も含めた企業の創出と成長を図ろうとしている。教育面では 2019 年に CRCN（Cadre de Référence des Compétences Numériques français）プロジェクトにより，小学校から大学までが参加し，情報とデータ，コミュニケーションとコラボレーション，コンテンツ作成，デジタル環境，保護とセキュリティの 5 つの分野で習熟度を高めさせる。教員のデジタルスキルを高めるために，2019 年に ICT 教育の学位を導入しており，国内 19 大学で 2000 人以上が教育を受けている。MOOC などのオンライン教育も進めている。

　2017 年にパリでステーション F がオープンした。スタートアップを支援するための施設であり，起業家（entrepreneur），資金提供者，アドバイザーなどが集まる場としての役割を果たしている。2019 年までに 1217 社のスタートアップがステーション F を利用した[16]。起業家のうち 45％は女性であり，アメリカ，中国，モロッコなど外国からも起業家が集まっている。主なセクターは B2B（企業間取引）向け SaaS（ソフトウェア）が 15％，AI 関連が 12％，e コマースが 11％，EdTech（教育関連）が 10％，バイオテックが 7％などとなっている。

15　第 4 次産業革命とも呼ばれ，工場だけでなくマネジメント，店舗，輸送等も同じプラットフォーム上で稼働させることで経済の競争力を高める戦略。

16　STATION F 2nd year data.

第5章のチェックシート

　ドイツを代表する産業は自動車産業であり，（　　1　　），BMW，メルセデスなどの企業がある。再統一以降，東西ドイツの経済格差が残っており，（　　2　　）側の経済が劣っており，（　　3　　）などの支援策が続いている。

　フランスでは（　　4　　）が重要な産業であり，各地でブランド化を進めている。航空機メーカーの（　　5　　）は世界市場を二分している。フランス政府は経済への介入を強めており，2014年の（　　6　　）ではフランス政府が持つ株式の議決権が2倍となった。

　ドイツはインフレファイターとして知られるが，20世紀前半の（　　7　　）の経験が背景にある。ドイツは2000年代に（　　8　　）などの一連の改革を行い労働コストを引き下げた。失業率は下がったものの，月給450ユーロ以下の（　　9　　）も多く生み出した。フランスは21世紀に入って（　　10　　）の改正を断続的に続けている。また，（　　11　　）を導入して深夜や休日の労働を抑制しようとしている。ドイツには均衡財政を義務付ける（　　12　　）制度があり，フランスは（　　13　　）によって年金受給年齢の引き上げを試みている。

　ドイツとフランスはデジタル化が遅れており，改革に乗り出している。ドイツは（　　14　　）を整備して電子カルテの共有化を図り，フランスは（　　15　　）プロジェクトにより学校教育のデジタル化を進めようとしている。2017年にはパリで（　　16　　）がオープンし，世界中から起業家が集まっている。

マールブルク（ドイツ）

　オーバーシュタットの市庁舎。マールブルクはグリム兄弟が通い，大陸移動説を唱えたウェゲナーが勤務していたマールブルク大学を中心とする大学町であり，人口の半数を大学生が占めている。

　市内中心部のエリーザベト教会は，チューリンゲンのエリーザベトに由来しており，彼女は 13 世紀にマールブルクで困窮者を支援する活動を展開した。今でも多くの巡礼者が訪ねる場所になっている。

ニュルブルクリンク（ドイツ）

　ドイツのモータースポーツを代表するサーキット。フォーミュラ 1 が開催されるグランプリコースに写真の北コースが併設されている。

　毎年初夏には 24 時間耐久レースが開催され，アマチュアチームから自動車メーカーのチームまで 150 台以上が参加する。

　北コースは平日の夕方などに一般有料道路となり，誰でも自分の車で走行することができる。

シュヴァンガウ（ドイツ）

　フュッセン近郊のノイシュヴァンシュタイン城。バイエルン王ルートヴィヒ 2 世が建築した。王はワーグナーのオペラに心酔し，城の随所にオペラのモチーフを見ることができる。建設費用は膨大であり，当時のバイエルン王国の財政は大きく傾いたが，現在ではバイエルン州の観光収入に寄与している。

　すぐそばにはホーエンシュヴァンガウ城がある。

マイセン（ドイツ）

　ドレスデン近郊のマイセンでは，1710年にザクセン王アウグスト強王がヨーロッパ初の磁器製作所を設立して以降，現在まで磁器の製作を続けている。

　写真はエルベ川とアルブレヒト城。磁器の製法が漏れないようにするため，マイセンの磁器製作所は1864年まで城内にあった。現在のマイセン工場は城から約1km離れたところにあり，製品購入や工場見学ができる。

ローレライ（ドイツ）

　ザンクトゴアルスハウゼンのローレライセンターからのライン川の眺め。中洲の先端にローレライ像があり，歩いて行くことができる。

　ライン川は水上交通の利用が盛んであるが，この付近は川が蛇行し川底が浅いところもあり，交通の難所であることが，ローレライ伝説の背景となっている。

　この付近には橋が少なく，対岸に渡るにはフェリーを利用する。

ハーメルン（ドイツ）

　ハーメルン中心部のマルクト教会と結婚式の家。家の屋根の部分は仕掛け時計になっており，ハーメルンの笛吹き男（ドイツではハーメルンのネズミ捕り男）をモチーフとした仕掛けを見ることができる。

　ハーメルンはハーナウからブレーメンまで続くメルヘン街道の途中にある。メルヘン街道はグリム兄弟や童話に関係する町々，大学町のマールブルクやゲッティンゲンなどを通るルートである。

ベネルクス・イギリス・アイルランド

ベルギー，オランダ，ルクセンブルクの３国は 1944 年に関税同盟を結ぶなど密接な経済関係にあることから，まとめてベネルクスと呼ばれる。ドイツ，フランス，イタリアとともに，EU の最初期の加盟国（原加盟国という）でもある。イギリスとアイルランドは原加盟国の次に加盟した歴史があるものの，シェンゲン協定に参加しないなど EU の深化に対して距離を置いている。イギリスは 2020 年に EU から脱退した。

1. 概　況

イギリス，アイルランド，ベネルクスはハイテク産業や金融業などに強みを持ち，イノベーションのスピードも速い。イギリスを除くと人口も少ない小国ながら，ヨーロッパ経済の中で存在感を持っている。

■■ ベルギー（BE）

ベルギーは，北部でオランダ語を話すフランデレン地域（フラマン地域，フランダース地域とも呼ばれる），南部でフランス語を話すワロン地域，フラマン地域に囲まれているが主にフランス語を話すブリュッセル地域からなる。南部には一部ドイツ語地域もある。ベルギーでは北部と南部の対立が深刻で，市民の間には感情的な対立もある。2010－2011 年にかけて 541 日に渡って首相が決まらない事態も生じた。町の名前などの地名も言語によって異なり，日本ではナミュールと呼ばれている町はフランス語でナミュール（Namur），オランダ語ではナーメン（Namen）という。道路標識もフランデレン地域では Namen でワロン地域に入ると Namur に変わる。

20 世紀中ごろまではワロン地域が石炭や鉄鋼業などで栄えていたが，20 世紀後半に入るとフランデレン地域でハイテク産業やサービス産業などが発達して経済の

図表 6-1　主要な貿易相手国と品目（2019 年，%）

BE 🏴	輸出	自動車 8.5，医薬品 6.3，燃料油 6.1，血清・ワクチン 5.0，ダイヤモンド 2.6 ドイツ 17.9，フランス 14.1，オランダ 12.1，イギリス 7.6，アメリカ 6.2
	輸入	自動車 9.2，医薬品 5.5，血清・ワクチン 4.8，燃料油 4.6，原油 4.3 オランダ 17.4，ドイツ 13.2，フランス 9.7，アメリカ 7.5，アイルランド 4.5
IE 🏴	輸出	血清・ワクチン 20.2，複素環式化合物 13.1，医薬品 10.4，香水原料 4.8，集積回路 4.2 アメリカ 30.8，イギリス 10.3，ベルギー 10.2，ドイツ 8.9，オランダ 5.7
	輸入	航空機 22.9，ストレージ機器 4.0，燃料油 3.4，複素環式化合物 3.2，血清・ワクチン 3.1 イギリス 22.5，アメリカ 15.5，フランス 13.6，ドイツ 8.2，中国 5.6
LU 🏴	輸出	形鋼 7.0，タイヤ 4.0，自動車 3.8，鋼矢板 3.0，その他 2.7 ドイツ 25.5，フランス 15.9，ベルギー 12.2，オランダ 5.5，イタリア 4.1
	輸入	自動車 10.1，燃料油 7.9，その他 4.4，鉄屑 3.2，医薬品 1.9 ベルギー 25.8，ドイツ 22.5，フランス 11.9，オランダ 4.3，アメリカ 3.9
NL 🏴	輸出	燃料油 9.3，その他 4.9，電話機 3.3，医薬品 3.1，半導体製造機器 2.4 ドイツ 22.2，ベルギー 10.1，フランス 7.8，イギリス 7.7，アメリカ 5.2
	輸入	原油 6.6，燃料油 5.6，電話機 4.3，その他 3.1，ストレージ機器 2.9 ドイツ 17.1，ベルギー 9.9，中国 9.4，アメリカ 8.1，イギリス 5.4
UK 🏴	輸出	自動車 8.2，ターボ機 5.6，原油 5.1，金 5.0，医薬品 3.8 アメリカ 15.7，ドイツ 9.9，フランス 6.7，オランダ 6.5，中国 6.4
	輸入	自動車 10.2，金 6.3，原油 3.5，ターボ機 3.0，電話機 2.9 ドイツ 12.4，アメリカ 9.7，中国 9.5，オランダ 7.8，フランス 5.6

出所：データは UNcomtrade（HS2017），品目名は税関の輸出統計品目表を参考にした。

中心となった。2018 年の 1 人当たり GDP で見ると，ベルギー全体では 117 だが，ブリュッセル地域 202，フランデレン地域 119，ワロン地域 84 と地域差が非常に大きい。人口比ではフラマン系が 60%，ワロン系が 30% となっている。

　首都のブリュッセルには，欧州委員会，欧州議会など EU の機関が集まっており，EU の中心地といえる。金融業や観光業も発展している。ブリュッセル，ブリュージュ，ヘント（ゲント），リエージュなどの観光地は人気がある。ベルギーの経済の中心はアントワープである。アントワープ港はヨーロッパ第 2 位の港湾であり，ダイヤモンドの取引でも知られている。アントワープで加工されたダイヤモンドはアントワープカットと呼ばれている。ブリュージュのゼーブルッヘ港もヨーロッパ有数の港であるが，ゼーブルッヘ港の取引の約 38% がイギリス向けであることから，イギリスの EU 脱退の影響を大きく受けるとみられている。

　ベルギーは世界最大のベゴニアの生産国であり，ブリュッセル中心部のグランプラス（Grand Place）で偶数年に設置されるフラワーカーペットでもベゴニアが使

図表 6-2　ベルギーのワッフル

われる。2020 年のフラワーカーペットは 77m×24m の大きさであり，約 100 万本のベゴニアが使われた。交通の要衝にあることから，ブリュッセルではヨーロッパ各地の料理が楽しめる。ベルギーではワッフルやフライドポテト（フリッツ）も人気があり，ワッフルにはサクサク食感のブリュッセルともちもち食感のリエージュがある。

　ベルギーには，ソルベイ（化学），UCB（医薬品），ユーロジェネテック（医薬品），ガラパゴス（バイオ医薬品），ユミコア（非鉄金属），アカーマン＆ファンハーレン（建設・金融など），デルハイゼ（小売り），コリュイ（小売り），プロキシマス（通信），KBC（銀行），アジアス（保険），グループブリュッセルランバート（金融投資），ソフィナ（投資ファンド），マテリアライズ（3D プリンティング）などの企業がある。

■ アイルランド（IE）

　アイルランドは北部のアルスター州，西部のコナート州，東部のレンスター州，南部のマンスター州からなる。州と呼ばれているが，これらは行政上の区分けではなく，文化的な違いに由来している。ダブリンはレンスター州にあり，経済の中心地になっている。南部は農業地帯で羊が多く飼われているが放し飼いになっているため，ときおり車の通行の妨げにもなる。北部の多くはイギリス領の北アイルランドである。観光客は国境を通過できるが，念のためパスポートを持参した方がよい。

　アイルランドにはケルトの文化が多く残っており，コナート州では英語とゲール語が並記された看板も残っている。タラの丘などのケルト人の遺跡だけでなく，ニューグレンジやバレン高原の巨人のテーブルなどのケルト人到来よりもはるか以

前の遺跡も多数残されている。アイルランドにはイエイツなどがまとめた妖精の伝
承も多く残るが，現在は開発が進み妖精にまつわる場所は少なくなっている。アイ
ルランドの象徴にハープ（Irish harp または Celtic harp）があるが，古くから続く
ケルト文化や近世のイギリス支配への抵抗の象徴でもあった。アイルランドで発行

Box12.　ベルギーのチョコレート

　ベルギーをはじめ，ヨーロッパではチョコレートの原料であるカカオは採れない。
17 世紀に南アメリカからスペインやフランスを経由してベルギーにチョコレートが
伝えられた。当時は現在のココアのような飲み物として楽しまれていた。1857 年に
ノイハウスがブリュッセルに薬局を開設し，そこでチョコレートバーの販売を始めた
ことがベルギーにチョコレートの店が集まるきっかけになった。1912 年にはノイハ
ウスからプラリネチョコレートが発売されるようになった。グランプラスの近くに
は，チョコレート博物館（Museum of Cocoa and Chocolate）がある。

　現在では，ノイハウス，コートドール（1883 年創業），ニオ（1897 年創業），ヴィ
タメール，レオニダス，マリー，ゴディバ，コルネポートロイヤル，ガレ，ジュリア
ン，ダスカリデス，ドゥバイヨル，プラネットショコラ，ヴァンデンダー，ピエール
マルコーニ，パッションショコラ，ザーバーなどのブランドが知られており，国内に
は 2000 以上のショコラティエがあるとされている。

　多くのベルギーのメーカーが 1894 年の法律に準拠してカカオ成分が 35％以上に
なるようにしている。また，ベルギーのチョコレートではカカオバター以外の油分を
使わない。カカオバターは融点が低いため，真夏に日本にお土産として持って帰ると
カカオバターが溶けて食感が損なわれる。日本などでは融点の高い植物油が使われて
いることが，ベルギーチョコレートとの味の違いを生んでいる。なお，EU のココア
チョコレート指令（2000 年）では，油分のうち 5％はカカオバターからシアバター
などに代えてもいいとされている。

されているユーロのコインにもデザインされており，ダブリン大学の図書館にも展示されている。

　アイルランド経済は 1990 年代後半から急成長を遂げ，ケルトの虎（Celtic Tiger）と呼ばれた。金融業などが発達したが，この背景には英語と数学を重視する教育政策があったともいわれている。2000 年代末の金融危機によって主要銀行の経営が悪化し，政府が公的資金を注入して救済した。アイルランドの財政赤字が膨らみ，EU などからの支援を受けることになった。2013 年に支援プログラムが終了し，アイルランド政府は自力で資金調達できるようになり，2016 年には 100 年国債を発行したことが話題となった。法人税率を低くして外国企業を誘致しており，この政策が租税回避を招いたとして EU から批判された（第3節）。

　アイルランドには，グランビア（食品），ケリー（食品加工），バトラーズ（チョコレート），ファイフス（果実），バリーズティー（紅茶），スマーフィットカッパ（段ボール），CRH（建材），メドトロニック（医療機器），アイリッシュコンチネンタルグループ（客船），ライアンエアー（航空），エアリンガス（航空），アクセンチュア（コンサルティング），アイルランド銀行（銀行），AIB（銀行），FDB（保険），ジョンソンコントロールズ（ビル管理）などの企業がある。

■ ルクセンブルク（LU）

　ルクセンブルクは，ベルギー，フランス，ドイツに囲まれた小国で，最も長い場所で南北に 82km，東西に 57km しかなく，高速道路を走ると 1 時間もかからずに通過できる。ルクセンブルク（Grand Duchy of Luxembourg）の首都もルクセンブルク（Luxembourg City）であり間違いやすい。ルクセンブルクの 1 人当たり GDP が大きい理由の 1 つに，越境労働者がある。フランスなどの自宅からルクセンブルクの企業に通って仕事をすると，GDP はルクセンブルクとして計算され，人口はフランスにカウントされる。この効果で 1 人当たり GDP がかさ上げされる。

　金融業や鉄鋼業に強みを持ち，欧州最大の鉄鋼企業のアルセロールミタルがある。鉄鉱石と石炭の産地が近いことから，ルクセンブルクでは古くから鉄を生産しており，13 世紀頃の製錬所が発見されている。1876 年にイギリスから冶金の技術が入ってきたことから産業として発達した。20 世紀後半には鉄鋼産業が力強く成長したが，21 世紀に入ると競争力が衰え，2006 年にアルセロールはインドのミタルに買収された。

　金融業はルクセンブルクで最も重要な産業であり，GDP の約 3 分の 1 を占めて

いる。ルクセンブルクでは128行の銀行が活動しており，世界27カ国からルクセンブルクに進出している。個人や企業への貸付以外にも，資産管理，証券業務，カストディ業務（資金や証券の預かり管理），プライベートエクイティ（株式上場前の企業への投資），保険，ポストトレード（証券の取引に関わる事務作業），助言，監査など様々な金融サービスが発達しており，ユーロ地域の国債の約半分がルクセンブルクで発行されている。富裕層の資産を預かって管理するプライベートバンキングも発達しており，2000万ユーロ以上の資産を預けている顧客がプライベートバンキング全資産の約56％を占めている[1]。

ルクセンブルクには，ロタレックス（ガスバルブ），テナリス（鉄鋼製品），SES（人工衛星），カクタス（小売り），カーゴルクス（航空貨物），クリアストリーム（資金決済），アラウンドタウン（不動産），ユーロフィン（バイオ分析）などの企業がある。

🏳 オランダ（NL）

オランダはオランダ語でネーデルラント（Nederland）といい，英語もそれに倣った国名になっているが，日本語ではオランダ北西部のホラント地域に由来する国名で呼んでいる。標高が低い地域が多く，海抜0mやマイナスの所も多い。こうした土地からの排水のために風車のエネルギーを利用していた。オランダに風車が多いのは干拓に利用するためである。ロッテルダム近郊のキンデルダイクでは，運河沿いに風車が並ぶ姿を見ることができる。干拓地のことをポルダーというが，ポルダーはオランダの象徴であるため，オランダの経済モデルをポルダーモデルということもある。アムステルダムやロッテルダムなどの地名の「ダム」は，堤防のダムからきている。

オランダはICTやハイテク分野が強く，農業にも応用されている。農業の生産性は高く，農産物の輸出ではアメリカに次ぐ世界第2位となっている。最も輸出額が大きいのは花卉類であり，農業と物流の融合が図られている。チーズもオランダを代表する製品であり，ゴーダやエダムが知られている。ゴーダとエダムは形が違うだけで製法は同じである。アルクマールなどホラント地域の町では，中世のチーズ取引を再現したイベントがあり，多くの観光客を惹き付けている。1993年に発効したマーストリヒト条約（ECからEUになった条約）は，オランダのマースト

1　Luxemburg for Finance, Wealth Management 2020.

図表 6-3　ヨーロッパの主要港湾（2018 年，万 TEU）

順位	港湾都市名	取扱量	順位	港湾都市名	取扱量
11	ロッテルダム（NL）	1451	26	バレンシア（ES）	518
13	アントワープ（BE）	1110	30	アルヘシラス（ES）	476
19	ハンブルク（DE）	873	32	ピレウス（EL）	441
25	ブレーメン（DE）	548	39	バルセロナ（ES）	342

注：取扱量は，20 フィートコンテナ（TEU）の個数。世界順位上位 3 港は上海，シンガポール，深圳，東京は 31 位。
出所：日本船主協会『海運統計要覧 2020』。

リヒトで調印された。

　オランダやベルギーは経済開放度が高い。経済開放度とは貿易が GDP に占める割合を指しており，両国にヨーロッパ有数の港があることが経済開放度を高めている。これらの港では，大型のコンテナ船でアメリカなどから入ってきた荷物を小型の船舶や鉄道，トラックなどに移し替えてフランスなどヨーロッパ各国に輸送している。いわゆる中継貿易であり，経済規模が小さい国が中継貿易を行うと開放度は非常に高くなる。これをロッテルダム効果という。

　オランダには，ロイヤルダッチシェル（石油，英蘭企業），アクゾノーベル（化学），DSM（ヘルスケア），フィリップス（家電），ASLM（半導体露光装置），NXP セミコンダクターズ（車載半導体），エアバス（航空機），アホールド（食品配送），プロサス（インターネット接続），トムトム（デジタル地図），ING（銀行），ABN アムロ（銀行），ラボバンク（銀行），エイゴン（保険），NN（保険），エクソール（持ち株会社），KPMG（監査），ランスタッド（人材派遣）などの企業がある。

🇬🇧 イギリス（UK）

　イギリスはイングランド，ウェールズ，スコットランド，北アイルランドの 4 地域からなる連合王国であるが，法制度などはイングランドが決めて他の 3 地域が受け入れるという形になっており，スコットランドではこの制度への反発も独立運動の一因になっている。経済分析の際にはイングランドを 9 つに分けて合計 12 地域とする。大きな傾向として南東部に行くほど 1 人当たりの所得が高くなる。図表 6-4 のように，スコットランドやウェールズでは農業や漁業が盛んであり，イングランド中部は製造業が強い。イギリスの重要産業である金融業や ICT 産業はロン

図表 6-4　イギリスの地域別就業者（2020 年 9 月）

農漁業　製造業　ICT　金融・保険

注：青色が濃い地域ほど，当該産業に従事する労働者の割合が高い。
出所：ONS（イギリス統計局）Nomis.

ドンなど一部の地域に集中している。

　イギリスは産業革命によりいち早く工業化を果たしたが，第二次大戦後には他の国々がキャッチアップしてきたことや政府部門の肥大化などにより，経済成長が停滞した。これをイギリス病という。1979 年に就任したサッチャー首相は，国営企業の民営化や金融部門の規制緩和を進めていった。金融部門では外国企業の参加も認め，このような政策はビッグバンと呼ばれた。こうしてイギリスは工業主体の経済から金融などのサービス主体の経済に転換し，ロンドンのシティー地区は金融街の象徴となった。イギリスの金融業はアメリカに次いで世界 2 位であり，伝統とイノベーションを武器に世界をリードし続けている。イギリスでは証券市場が発達しており，銀行の影響力が強い大陸ヨーロッパよりもアメリカの方が近いといえる。

このような状況から，イギリスやアメリカの金融市場をアングロサクソンと表現することもある。

　イギリスは 1990 年に ERM（為替相場メカニズム）に参加してユーロ（当時の名前は ECU）への道筋をつけたが，1992 年の欧州通貨危機によってユーロから距離を置き，デンマークとともにユーロに参加しなくてもよいオプトアウトを得た。イギリスは共通農業政策の縮小や金融市場への規制強化に反対するなど EU の政策に異を唱えることが多く，EU に多様性をもたらしてきた。第 4 節で見るように，イギリスは 2016 年の国民投票で EU からの脱退票が多数となり，その後，2020 年に EU から脱退した。

　イギリスで最も重要な産業は金融業であり，ヨーロッパ最大の銀行である HSBC をはじめ，バークレイズ，ロイズ，ナットウエスト（旧 RBS），スタンダード

Box13.　ゼロ時間労働契約

　ゼロ時間労働契約（Zero hours contracts）とは，最低労働時間を決めない契約のことであり，出来高契約（piece work）やオンコール労働（on call）とも呼ばれ，一般にはカジュアル労働（casual work）とも呼ばれている。Eurofound の調査によると，国によって名前や制度が異なるものの，イギリスの他にもオランダやスウェーデンなど EU の 11 カ国で導入されている。

　仕事をした時の報酬や業務内容などをあらかじめ決めておくが，企業から要請があった時に労働者の側で仕事を引き受けるかどうかを決めることができる。食品デリバリーや PC アプリの動作チェックなどの分野でのギグワーカーもゼロ時間労働契約といえる。ゼロ時間労働契約であっても，企業は最低賃金，有給休暇，旅費や通信費などの経費負担などの面で他の従業員と差別してはならない。多様なライフスタイルに対応した雇用形態ではあるものの，不況期には企業から一切仕事が来ないという状況が生まれやすく，不況期に収入が断たれるリスクがある。また，制度上は労働者の側で仕事をするかどうか選べるが，仕事を拒否すると企業からの依頼がなくなる恐れから，不本意な業務を受け入れざるを得ない。フルタイム労働に比べると自由はあるものの，長期的なライフプランやマネープランの策定や実行は難しくなる。

　ONS（イギリス統計局）によると，2001 年には 17 万 6000 人（労働者の 0.8%）であったゼロ時間労働者は 2020 年には 106 万 8000 人（労働者の 3.3%）にまで増えている。

　　参考：Eurofound, New forms of employment, Publications Office of the European Union, Luxembourg, 2015.

チャータード銀行など国際的なプレゼンスが高い銀行が多い。保険会社や投資ファンドなども多く活動しており，ヨーロッパへの投資の窓口としても機能してきた。20世紀には製鉄業なども栄えたが，国際競争力を失っている。イギリスには，アストンマーチン，ベントレー，ボクスホール，マクラーレン，ケータハム，モーガン，ジャガー，TVR，ロータス，MG，ロールスロイス，ランドローバーなどの自動車ブランドがあるが，多くは外国企業の傘下に入っていたり生産規模が小さかったりする。

　イギリスには8セットのポンド紙幣がある。中央銀行であるイングランド銀行が発行するポンド紙幣の他に，スコットランドでは3行の民間銀行が，北アイルランドでは4行の民間銀行が独自にポンド紙幣を発行している。つまりイギリス全体では8種類の10ポンド紙幣が流通していることになる。1844年のピール条例で紙幣の発行はイングランド銀行のみとされたが，スコットランドと北アイルランドには法律が適用されなかったことが背景にある。イングランド地域ではイングランド銀行以外の紙幣は受け取ってもらえないことが多い。イングランド銀行が発行する5ポンド（2016年発行），10ポンド（2018年発行），20ポンド（2020年発行），50ポンド（2021年発行）は，プラスチックを素材にしたポリマー紙幣となっている。

　イギリスには，BHPグループ（資源，英豪企業），リーペリン（ウスターソース），BP（石油），グラクソスミスクライン（医薬品），アストラゼネカ（医薬品），ダイソン（家電），ユニリーバ（家庭用品），ロールスロイス（航空エンジン），セントリカ（エネルギー），テスコ（小売り），セインズベリー（小売り），マークス＆スペンサー（小売り），インターナショナルエアラインズ（航空，ブリティッシュエアウエイズ，イベリア航空の親会社），ボーダフォン（通信），プルデンシャル（保険），アビバ（保険），IHSマークイット（調査），BAEシステム（宇宙航空）などの企業がある。

2．ベネルクスのイノベーション

　ベネルクス諸国は人口も少なく面積も小さいが，イノベーションの進展が早く，国際的なパフォーマンスが高い企業も多い。いくつか見ていこう。

◆ハイテク製品

　2017 年にベルギーのマーケティング会社の NewFusion 社が社員証として RFID（Radio-Frequency IDentification）チップを手に埋め込む取り組みが話題となった。このようなチップをインプラントチップという。RFID チップに ID 番号などを登録しておけば読み取り機をかざすだけで情報を取り出せる。商品管理タグとして利用されたり，日本では電子マネーのプラスチックカードで利用されたりしており，ペットに埋め込むことを義務付けている国も増えている。スウェーデンの国鉄（SJ）ではインプラントチップを電車の切符として利用する実験が行われた。チェコやドイツなどでもインプラントチップを試す人が徐々に増えており，社員証，会員証，鍵などに応用されている[2]。

　オランダでは 3D プリンターを建設に応用しようとしており，アムステルダムでは人が渡れる橋を 3D プリンターで建設した。大型の建設用 3D プリンターはコンクリートを流し込むこともでき，難民キャンプでのプレハブ建設などにも応用されている。

　成功例ばかりではない。オランダ（2014 年）やフランス（2016 年）では，自転車道路や自動車道路の路面を太陽光発電パネルにする取り組みが行われた。十分な発電量があったものの，アスファルト路面のように補修ができず，通行が危険なほどに劣化したことから，オランダのソーラーロードは 2020 年に撤去された。フランスでも廃止される予定となっている。

◆農業部門の ICT 化

　オランダの農産物で最も輸出額が大きいのは花卉（かき）である。アムステルダム郊外のアールスメール花市場（Royal Flora Holland）は世界の切り花の半分を扱っているといわれており，年間 60 億本が取引されている。ここでは価格を引き上げていくのではなく，価格を引き下げていくセリ方式が導入されている。スクリーンに映し出される価格は徐々に下がっていき，最も早く購入ボタンを押したバイヤーが落札する（図表6-5右）。この方式だと落札までの時間は数秒で済み，大量の花をセリにかけることができる。小規模のフラワーショップもインターネット経由で花を仕入れることができる。午後 4 時までに注文すると翌日の午前 10 時までに花を届けるシステムができており，ヨーロッパ 8 カ国で利用できる。アールスメール花市

2　European Parliament, The Use of Chip Implants for Workers, PE 614.209, Jan 2018.

図表 6-5　アールスメール花市場

場はアムステルダムのスキポール空港に隣接しており，物流面での改善も図られている。花市場内では人が操作するものに加えて自動運転のターレもあり（図表 6-5 左），大量の花卉類をさばくのに役立っている。アールスメール花市場は一般の観光客も見学できる。朝早い時間に見学すればセリを見ることができる。

　レリー社は牛に飼料を与えるシステムや搾乳システムなど，牛乳の生産に関するシステムを開発しており，日本の畜産業者にも納入実績がある。レリーのシステムでは飼料や水の供給や搾乳を自動で行うだけでなく，牛ごとに毎日の水や飼料の摂取量，牛乳の搾乳量や品質などのデータを収集してスマートフォンなどでグラフ化して確認できる。搾乳機は 24 時間利用できるようになっており，それぞれの牛が自分の好みのタイミングで搾乳してもらえるようになっている。人件費などのコストを削減するだけでなく，できるだけ人を介さないことで衛生面も向上し，牛の体調管理もより効率的にできるようになる。300 頭の牛を 2 人で管理している牧場もあるという。

◆フィンテック

　フィンテック（fintech）とは，金融（finance）に新技術（technology）を組み合わせたものであり，インターネット，PC，AI などの技術を金融と融合させて新しいサービスを生み出している[3]。オランダのペイコニーク（Payconiq）はベネルクスで展開している送金サービスであり，安い加盟店手数料を武器にベルギーやルクセンブルクに展開している。

　ルクセンブルクには約 4000 の投資ファンド，128 行の銀行，約 300 の保険会社

3　川野祐司『これさえ読めばすべてわかる国際金融の教科書』文眞堂，第 7 章を参照のこと。

が活動しており，フィンテック企業から見ると出資者でもあり顧客でもある[4]。送金，ビッグデータ，AI，インシュテック（保険分野），サイバーセキュリティ，本人確認・認証，投資，ブロックチェーン，貸付，レグテック（法務分野）などの企業が活動している。Luxembourg House of Financial Technology（LHoFT）などの公的機関が会計事務所などと連携してスタートアップ企業を支えている。Luxemburg Future Fund などの公的ファンドだけでなく民間ファンドも資金を拠出する。情報共有の仕組みも備えており，フィンテックの起業を生み出す土壌を作り出している。新しい金融サービスの例は第14章第2節で紹介する。

3. 税の公平性

　2012年にスターバックスが1998-2012年に860万ポンドしかイギリスで納税していないことが明らかになり，イギリスで不買運動が起きたことから租税回避への関心が高まった。租税回避は税率の低い国や地域を利用して納税額を小さくする行為であり，合法的な行動である。ヨーロッパでは，外国企業に対して法人税を減税するアイルランドと知的財産権に関する収益を非課税にするオランダを利用する手法が採られた[5]。

　法人税は企業に課せられる税であり，各国で税率が大きく異なる。もともと税率が低かった国や財政構造改革が必要な一部の国を除くと，法人税率は時とともに引き下げられる傾向にある（図表6-6）。低い法人税率は企業誘致の大きな武器となるためである。ICT など特定の分野の企業に対する優遇措置など様々な特例もあり，企業が実際に支払う税率は図表6-6よりも低いことが多い。

　法人税率の引き下げは企業誘致に役立つものの，法人税の引き下げ競争が生じて税収不足を招く恐れもある。また，租税回避は各国の税制の差異を利用して行われる。EU全体で税制を統一すればEU内での租税回避は生じなくなる。法人税の調和には20世紀から取り組んできたが，加盟国の徴税権に踏み込む改革であるため難航してきた。

4　Luxemburg for Finance, Fintech 2020.
5　このスキーム（仕組み）はダブルアイリッシュ・ダッチサンドイッチと呼ばれた。詳しくは，IMF, Fiscal Monitor, October 2013.

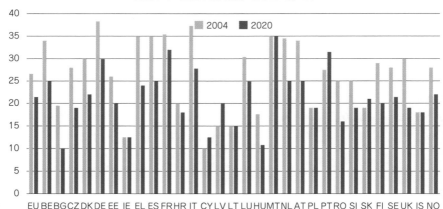

図表 6-6　各国の法人税率（2020 年，%）

出所：European Commission, Taxation Trends in the European Union, 2020 edition, p. 42.

　EU は 2016 年に法人税改革パッケージ（Corporate Tax Reform Package）を打ち出し，法人税の課税標準の統一（Common Consolidated Corporate Tax Base：CCCTB），二重課税などの税務紛争解決メカニズムの法制化，EU 域外との税制ミスマッチへの対策を進めることとなった。

　法人税は売り上げなどの収入から人件費などの経費を引いたもの（これを課税標準という）にかかるが，研究開発費をどの程度経費として認めるかなど，加盟国により基準が異なる。CCCTB が適用されれば，複数の加盟国にまたがって活動している企業は，EU の統一ルールに基づいて課税標準の計算ができるようになり，会計が効率化できる。CCCTB はこれまでイギリスなどの加盟国の反対で導入が見送られてきた。イギリスが EU から脱退したことで CCCTB の導入に一歩近づいたが，依然反対する加盟国もあり，導入までの道のりは長い。

　税務当局と企業の間に法解釈の違いがあると，課税額の是非などをめぐって税務紛争が起きやすくなる。ドイツに本社を置く企業がフランスの事業所で製品を販売し，その利益をドイツの本社へ送金すると，フランス政府はフランスの事業に課税をし，ドイツ政府は送金の受け取りという利益に対して課税しようとする。これは，同じ経済活動で 2 回課税される二重課税であり，紛争裁判に発展しやすい。2019 年 7 月時点で，紛争裁判は EU 全体で 2000 件争われており，そのうち 900 件は 2 年以上前から続いている。2019 年の紛争解決メカニズム指令（Directive on tax dispute resolution mechanisms）では，二重課税に関する紛争は 2 年以内に決

着させるよう加盟国が努力すること，それでも解決できない場合は諮問委員会を設けて 6 カ月以内に意見を提出するなどが決められ，紛争裁判の早期解決を促している。

　租税回避行動は EU の域内外をまたいで行われることもある[6]。登記上の本社をケイマン諸島などのタックスヘイブン（法人税が優遇されている地域）に置き，EU 域内には支社を置かずにインターネット上でソフトウェアを売り上げ，その収益をタックスヘイブンの本社に移すことで，EU 域内での法人税を逃れることができる[7]。このような行為に対して EU 域内で販売した分については EU 域内で課税する対策を準備しつつある。経済のデジタル化が進む中，デジタル課税は国際的にも重要な課題となりつつあるが，各国の利害が対立して国際的なデジタル課税の標準化は難しい。

4．EU 脱退後のイギリス

　イギリスは EU 脱退の是非を問う国民投票を 2016 年 6 月に行い，51.9％が EU からの脱退を支持した。この国民投票には法的拘束力はなかったものの，当時のキャメロン首相が辞任してメイ首相が 2017 年 3 月に正式に脱退を EU に通告し，ジョンソン首相のもと 2020 年 1 月に EU から脱退した。その後 2020 年末までは移行期間として暫定的に EU の制度が適用されていたが，2021 年 1 月からは移行期間も終了して，脱退手続きが完了した。イギリスが EU から離れることを，イギリスでは離脱（exit）と呼んでいるが，EU 条約では脱退（withdrawal）と呼ぶため，本書でも脱退という用語を用いる。イギリスの脱退では政治的な問題や感情的な問題が先行し，経済的な面からはデメリットが多いと考えられている。まずは，イギリスで脱退論が高まった背景から見ていこう。

6　複数の国や地域を使って税負担を下げる行為を，税源浸食と利益移転（tax base erosion and profit shifting : BEPS）という。OECD を中心に国際協力体制が構築されており，多くの租税回避スキームが無効になっている。

7　2017 年の調査では，通常の国内ビジネスの実効税率（優遇措置なども含めた税負担率）が 20.9％であるのに対して，デジタル製品販売企業の実効税率は 8.5％と低くなっている。European Commission, A Fair and Efficient Tax System in the European Union for the Digital Single Market, COM (2017) 547 final.

Box14.　NHS

　NHS（National Health Service）はイギリスの医療制度のことであり，国民保健サービスなどいくつかの訳語があるが，本書では国家医療制度としておく。運営費の多くは税金で賄われており，イギリス市民は無料で医療を受けることができる。

　NHS 対象の病院では恒常的に設備やスタッフが不足しており，ロンドンではスタッフの欠員率が 10.7％にも達している。2016 年の国民投票の後，EU 域内移民の看護師の登録数が激減しており，スタッフ不足に拍車をかけている。救急車で病院に運ばれても治療の順番待ちで翌日まで廊下に放置されたというようなニュースは頻繁に流されており，2020 年に感染症がイギリスで広がったことでさらに状況が悪化している。2030 年にはスタッフ不足は 25 万人に達するという予測もあり，HNS 対策はイギリス社会にとって関心度の高いテーマとなっている。

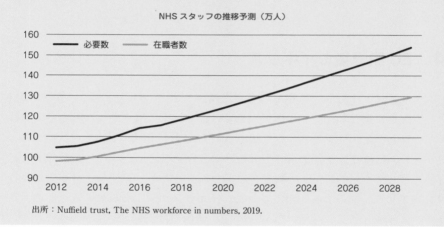

NHS スタッフの推移予測（万人）

出所：Nuffield trust, The NHS workforce in numbers, 2019.

◆イギリスの不満

　図表 2-8（33 ページ）で見たように，イギリスは EU 予算の純負担国であり，負担額も大きい。イギリスは共通農業政策（CAP）や共通漁業政策（CFP）の補助金が大きすぎるとして長年にわたって EU を批判してきた。加盟国分担金が減ればその分の資金を NHS（国家医療制度）の予算に充てることができるという世論もあった。

　単一市場が整備されると，ポーランドなどからの EU 域内移民がイギリスに押し寄せるようになり，これも不満の対象になった。EU 域内移民がイギリスの社会保

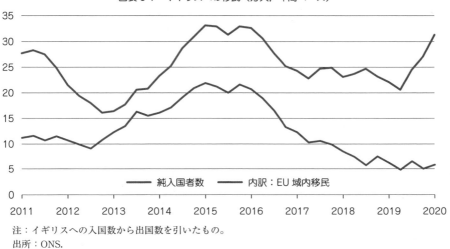

図表 6-7　イギリスへの移民（万人，年間ベース）

注：イギリスへの入国数から出国数を引いたもの。
出所：ONS.

障を目当てにしているというベネフィットツーリズム論や EU 域内移民がイギリス
人の職を奪っているというナショナリズム論が台頭した。図表 6-7 のように，国民
投票のあった 2016 年には年間 30 万人以上の移民が流入しており，そのうち 20 万
人以上は EU 域内移民だった。国民投票後は EU 域内移民の出国が増え，2020 年
になると純流入数は 5 万人にまで低下した。一方で，EU 域外からの入国が増えて
おり，留学生ビザが緩和された 2019 年からはアジアからの留学生の入国が急増し
ている。

　イギリスに入国する EU 域内移民は子供手当などの社会保障は受け取っているも
のの，全体としてみると就労意欲が高く，働いて所得税や社会保障費を支払うこと
でイギリスの財政にプラスの影響を与えている[8]。EU 域内移民が，レストランの
ウエイターやホテルの清掃係などの低スキルの職に就くことで全体の賃金を抑える
効果はわずかに認められるものの，EU 域内移民はイギリス人が敬遠する職に就い
ており，イギリスの社会を縁の下から支えている。事実，2016 年以降，ロンドン
のレストランなどでは慢性的な人手不足が発生している。現在では，移民に対する
ネガティブキャンペーンはデータに基づかないものであったことが分かっている。

8　Bogdanov, Fiscal impact of EU migrants in four member-states, European Citizen Action
Service (ECAS) projects -Benefit tourism-, 2014.

　ただし，移民については注意点もある。移民の年齢層は若く，納税するが年金などの受け取りがないことから財政にプラスの影響を与えている。これを人口ボーナスという。しかし，移民が母国に戻らずに年齢を重ねると，年金や医療費などの社会保障の負担が大きくなる。これを人口オーナスという。ボーナスとオーナスの関係は自国民でも移民でも同じであるが，将来は移民に関わる負担が発生する。その時に，再び反移民の世論が力を増す恐れがある。

◆脱退による変化

　EUとイギリスの脱退交渉は2017年に始まり，修正があったものの2019年10月に脱退協定（Withdrawal Agreement）が成立した。2020年1月31日にイギリスはEUから脱退したものの，貿易や漁業の問題など交渉すべき課題が残っていたことから，2020年2月から残された分野の交渉を行うこととし，2020年末までは移行期間としてイギリスはEUのルールに従うこととなった。2020年12月24日にEU-UK貿易・協力協定（EU-UK Trade and Cooperation Agreement）が成立し，2021年1月1日から適用されることとなった。移行期間も終了し，イギリスの脱退が完了した。イギリスはEUの単一市場からも抜けることになる。

　EUから見てイギリスは加盟国から第三国へと変わり，各種パスポートは無効になる。EUへの入国の際にはイギリス人は日本人などと同じ扱いになる[9]。ペットパスポート（7ページBox1）も消滅し，ペットとの旅行の際には動物健康証明書を添付する必要がある。人だけでなく業務にもパスポートがある。銀行や保険などの業務を行うためには免許を取得する必要があり，EU域内では金融パスポート制度（282ページBox30）が整備されている。ドイツで保険会社の免許を取れば，EU域内ではどこでも業務を行うことができるが，イギリスの金融機関は金融パスポートを失い，今後はフランスやスペインなど営業したい加盟国で個別に免許を取る必要がある。ただし，デリバティブ清算業務には18カ月，アイルランドの証券を扱う業務には6カ月の猶予期間が与えられた。

　EU市民のイギリス入国については，短期の旅行者はこれまで通りビザなしで入国できる（過去180日間に90日以上滞在歴がある場合はビザが必要）。長期滞在希望者は移民手続きが必要になる。イギリスで仕事をして年金の掛け金を納めれば，

---

[9]　2020年末時点でイギリスに滞在しているEU市民とEUに滞在しているイギリス市民には5年間市民の権利が適用され，自国民と同じ待遇を受けることができる。イギリスに滞在しているEU市民は5年後に永住権などの申請ができる。

図表6-8　EU-UK貿易・協力協定

財の貿易	関税率はゼロ％を維持，貿易割り当てもなし，ブリテン島から北アイルランドへの商品の輸送は貿易扱いに
サービスと投資	サービス貿易や投資活動での差別的扱いはなし，専門職資格の自動的な相互承認はなし
デジタル貿易，知的財産権，公共調達，SMEs	GI（地理的表示，157ページBox18）は2020年末までに登録されたものは脱退後も相互承認，公共調達は相互に開放
エネルギー	電力・ガス配送システム事業者ネットワークから脱退，欧州排出権取引制度（68ページ）から脱退
公正な競争と持続可能な発展	労働・社会的保護，環境保護などは現在の水準を維持，航空機燃料への炭素税課税
航空	イギリスの航空会社はEU域内発着便（ヘルシンキ⇔アムステルダムなど）を運航できない
陸上輸送	トラックは無制限にEUとイギリスの国境を超えることができ，相手領域内で2カ所まで輸送することができる
社会保障協力と短期滞在ビザ	2021年1月以降は正規の移民手続きが必要，短期であれば旅行ビザの取得は不要
漁業	EU船舶は今後もイギリス周辺で漁業可能，漁獲割当量については毎年交渉

出所：European Commission, Questions & Answers: EU-UK Trade and Cooperation Agreement, 24 December 2020.

老後に掛け金を支払った年数に応じてイギリス政府から年金を受け取れる（日本人にも適用されている）。長期滞在者には社会保障制度が適用されるが，家族手当など一部の補助金は対象外になる可能性がある。高スキル労働者については，滞在期間3年まではビザが不要になる。

　イギリスとEUの間では今後も関税率ゼロ％で貿易できるが，イギリスからEUへの輸出品には原産地規則が適用され，イギリス製品であることを証明する必要がある。通関手続きも発生するが，他の域外国に比べて手続きが簡略化される（Authorised Economic Operators programmes）。医薬品などの品質証明については，イギリスとEUの間で相互に品質基準を認め合うことで品質証明書の添付を省略できる。

　ブリテン島から北アイルランドへの物資の移動は貿易扱いになり，イギリス国内に経済面での国境ができることになる。イギリスから北アイルランドに食品などを輸送した場合には，北アイルランドで消費されなければならない。例えば，冷蔵肉は北アイルランド到着から6カ月以内にスーパーに配達される必要がある。これ

は，イギリス→北アイルランド→アイルランド→EUという経路で農産物が輸出されることを防ぐ措置である。北アイルランドとアイルランドは自由に貿易ができ，人も自由に移動できる。事実上，北アイルランドはEUの単一市場に所属する。

　輸送トラックはEUとイギリスの国境を自由に越えられる。荷物の積み下ろしをカボタージュ（cabotage）というが，国境を越えた後でも2回までカボタージュできる。これにより，ロンドン（UK）からパリ（FR）に荷物を運んで帰りにカレー（FR）でイギリス向けの他の荷物を積んで帰ることができる。トラックが空の状態で国境を越えずに済み，物流の効率化を保つことができる。定時運行されているバスは今後も国境を自由に越えられる。臨時バスもEUに加えてボスニア＝ヘルツェゴビナなどMultilateral Interbus Agreementに参加する国まで自由に運行できる。

　漁業はイギリスとフランスが最後まで対立した分野である。EUの共通漁業政策（CFP）の下，イギリス近海の海でフランスやスペインなどのEU船籍の漁船が操業でき，漁獲割り当てはEUが決めていた。イギリスは脱退に伴いイギリス近海での操業をイギリス漁船に限りたいとしたが，今後もEU漁船の操業ができる。5年半かけてEU漁船の漁獲割当量の一部をイギリスに譲渡し，総漁獲割当量はEUとイギリスで毎年交渉することとなった。イギリスで採れた魚介類の3分の2はEUに輸出されており，イギリスで消費する魚の多くはノルウェーやアイスランドから輸入されている（水産加工品はドイツやポーランドから輸入している）。

　イギリスがEUから脱退することで，ユーロポール（32ページ）やユーロジャスト（Eurojust：検察協力）からも抜けることになり，欧州逮捕状（European Arrest Warrant）もイギリスには適用されなくなる。警察協力や国境警備で使われるシェンゲン情報システム（Schengen Information System）にもアクセスできなくなる。DNA，指紋，車両登録データなどはプリュムデータ（Prüm data）と呼ばれるが，イギリスはEUのプリュムデータのデータベースに直接アクセスできなくなる。当該データがあるかどうかを聞くことはでき，データあり／データなしという形で照合し，その後，別の手続きを経てデータを取得できるようになる。個人情報データに関しては，イギリスはEUの一般データ保護規則（General Data Protection Regulation：GDPR）と同等の措置が取られている国として認められ，イギリスの企業や団体はEU域内で取得した個人情報を扱うことができる。

◆脱退後のイギリス

　脱退協定や EU–UK 貿易・協力協定で全ての事項が決まったわけではなく，弁護士や薬剤師などの専門資格の相互承認，ジブラルタル問題[10]，金融パスポートなど2021 年以降も交渉が行われる。2020 年 12 月 31 日と 2021 年 1 月 1 日の間に法やルールの断絶があると企業活動や紛争裁判が混乱することから，経済分野では多くの場面で EU ルールが適用される。しかし，次第に両者の法制度が乖離していき，ビジネスの円滑な遂行に支障が出る恐れがある。

　イギリスは今後も Horizon Europe に参加するものの，研究プロジェクトの採択件数は大幅に減少するとみられている。また，エラスムスプラスに参加しないことから EU 域内からの留学生が減り，相互交流が停滞するリスクもある。研究者などの高スキル労働者がイギリスから流出する動きも出てきている。高スキル労働者は経済の生産性向上のために欠かせず，高スキル労働者の育成と定着が課題となる。

　一方で，イギリスは日本と FTA を締結するなど，脱退後は自由に世界戦略を展開できるようになる。EU とは異なりイギリスは農業を過剰に保護する必要がなく，EU よりも野心的な協定を結ぶことができる。国内政策についても安定成長協定などが適用されなくなることで政策の自由度が増す。ただし，EU の経済ガバナンスなしで必要な改革を続けることができるのかが焦点となる。

　EU 脱退問題で国内には分断が生じている。EU 脱退を支持した高齢層と EU 残留を望む若年層による世代の分断，イングランドとスコットランドなどの地域間の分断にも対処しなければならない。特に，スコットランド民族党（SNP）は EU への残留を強く望んでおり，イギリスからの独立を強く主張している。イングランドが独占している権限を他の地域に移譲するなどの対策も必要になってくる。

10　ジブラルタルはスペイン南部の地区であり，イギリスとスペインが領有権を主張している。

第6章のチェックシート（1）　ベネルクス

　ベルギーでは経済力が勝る（　　1　　）地域とフランス語を使う（　　2　　）地域との対立がある。ダイヤモンド加工で有名な（　　3　　）は重要な港湾都市でもある。首都の（　　4　　）にはEUの主要機関が集まっている。

　ルクセンブルクは（　　5　　）が非常に高いが，その背景に越境労働者の存在がある。（　　6　　）や（　　7　　）が強く，(6)では欧州最大のアルセロールミタルを抱えている。(7)では幅広い業種の企業が集まっており，富裕層を顧客に持つ（　　8　　）も発達している。

　オランダはICTなどハイテク分野が強く，（　　9　　）にも応用されており，農産物の輸出は世界第2位となっている。オランダは低地であり，風車などのエネルギーを使って湿地を干拓してきた。干拓地を（　　10　　）という。中継貿易を行うことにより経済開放度が高くなる効果を（　　11　　）といい，ヨーロッパ最大の港湾都市が由来となっている。

　ベネルクス諸国はイノベーションに優れている。ベルギーなどでは（　　12　　）を手の甲に埋め込んで身分証明書として使う試みがある。オランダの（　　13　　）では花卉類のオークションを行っており物流面でもイノベーションが進んでいる。（　　14　　）社は牛の管理システムを世界中に輸出している。ルクセンブルクは金融に新技術を組み合わせた（　　15　　）を進めており，送金やレグテックなどの分野で起業が盛んになっている。

第6章のチェックシート（2）　イギリス・アイルランド

　アイルランドは 1990 年代から急成長を遂げ（　　1　　）と呼ばれた。教育改革を行い，（　　2　　）が発達している。（　　3　　）を低くして外国企業を誘致する政策を採っている。

　イギリスは4つの地域からなる。（　　4　　）やウェールズでは農業や漁業が盛んで，ロンドン地域では (2) や（　　5　　）が発達している。ロンドンの金融街を（　　6　　）という。(2) ではアメリカの業態と近く，イギリスとアメリカをまとめて（　　7　　）ということもある。

　企業が各国の税制の差を利用して節税することを（　　8　　）という。合法的だが財政に悪影響があるため，EU では（　　9　　）の適用や二重課税問題，税務紛争などへの対策を採ろうとしているが，難航している。

　イギリスは 2020 年に EU から（　　10　　）した。イギリスには様々な不満があったが，（　　11　　）が大量に流入してくることが国内で問題となった。イギリスの医療制度（　　12　　）の財源不足が EU のせいにされたこともあった。

　脱退後のイギリスは EU の（　　13　　）から抜けることになり，各種パスポートが無効になる。特に銀行や保険会社などが取得していた（　　14　　）も無効になる。ブリテン島と（　　15　　）との物資の輸送は貿易扱いとなり，経済面では国内に国境ができることになる。脱退交渉では（　　16　　）の扱いが最後まで焦点となった。

　イギリスは EU の研究プロジェクト支援の（　　17　　）には参加するものの，研究者などの（　　18　　）が流出しつつあり，生産性向上の面でのリスクを抱えている。

ブリュッセル（ベルギー）

　1958年の万博の際に建てられたアトミウムという名前の建物。ブリュッセルを象徴する建物の1つ。ステンレスで覆われた9つの球のうち4つに入ることができ，博物館やレストランになっている。球と球はエスカレーターで結ばれている。

　すぐ近くには，ミニチュアの建物があるミニヨーロッパやプールがある。

アントワープ（ベルギー）

　アントワープのノートルダム大寺院。写真にはクリスマスマーケットも写っている。

　ここはフランダースの犬の最終回の舞台としても知られており，中にはルーベンスの絵が飾られている。市内にはルーベンスの工房もある。

　アントワープは壮麗な中央駅も有名だが，中央駅の裏手には動物園がある。市内にはダイヤモンド博物館もある。

アムステルダム（オランダ）

　アムステルダム市内のチューリップ博物館。西教会からアンネフランクの家を通り過ぎてプリンセン運河の反対側にある。

　1階はチューリップなどの花屋で地下に小さな博物館がある。オランダは1630年代にチューリップバブルが発生したが，その当時の様子も知ることができる。

　現在ではチューリップは1本あたり30セント程度で購入することができる。

ファールス（オランダ）

　ファールス郊外のドリーランデンプント（Drielandenpunt）。3つの国の点という意味で，ここではオランダ，ベルギー，ドイツの国境が交わっている。

　ファールスは小さな町で観光客は少ないが，地方の小さな町の人々の暮らしを垣間見ることができる。市内からはドイツのアーヘン行きのバスが出ており，国境にはドイツとの境を示す標識が立っている。

締め切り大堤防（オランダ）

　オランダ北西部にある世界最長の堤防，アフシュライトダイク（Afsluitdijk）。全長32kmあり，途中にモニュメントという休憩所がある。

　写真の左側は北海，右側が堤防で仕切られたアイセル湖になっている。アイセル湖は当初は塩水だったが，徐々に塩分が抜けて現在は淡水湖になっている。大堤防はバスや自転車で観光することもできる。

ルクセンブルク（ルクセンブルク）

　ルクセンブルクの町の様子。ボックの砲台からの眺め。町は高台地区と低地地区（Grund）からなっている。高台地区には近代的な建物が並び，大公の宮殿や市庁舎などがある。低地地区には遊歩道や自然史博物館などがある。

　町の所々に階段があるが段数が多い。高台地区のエスプリ広場のエレベータを利用すると観光が楽になる。

ヴィアンダン（ルクセンブルク）

　ルクセンブルクの北部にあるヴィアンダン。写真はウール川とヴィアンダン城。ヴィアンダン城の中はかなり広い。城内から町中を一望することもできる。

　ビクトルユーゴーが滞在した町としても知られており，博物館が残っている。

　ヴィアンダンは小さな町で，主要な場所は歩いて1時間もかからず見て回ることができる。

ダブリン（アイルランド）

　ダブリン大学トリニティーカレッジの図書館。ケルズの書やアイリッシュハープが展示されている。ケルズの書は半年に一度ページがめくられる。なお，図書館の見学は有料。

　ケルズとは地名で，バイキングから逃れてこの地に辿りついた修道僧が書いた聖書がケルズの書である。カラフルな挿絵が多く，美術品としての価値が高い。

ブラーニー（アイルランド）

　ブラーニー城。1446年に建てられた小さな城。屋上にはブラーニーストーンがあり，仰向けに体を乗り出してキスをすると雄弁になれるという伝説がある。

　ブラーニーは小さな町だが，近くにはアイルランド第2の都市コークがある。さらに東に50kmほど行くとキラーニーがある。キラーニーの近郊にはディングル半島やケリー周遊路などのドライブコースがある。

イニシュモア島（アイルランド）

　ドンエンガーサの断崖。高さは約100mある。イニシュモア島を含むアラン諸島はゴールウェイの南西にあり，日帰りで訪れることができる。

　アラン諸島では手編みのセーターが有名だが，編み方のデザインは家によって異なる。嵐に遭い死亡するとセーターが島に流れ着くことで家族の不幸を知ることができるからという説もある。

ロンドン（イギリス）

　テムズ川からのウエストミンスター宮殿（国会議事堂）と時計台のビッグベンの眺め。2017－2021年の予定で改修工事が行われている。

　写真の船着場からは観光船が出ている。左側に行くとキューガーデンズ，右側に行くとロンドン橋の下などを通ってグリニッジまで行くことができる。

　川の反対側にはロンドンアイ（大観覧車）がある。

ストーンヘンジ（イギリス）

　イギリス南部のソールズベリー近郊にある巨石群。紀元前2000頃に作られたのではないかと考えられている。現在では世界遺産に登録された観光地になっている。

　ストーンヘンジ近郊の道路が渋滞しやすいことから，2020年にはストーンヘンジの下を通過する道路計画が持ち上がり，議論を呼んでいる。

　北欧諸国は北欧理事会（Nordic Council）に参加している国々を指す。北欧理事会は1952年に創設された国際的な会議であり，1971年には北欧閣僚理事会が設置された。北欧内では1954年に北欧同盟市場が，1957年に北欧旅券同盟が創設され，人々はパスポートなしで移動できるようになった。2001年にシェンゲン協定に参加したことにより，EUと北欧諸国の間はパスポートなしで渡航できるようになっている。北欧諸国はノルディッククロスと呼ばれる横長の十字を国旗にしている国が多い。

1. 概　　況

🇩🇰 デンマーク（DK）

　デンマークはドイツと陸続きのユラン半島（ユトランド半島）とその東部の島々からなる。首都のコペンハーゲンはスウェーデンに近いシェラン島にある。ユラン半島とフュン島，シェラン島，ローラン島など主要な島は橋でむすばれており，コペンハーゲンとスウェーデンのマルメとの間も全長15.4kmのエーレスン大橋で結ばれている。デンマークは14世紀にはカルマル同盟の中心となり強大な王国を築いた。北欧地域の移動には船が必要だったため海運が発達した。A. P. モラーマースク（A. P. Møller Mærsk）は100年以上の歴史を持つ世界最大の海運会社である。

　デンマークの重要産業の1つに養豚がある。人口の2倍以上に相当する1200万頭以上の豚が飼育されている。日本への輸出も積極的に進めており，デンマークから日本への輸出品では医療用品に続く第2位となっている。2019年に発効した日欧EPA（45ページBox8）により豚肉の関税率が引き下げられたことから，輸入増加が期待されている。デンマーク産の豚肉はスペイン産の次に多く日本に輸入されている。

図表 7-1　主要な貿易相手国と品目（2019 年，%）

DK	輸出	医薬品 14.0，発電機 2.8，豚肉 2.5，燃料油 2.4，その他 2.1 ドイツ 13.7，スウェーデン 9.9，ノルウェー 5.8，イギリス 5.5，オランダ 4.9
	輸入	自動車 5.0，医薬品 3.2，燃料油 3.0，原油 2.5，電話機 2.3 ドイツ 21.6，スウェーデン 12.0，オランダ 7.9，中国 7.3，ノルウェー 4.2
FI	輸出	その他 8.1，燃料油 8.0，板紙 6.0，自動車 4.7，化学木材パルプ 3.3 ドイツ 14.3，スウェーデン 10.3，アメリカ 7.1，オランダ 6.0，ロシア 5.5
	輸入	その他 8.8，原油 7.9，自動車 4.4，燃料油 3.8，自動車部品 2.7 ドイツ 17.8，オランダ 9.4，ノルウェー 9.2，デンマーク 6.6，中国 5.2
SE	輸出	自動車 7.4，医薬品 5.0，燃料油 4.9，その他 4.1，自動車部品 3.2 ノルウェー 10.6，ドイツ 10.2，アメリカ 7.6，フィンランド 7.1，デンマーク 6.9
	輸入	自動車 5.4，原油 5.0，その他 4.7，燃料油 4.2，自動車部品 3.9 ドイツ 18.0，オランダ 8.3，ノルウェー 8.2，デンマーク 7.7，イギリス 5.5
NO	輸出	原油 28.2，ガス 21.3，魚 6.8，燃料油 6.0，その他 4.2 イギリス 20.1，ドイツ 14.5，オランダ 11.1，スウェーデン 7.7，フランス 5.9
	輸入	自動車 6.8，燃料油 3.2，電話機 2.3，原油 2.0，ニッケルマット 2.0 スウェーデン 11.7，ドイツ 10.8，中国 10.2，アメリカ 7.9，デンマーク 5.6
IS	輸出	アルミニウム 27.3，魚フィレ 19.8，冷凍魚 7.0，乾燥魚 5.8，鮮魚 5.2 オランダ 26.3，イギリス 10.4，スペイン 9.5，アメリカ 7.3，フランス 7.1
	輸入	燃料油 11.4，アルミナ 9.3，炭素電極 5.2，自動車 4.9，ストレージ機器 2.8 ノルウェー 11.3，アメリカ 8.5，ドイツ 8.3，中国 7.4，オランダ 6.9

出所：データは UNcomtrade（HS2017），品目名は税関の輸出統計品目表を参考にした。

　デンマークでは羽毛やミンク毛皮の生産も盛んにおこなわれている。世界最大の
ミンク毛皮の生産国だったが，2020 年にコロナウイルス（SARS-CoV-2）が人か
らミンクに感染した後に変異ウイルスがミンクから人に感染したことでデンマーク
国内の全 1500 万匹を殺処分した。オランダなどでもミンク毛皮が生産されている
が，動物福祉の観点から禁止する国が増えている。デンマークでも今後はミンク毛
皮の生産が禁止されるとみられている。

　デンマークは風力発電が盛んであり，2019 年には電力の 47% を風力で賄ってい
る。国土の狭さから洋上風力発電に力を入れている。高速道路などで図表 7-2 左の
ような風力発電機の陸上輸送の様子を見かけることがある。図表右はコペンハーゲ
ン沖のもの。デンマーク企業のエルステッドは，ドイツの RWE，スウェーデンの
バッテンフォールを抑えて風力発電の世界シェア 16% でトップに立っている[1]。

1　Wind Europe, Offshore Wind in Europe: Key trends and statistics 2019.

図表 7-2　デンマークの風力発電

　デンマークには，アーラフーズ（食品），ジェンマブ（バイオ医療），ノボザイムス（産業用酵素），ノボノルディスク（医薬品），レゴ（玩具），デュコン（羽毛布団），ヴェスタス（風力発電機），ユニバーサルロボット（共同ロボット），コロプラスト（医療機器），ロイヤルコペンハーゲン（磁器，フィンランドのフィスカースの子会社），DSV（輸送），デンスケ銀行（銀行），ノルデア（銀行），ISS（企業向けサービス）などの企業がある。

◆グリーンランド

　グリーンランドはデンマーク領ではあるが，グリーンランド政府による自治が行われている。1985 年に EU（当時は EC：欧州共同体）を脱退しており，EU には含まれない。世界最大の島であり，80％以上が氷に覆われているが，温暖化の影響で氷河が溶け，農業が可能な土地が増えつつある。主要産業は漁業で中部のイルリサットなどが漁業の中心である。2010 年代は魚介類の価格が上昇して観光客が増えたことから経済は好調だったが，2020 年には観光客が激減した。

　人口は約 5 万 6000 人で主都のヌークに 32％が集中している。都市を結ぶ道路や鉄道はなく，飛行機，船，ヘリコプター，犬ぞりなどが移動手段となっている。ヌーク，イルリサット，カコルトクなどの主要都市では空港の近代化と拡張工事を行っている[2]。デンマークとの経済関係が深く，貿易の大部分が対デンマークである。生活必需品などの多くはデンマークからの輸入に頼っており，輸入品への課税やデンマーク政府からの支援金がグリーンランド政府の重要な収入となっている。グリーンランドの GDP に占める政府支出の比率は 44％にも達しており，民間消費

2　Danmarks Nationalbank, The Greenlandic economy, Analysis No. 23, November 2020.

よりも大きい。政府部門の効率化も課題となっている。都市が点在しているため，地方では十分な教育を受けることが難しく，ICTの導入を進めている。高等教育を受けるためにデンマークに留学する学生が多く，留学後の帰国を促すための政策も必要とされている。

　グリーンランドという名前は，かつてこの島が緑に覆われていたことによる。982年に赤毛のエイリーク（Erik the Red）がグリーンランドに初めて到達した時，グリーンランド南部は農業ができる状態だった。985年に再びグリーンランドに出発して入植したが，グリーンランドと名付けて入植希望者を増やそうとしたともいわれている。現地語ではグリーンランドはカラーリットと呼ばれていた。グリーンランドにはイヌイットとバイキングが住んでおり，イヌイットは狩猟，バイキングは農耕を営んでいたという。その後の環境の変化によりバイキングは居住しなくなり農業は廃れたが，近年の温暖化により南部を中心に農業が可能な土地が増え，小麦やジャガイモ栽培[3]が行われている。

◆フェロー諸島

　フェロー諸島はスコットランド，ノルウェー，アイスランドの間にある18の島々からなり，デンマークの自治領でEUには含まれない。約5万人の人口のうち1万2000人が主都のトースハウンに集まっている。主要産業は漁業と観光業であり，輸出の95%は魚介類（サーモン，タラ，サバなど）である。2010年代には魚介類の価格上昇と観光ブームにより経済は急成長した[4]。ただし観光業はGDPの2%を占めるに過ぎない。

フィンランド（FI）

　フィンランドは南部のスオミ（またはハメ）が経済の中心地で，その他には東部のカレリア，北部のラップなどの地域からなる。カレリア地方の一部は第二次大戦後にロシア領となった。スウェーデン領やロシア領の時代が長く，1917年に独立した。19世紀にリョンロットがフィンランド各地に残る詩を集めて「カレワラ」という物語にまとめたことで，フィンランド人の民族意識が高まった。シベリウスはカレワラの登場人物を題材にした組曲「レンミンカイネン」（トゥネラの白鳥が

3　ローレンス・スミス『2050年の世界地図』NHK出版，2012年。
4　Danmarks Nationalbank, The Faroese economy, Analysis No. 29, December 2020.

有名），カレリア組曲，フィンランディアなどを作曲し，フィンランディアは第二の国歌とされている。フィンランドには多くの湖があり，森林資源も豊富にある。第二次大戦後にロシアへの賠償金を木材で支払っていたことで，林業が発達した。

　1990年代以降はICT産業が発達してノキアがフィンランド経済を支え，一時はフィンランドのGDPの4％と輸出の20％を占めたが，アップルなどの競合製品に押されて経済が停滞した。経済が天然資源の輸出に依存している面がある上，2014年にEUが対ロシア制裁を発動したことから，対ロシア輸出が多かったフィンランドの輸出はさらに苦しくなっている[5]。ゲーム，バイオテクノロジー，環境関連ビジネスなどに強みがあるものの，労働生産性の低さや高い人件費が経済成長を妨げている。また，エネルギー，小売，輸送部門などで規制が多く，競争を妨げている。これらに対して，小売店の営業時間の自由化（2017年），マルチモーダリティの促進（2018年），ガス市場の開放（2020年）などの改革に乗り出している。フィンランドでは高等教育卒業者の割合が低く，大学を卒業する年齢も遅いことが若年層のスキル不足につながっている。義務教育の終了年齢を18歳にしたり，専門資格を持つ外国人の移民を促したりする対策を採ろうとしている。

　フィンランドには，ヘスバーガー（ファストフード），ファッツェル（菓子），UPMキュンメネ（製紙），ストラエンソ（製紙），ネステ（石油製品），フィスカース（キッチン用品，イッタラ，ガーバー，ウェッジウッド，ロイヤルコペンハーゲンなどの親会社），コネ（昇降機），マリメッコ（布地），ケスコ（小売り），ヴァイキングライン（海上輸送），フィンエアー（航空），サンポ（保険），ストックマン（小売り，不動産）などの企業がある。

🇸🇪 スウェーデン（SE）

　スウェーデンはEUの中ではフランス，スペインに次いで3番目に面積が大きいが，人口は1000万人ほどで中部や南部に集中している。南北に長い国土であり，フィンランド，ノルウェーとともに，スウェーデンの北部は北極圏まで続いている。冬になると北部のキルナなどでは建物が全て氷でできているアイスホテルに観光客が集まる。児童文学の「ニルスの不思議な旅」は子供たちにスウェーデンの地理を教える目的もあったという。スウェーデンのサンタクロースはトムテといい，ダーラナ地方のソラーロンにはトムテランドがある。首都のストックホルムから南

5　OECD, OECD Economic Surveys: Finland 2020.

西部のヨーテボリまではヨータ運河が通じており，電車や飛行機だけでなく船でも行き来できる。首都のストックホルムではノーベル賞の授賞式が執り行われる（平和賞はノルウェーのオスロ）。

　機械工業や ICT，製紙業などが盛んである。スウェーデンでは公的部門が経済に占める割合が高く，GDP で 18.9％（EU 平均は 16.7％），労働者数で 33.6％（EU 平均は 23.6％）を占める。公的企業がカフェやレストラン，スポーツジムなども手掛けている。スウェーデンは 2017 年に修理サービスに関わる付加価値税率を 25％から 12％に引き下げた。服や靴，家電や自動車など幅広い製品が対象になっており，製品を修理しながら長く使うことで廃棄物を減らして循環型経済への移行を促そうとしている。

　スウェーデンには，H&M（アパレル），SCA（パルプ），テトラパック（食品包装），エシティ（衛生用品），エレクトロラックス（家電），オーリンズ（自動車部品），SKF（ベアリング），サンドビック（工具），アトラスコプコ（産業機械），スカニア（商用車，VW 傘下），ボルボ（トラック，自動車部門は中国企業へ売却），イケア（家具，本社はオランダに移転），ヘステンス（寝具），スカンスカ（建設），スカンジナビア航空（SAS，航空），スポティファイ（メディア），エリクソン（通信機器），インベストール（投資会社），アッサアブロイ（セキュリティ製品），フォーレックスバンク（両替）などの企業があり，ハンデルスバンク，SEB，スウェドバンクなどの銀行は北欧やバルト諸国などに広く展開している。また，エリクソンをはじめ ICT に関するソフトウェア，ゲーム会社なども多数ある。

🇳🇴 ノルウェー（NO）

　ノルウェーは南北に長く，北極圏にも多くの町がある。トロムソ，ハンメルフェストなどには鉄道が通っていないため，物資の輸送には船が使われる。フッティルーテン（Hurtigruten）は南部のベルゲンからロシア国境沿いのキルケネスを片道 6 日で結ぶ定期航路であり，北部の町々に物資を運ぶとともに，ノルウェー西部のフィヨルドなどを楽しめる客船としても人気がある（図表 7-3）。

　ノルウェーはヨーロッパ最大の産油国であり，原油や天然ガスなどエネルギーの輸出が全体の半分を超えている。原油や天然ガスの輸出による収益は GPFG（Government Pension Fund Global）という基金に積み立てられており，基金は世界中の株式などに投資している。このような基金をソブリンウェルスファンド（Sovereign Wealth Fund：SWF）という。ノルウェーの GPFG は，2020 年時点で

図表 7-3　フッティルーテン

1兆1122億ドルを運用しており，中国投資有限責任公司（1兆457億ドル），アブダビ投資庁（5796億ドル）を抑えて世界最大である[6]。SWFの多くは原油や天然ガスの販売収入を積み立てており，これらの商品価格が下落すると損失を穴埋めするためにSWFの資産が一部取り崩される。その動きが国際的な株価の下落を引き起こすこともある。なお，ノルウェーには財政黒字部分を積み立てるGovernment Pension Fund Norwayという基金もあり，主にノルウェーの株式や債券に投資されている。

　GPFGは地雷などの非人道的製品や環境を悪化させる石油・石炭関連からの投資を引き揚げており，これをダイベストメント（投資撤退）という。保有していた株式を売却したり，社債の購入を断ったりして，投資活動を通じて経済と社会の改善を図ろうとするESG投資（環境，社会，企業統治を重視する投資スタイル）の一例である。企業側も海底油田の開発を断念したり，途上国にある工場の人権問題に対処したりしている。エクイノールはスタトイルという社名からオイルを削除する形で社名を変更した。

　ノルウェーには，レロイ（水産），モウイ（サーモン養殖），オルクラ（コングロマリット），エクイノール（石油），ヤラ（肥料），アケル（造船，プラント），ノルスクハイドロ（アルミニウム），ヘルゴマートセンタ（スーパー），テレノール（通信），DNB（銀行），ヤンシーデ（保険），ストアブラント（保険・年金）などの企業がある。

6　Sovereign Wealth Fund Institute.

🏴 アイスランド（IS）

　アイスランドはノルウェーとグリーンランドの間にある島国である。国名に Ice がついているように国内に大きな氷河もあるが，アイスランドは火山地帯にあり地熱が豊富であるため，レイキャビークなどの都市では緯度のわりに温暖な気候となっている（1 月の平均気温は 0℃程度）。アメリカプレートとヨーロッパプレートの境目がアイスランドにあり，2 つのプレートが徐々にアイスランドを引き裂いている（裂け目をギャオという）。シングベトリル国立公園は 2 つのプレートによるギャオを見ることができるだけでなく，930 年に世界で初の議会（Alþingi）が開催されたことでも知られている。以降，アイスランドでは王族による支配はなく，地域の代表による議会で政策を決定している。アイスランドは 1944 年にデンマークから独立した。EU に加盟しておらず，加盟申請も取り下げている（60 ページ図表 4-3）。

　地熱発電により非常に安価な電力が得られることから，アルミニウム精錬が主要産業に発展している。漁業や水産加工もアイスランドの重要な産業であり，ノルウェーとともに捕鯨国でもある。ただし，近年は経済性の悪化により捕鯨活動は下火になっている。2010 年代には観光業が大きく成長してアイスランド経済を支えた。シングベトリル国立公園やゲイシール（間欠泉の語源となった地）などを巡るゴールデンサークルやケプラビーク近郊のブルーラグーン（温水プール）などの観光地が人気を集めている。2019 年には，アイスランド北岸をクバムスタンギからバッカフィヨルズルまで 900km をドライブできるアークティックコーストウェイが開通した。

　アイスランドの国土は溶岩と苔で覆われている。羊の放牧が盛んで，郷土料理の羊肉のミートスープにも使われている。20 世紀には羊が多すぎて環境破壊の原因となったため，飼育数が抑えられている。アイスランド馬は健康で病気に強い独自種であり世界中に輸出されているが，馬の遺伝子を守るためにアイスランドへの馬の輸入は禁止されている。また，アイスランドのカモから採れるアイダーダウンは高級品として知られ，世界シェアの 90％を占めている。スキールと呼ばれる牛乳のチーズも人気がある。

　アイスランドには，HB グランディ（水産），66°NORTH（衣料），マレル（機械），アウラム（宝飾），ハガー（小売り），エアアイスランド（航空），アイスランドテレコム（通信），CCP ゲームス（オンラインゲーム）などの企業がある。

2．北欧の天然資源

　北欧諸国は気象条件の面では他のヨーロッパ地域に比べて不利な状況にあるが，天然資源が豊富な地域であり，今後の発展が期待されている。例えば鉱物資源では，温暖化により氷河や永久凍土に阻まれてこれまで採掘ができなかった場所での鉱物の採掘が可能になりつつある。グリーンランド北東部ではロイヤルダッチシェル（NL）や国際石油開発帝石などが拠点を設け，ノルウェーではノバテク（ロシア），トタル（FR），日揮などがプラントを設置しつつある。グリーンランドではルビーが採掘できる可能があり，調査が進められている。北極圏には多くの鉱物資源が眠っていると考えられており，温暖化で北極海の流氷が解けると海底資源採掘の可能性も高まる。鉱物資源の開発が進む中で北極圏経済が成長し，ハンメルフェスト（NO），トロムソ（NO），ヌーク（グリーンランド），レイキャビーク（IS）などでは人口増加も見込まれている[7]。

◆水産資源

　北欧周辺には漁場が多く，アイスランドではタラやプタスダラ，ノルウェーではサーモンやサバ，フェロー諸島ではタラ，サバ，ニシン，グリーンランドではタラ，オヒョウ，ランプフィッシュ，カラスガレイやエビなどの甲殻類が豊富に採れる。しかし，乱獲や温暖化の影響でノルウェーやグリーンランドではエビ，ニシン，カラフトシシャモなどの減少が見られる（ただし，タラなど増加が見られるものもある[8]）。

　塩漬けタラなどの加工食品も広く輸出されている。ニシンから作られるスウェーデンのシュールストレミングやニシオンデンザメから作られるアイスランドのハカールなど強烈な臭いの伝統食品も知られている。1977年にロシアの養殖実験場から逃げ出したタラバガニがノルウェー北部や西部に広がっている。今ではタラバガニはノルウェーの名産品で漁体験のアクティビティも人気があるが，タラバガニは食欲旺盛で繁殖しすぎると海底の生態系が破壊される。

　ノルウェーではサーモンの養殖も盛んであり，ノルウェーの養殖魚介類の輸出は

7　ローレンス・スミス『2050年の世界地図』NHK出版，2012年。
8　Norway Derectorate of Fisheries, Economic and biological key figures 2019.

中国に続いて世界 2 位となっている[9]。魚に栄養分を多く与えすぎると，周辺の海域を汚染することになるため，持続可能な漁業を実現させるための養殖技術の向上も欠かせない。

　ノルウェー，アイスランド，グリーンランド，フェロー諸島は EU に加盟・所属していないが，EU の共通漁業政策（CFP）に参加したくないという理由がある。共通漁業政策に加わると，スペインなど EU 加盟国の漁船が自国近海で操業できるようになり，漁獲高も EU が決めることになるからである。

◆発電，エネルギー

　フィンランド以外の北欧諸国では，発電に占める再生可能エネルギーの割合が高く，特にアイスランドは水力と地熱で 100％の電力を賄っている。ヨーロッパ最大の産油国であるノルウェーも水力と風力で 97.8％を賄っており，デンマークはこれらの 2 国には劣るものの風力だけで 45.8％，スウェーデンは水力 38.1％，風力 10.2％とヨーロッパ諸国中でも上位につけている。

　風力や太陽光は天候の影響を受けやすいが，水力や地熱は変動が小さく安定したエネルギーを得られる。再生可能エネルギーを利用できれば，発電のために原油や天然ガスを輸入する必要もなくなる。ノルウェーでは電気自動車の普及も進んでお

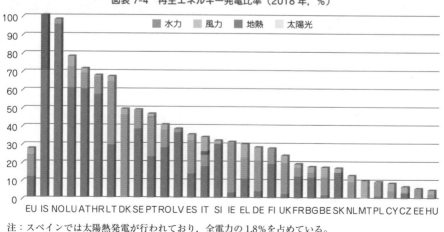

図表 7-4　再生エネルギー発電比率（2018 年，％）

注：スペインでは太陽熱発電が行われており，全電力の 1.8％を占めている。

9　Eurostat, Agriculture, forestry and fishery statistics, 2020.

り（67ページ図表4-6），輸送部門での二酸化炭素削減も進んでいる。2015年には観光地のソグネフィヨルドで完全電動フェリーの営業を開始し，2020年には2隻目のフェリーがオスロフィヨルドを横切る航路に就航した。2030年の電動航空機の就航も目指している。

　アルミニウムは鉱石を電気分解によって析出させて作り出すことから，他の金属よりも大量の電気を消費する。アイスランドでは水力や地熱で得た安定的で安価な電力を武器にアルミニウム精錬を行っている。地熱はそのまま熱としても利用でき，熱水をパイプラインで都市部に運んで暖房や温水プールなどに利用している。ブルーラグーン（図表7-5左）の温水プールも地熱発電所（図表7-5右）の排熱を利用している。

図表7-5　アイスランドのブルーラグーンと地熱発電所

　再生可能エネルギーによる電力には競争力がある。電力を使うことによる温室効果ガスの発生がないため，クリーンなエネルギーでのビジネス遂行が可能になる。経済のデジタル化が進むにつれてデータセンターの役割が重要になってきているが，データセンターは多数のPCやストレージ（データ記憶装置）を動かすため，稼働電力や冷房設備の電力も大きくなる。北欧諸国はもともと気温が低いことから冷房設備の稼働が少なくて済み，クリーンな電力を使えば温室効果ガスが発生しない。この強みを生かしてデータセンターの誘致を進めており，ビットコインのマイニングセンターなども進出している。

◆北極海航路

　アジアとヨーロッパの間で物資を運ぶルートには，空路，陸路，水路がある。航空機を使う空路は最も早く物資を届けることができるが，航空機に搭載できる荷物

の量は少なく，集積回路など小型の品目しか運べない。陸路ではアジア横断鉄道が中国とオランダを結んでおり（207 ページ），空路よりも多くの物資を運べるものの，大量の荷物を運ぶには水路が最も適している。横浜港からハンブルク港（DE）までの距離はインドやスエズ運河を通る南回り航路で約 2 万 1000km であるのに対して，ロシアを経由する北極海航路では約 1 万 3000km と約 40％短くなる。温暖化に伴って夏の北極圏の氷が少なくなったことで，2015 年には 2.5 往復だった北極圏航路の貨物輸送が 2019 年には 9 往復まで増えている[10]。積荷は鉄鉱石，パルプ，風力発電機材などであり，北極圏の資源をアジアに輸出するルートとして成長しつつある。

3. 北欧経済の強みと課題

　北欧諸国の人口を見ると，最も多いスウェーデンで約 1000 万人であり，デンマーク，フィンランド，ノルウェーは 500 万人台，アイスランドは 36 万人しかない（5 ページ図表 1-2）。人口が少ないということは国内市場が小さく，企業が成長するためには国外に目を向ける必要があることを意味する。官民ともに新しい技術の普及にも熱心で，市民生活の改善に貢献している。一方で，経済は世界経済の動向の影響を受けやすく，特に金融市場は不況や危機に弱くなりやすい。このような状況を脆弱（ぜいじゃく）という。

◆競争力の維持

　EU のデジタル化指数 DESI では北欧 3 カ国がトップ 3 になっている（95 ページ図表 5-9）。ノルウェーとアイスランドは EU 加盟国でないため指数がないが，この 2 カ国もかなり高い数値になると考えられる。2020 年代は世界中でデジタル化が進むと考えられているが，北欧諸国は他の地域を一歩リードしている。
　キャッシュレス化はその一例といえる。北欧ではキャッシュレス化が進んでいる。スウェーデンやノルウェーは国内の現金残高が減少している数少ない国であり，スウェーデンの Swish，デンマークの Dankort，ノルウェーの Vipps などデビットカードの機能をスマートフォンに乗せたサービスが普及している。スウェー

10　国土交通省，北極海航路の利用動向について，2020. 8. 3。

デンの中央銀行（Sveriges Riksbank）が2020年に実施したアンケートによると，過去1カ月間の買い物で使った支払い手段は，デビットカード92％（2014年では93％），Swish75％（同10％），現金50％（同87％）と現金の割合が減少して，Swishの割合が増えている。スウェーデンの銀行では，窓口で現金の受け渡しをしない店舗が多く，ATMを設置していない店舗も増えている。このような状況を受けて，スウェーデンでは電子通貨eKronaの普及に向けた準備を進めている。

　北欧ではゲーム産業の育成にも力を入れている。ゲーム産業はそれ自体が収益性の高い産業であるだけでなく，ゲームに使われる技術が他の産業に幅広く応用できる。例えば，VRの技術（仮想現実，3Dヘッドセットなど）は遠隔手術や作業現場でのマニュアル閲覧などに応用できる。その他には，環境関連技術やバイオテクノロジーなどにも力を入れている。例えば，フィンランドでは綿の衣服を粉末状にした後に再び布地にすることで，綿製品のリサイクルを行っている。

　北欧の企業は外国市場に広く進出している。既存の業界，いわゆるオールドエ

Box15．医療ポータルサイト

　日本では病院に行くとこれまでの病歴等を手書きで紙に書いて病院に提出する。個人が過去の病歴等を完全に記憶・記録するのは難しく，どの治療法が有効だったのかなどの専門的な内容はそもそも個人に知らされない。引っ越し先や旅行中に病院に行くと同じことを繰り返さなければならない。不便なだけでなく，有効な治療法などの共有ができず，過剰診療も起きやすい。医師と患者の間に情報格差があれば，患者は医師に的確な質問をすることができず，医師が誤った治療方針を立てたとしてもそれを確認できない。これを患者のエンパワーメントの問題という。

　これらの問題を解決するためには医療情報をデータベース化し，患者も医師も自由に取り出せるようにすればよい。北欧諸国では医療ポータルサイトの整備が進んでいる。2003年にデンマークで始まったsundhed.dkは医師と患者のコミュニケーションを向上させている。デンマーク市民は自分の医療記録の確認，病院予約，処方薬の更新，服薬スケジュールの確認，病院の評価などの検索，臓器提供者の登録などがポータルサイト上でできる。2010年に始まったフィンランドのKantaには，電子処方箋を使ってオンラインで処方薬を注文する機能もある。スウェーデンのSwedish Hospitalでは医療費の支払いや医師の検索などの患者側の機能だけでなく，看護師の求人情報など求職側の情報も統合している。

　医療記録は研究にも役立てることができ，治療法の研究やAI診断の開発などにも役立つ。

コノミーの分野でも，スウェーデンのイケアやデンマークのレゴなどはグローバル化している。スウェーデンでは人件費が高いため，スウェーデンでデザインを作成し，家具の部品はポーランドなどで生産してそこから世界中に輸出している。レゴはレゴブロックだけでなく，レゴランドなどのテーマパークやタブレットと連動した玩具などを展開している。なお，イケアは大量生産大量消費モデルが，レゴはプラスチック製の玩具が ESG の観点から厳しい目で見られており，さらなる変革が求められている。

◆ 家計債務の増加

　21 世紀に入ると先進国を中心に低金利時代が続き，債務を増やしやすい状況が生まれている。民間部門の債務は企業債務と家計債務に分かれる。企業債務は設備投資などの投資資金や営業活動のための運転資金などのために，銀行から借り入れをしたり債券を発行したりして発生する。大企業であれば取締役会や株式市場（投資家やアナリストなど），中小企業であれば契約している士業（税理士や会計士など）に金融の専門知識を持つ人がいて財務活動についてアドバイスしてくれる。銀行や投資ファンドも企業の財務状況をチェックしている。債務を増やしすぎて倒産する企業は規模や地域を問わず発生するものの，何らかのチェックが入っている。格付けの低い企業の債務が世界中で増えていることも問題だが，ここでは省略する。

　家計債務は，短期のローン（消費者ローンやクレジットカードの利用など）と長期のローン（住宅ローン，教育ローン，自動車ローンなど）に分かれる。短期の借り入れは月々の収支管理を，長期の借り入れはライフプランやマネープランを考慮に入れて計画すべきであるが，家計の多くは十分な金融リテラシー教育（277 ページ）を受けておらず，無計画に借り入れを行うケースが多い。企業とは異なり内部や外部のチェックが入らない。人は現在の状況がずっと続くと考えがちであり，甘い見通しの下で銀行やローン・カード会社にいわれるままに借入限度額近くまで借りる人も多い。

　図表 7-6 のように，1990 年代から 2008 年まで EU や北欧諸国の家計債務が膨らみ続けた。家計債務の大部分は住宅ローンであり，好況期には問題ないが[11]，不況

11　好況期であっても事故や病気によって働けなくなり，返済が滞るリスクがある。住宅ローンを考える際には資金計画に余裕を持たせる必要がある。

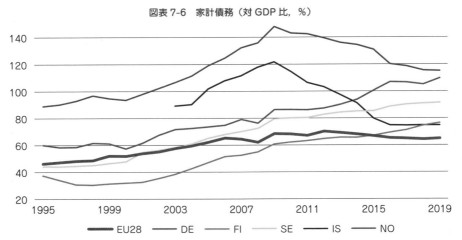

図表 7-6　家計債務（対 GDP 比，%）

出所：データは Eurostat，アイスランド中央銀行。

期になると収入が減少したり職を失ったりしてローンが返済できなくなるリスクが
ある。借入額が大きければ大きいほど脆弱だといえる。2008 年の金融危機では，
このようなリスクが顕在化し，多くの人が困難に陥った。

　2000 年代に急激に家計債務が膨らんだデンマークやアイスランド（グラフには
ないがアイルランドも）では 2010 年代に家計債務が減少しているが，フィンラン
ド，スウェーデン，ノルウェーでは 2010 年代も家計債務が増加している。また，
減少傾向の国もあるとはいえ，北欧の全ての国で家計債務の水準が EU 平均を超え
ている。2020 年の不況を受けて，各国では政府が家計に一時金を支給したり金融
機関が返済計画の見直しに応じたりしているが，これらは一時的な対策に過ぎず，
不況が長期化すれば収入が減少したり職を失ったりする人が増える。住宅ローン
が返済されないと銀行が損失を抱え，それが経済全体に広がっていく（144 ページ
Box16）。

　北欧諸国は人口も少なく経済規模も小さいことから，銀行や住宅ローン貸出会社
は国内から資金を集めるだけでは不十分であり，国際金融市場から資金を調達する
必要がある。カバードボンドなどの債券や短期借り入れなどの形で調達した資金を
住宅ローンの貸出に充てており，住宅ローンの返済が滞ると国際金融市場にも影響
が波及する。市場の北欧の金融機関を見る目が厳しくなり，資金調達が困難になる
リスクがあり，この点では北欧の金融市場も脆弱であるといえる。ヨーロッパでは

ギリシャなどの南欧の銀行問題が注目されがちだが，業績が好調な北欧の銀行も大きな問題を抱えているといえる。

　図表 7-7 は住宅価格の推移を表している。2005−2019 年にかけて，EU 全体では約 40％，スウェーデン，アイスランド，ノルウェーでは 2 倍以上に価格が上昇している。デンマークの 2019 年の数値は EU と同じくらいだが，2012 年を底に 2019 年までの間に 35％上昇している（EU は同期間に 24％の上昇）。住宅価格は税制，買い手（外国人の投資がどれくらい活発か），産業政策などの影響を受けるが，銀行間の競争や金利の影響が大きい。

　スウェーデンやデンマークでは銀行間の貸出競争が激しく，スウェーデンでは金利だけ支払えばよいローンも登場し，満期が 100 年などのローンもあった。2016 年の法改正で金利だけ返済するローンが禁止されたことで価格上昇が一服した。ノルウェーでは低金利と中古住宅の在庫不足により住宅価格の上昇が続いている。アイスランドも住宅価格が 2010 年代に急上昇しているが，2010 年代前半はアイスランドのインフレ率が高かったことが影響しており，その後は観光部門の成長による好景気で高級住宅の供給が増えたり住宅の転売が活発になったりしたことで価格が上昇した[12]。

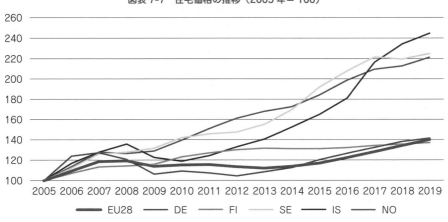

図表 7-7　住宅価格の推移（2005 年＝ 100）

12　2010−2013 年の平均インフレ率は EU が 2.3％だったのに対して，アイスランドは 5.5％だった。また，住宅の転売によって利益を得て住宅ローンを返済すると価格上昇の中でも家計債務が減少する。

　住宅価格が上昇しているうちは家計債務の面では大きな問題はないが[13]，住宅価格が大きく下落すると不況に陥りやすい。2020年代前半は住宅価格が下落するという見通しも多い。価格が急上昇するとその反動で大幅下落しやすく，この面でも北欧経済は課題を抱えているといえる。

Box16.　住宅価格下落の問題点

　住宅価格と経済の関係を詳しく見てみよう。住宅ローンを組む家計の多くは購入した住宅を担保にしている。担保とは返済できなくなった時に銀行に差し出すものであり，返済が終了して担保の設定を解除するまでは住宅の本当の所有者は銀行になる。

　30万ユーロの住宅を全額ローンにするケースを考えてみよう。住宅価格が30万ユーロ以上であれば，不況期に職を失っても住宅を売却すればローンを完済できる。しかし，不況で住宅価格が20万ユーロに下落すると，住宅を売却しても10万ユーロの借金が残る。このようなローンをリコースローンという。住宅を差し出せば残りの借金を免除する契約（ノンリコースローンという）もあるが，金利が高いことや現在の状況が続いて必ず返済できるという将来見通しの甘さから，家計は金利の低いリコースローンを選択しがちであり不況期の問題が大きくなりやすい。

　ノンリコースローンは家計にとっては10万ユーロの支払いを免れるが，銀行にとっては10万ユーロの損失が発生する。また，リコースローンでも契約相手が破産申請すると全額の返済が見込めずに損失が発生する。銀行に損失が発生すれば企業や家計の新規の借り入れ申し込みを断らざるを得なくなり，健全な経営をしている企業の経営や投資計画にも悪影響を及ぼす（健全な経営をしていても一時的な運転資金の借り入れ需要は発生する）。こうして住宅価格の大幅な下落は経済全体に悪影響を及ぼす。

13　住宅価格が高くなりすぎると一般の人が住宅を買えなくなり，国内外の投資家だけが買えるようになる。そうすると，住民のデモが起きたり外国人への反発が高まったりして社会不安につながる恐れがある。

第7章のチェックシート

　デンマークは（　1　）の輸出が多く，日本にもスペイン産とデンマーク産が多く入っている。洋上（　2　）発電が活発で全電力の約半分を占めている。デンマーク領に（　3　）と（　4　）があるが，これらの地域は EU には属していない。フィンランドは 1990 年代には（　5　）が発達して成長したが21世紀には停滞した。EU の対（　6　）制裁の悪影響も受けている。スウェーデンは機械工業や(5)，（　7　）が活発な一方，（　8　）の割合が高い。ノルウェーは（　9　）や天然ガスの生産が多く，これらの輸出収益を GPFG という（　10　）が運用している。GPFG は ESG に反する企業の株式を売却する（　11　）も進めている。アイスランドは（　12　）と（　13　）製錬が主要産業になっている。

　北欧には豊富な天然資源がある。水産資源については EU の（　14　）ではなく自国での管理を行うために EU 加盟を行わない国もある。地熱や水力などの（　15　）を利用した発電も活発に行っており，クリーンなエネルギーを企業誘致の武器にしている。温暖化により（　16　）が通れるようになっており，北極圏経済の発展が期待されている。

　北欧ではイノベーションのスピードと普及が早く，医師と患者のコミュニケーションを向上させる（　17　）の整備が進んでいる。一方で，（　18　）の増加が問題となっており，住宅価格の上昇などの課題を抱えている。

ヘルシンユア（デンマーク）

　クロンボー城。コペンハーゲンから電車で40分ほど北にある。ハムレットの舞台として有名であり，地下にはホルガーの石像がある。ホルガーはデンマークに危機が訪れると動き出して助けてくれるとされている。

　城の屋上からは対岸の町，スウェーデンのヘルシンボリが見える。2つの町を結ぶフェリーが頻繁に往復しており，片道20分で行くことができる。

リーベ（デンマーク）

　ユラン半島南西に位置する小さな町。オーデンセから車で1時間ほどで行ける。

　写真中央の緑のテントがある建物は，ホテル Dagmar。1581年に創業したデンマークで一番古いホテルだといわれており，現在も営業している。

　2020年には魔女狩りをテーマにした博物館，HEX! Museum of Witch Hunt がオープンした。

オーデンセ（デンマーク）

　聖クヌード教会。写真中央の銅像はアンデルセン。近くにはアンデルセン公園や市庁舎がある。童話の「赤い靴」はアンデルセンが堅信礼で革靴をもらった思い出から創られたといわれている。

　オーデンセはデンマーク第3の都市で，アンデルセンの出身地でもある。市内にはアンデルセンの生家や童話の舞台となった場所がある。

ヘルシンキ（フィンランド）

　ヘルシンキのシベリウス公園。ここにはシベリウスのモニュメントがある。シベリウスが作曲した「フィンランディア」はフィンランドでは第二の国歌といわれており，人々に訴えかける力が強かったため，帝政ロシア時代は演奏が禁止された。

　公園は海岸に面しており，野外博物館があるセウラサーリ島を見ることができる。

ロヴァニエミ（フィンランド）

　フィンランド北部，ラップ地方の中心都市。サーミ人により作られたといわれている。

　ロヴァニエミの近郊には，サンタパーク（6月下旬から8月上旬のみ）やサンタクロース村などがある。日本からサンタクロースに手紙を出すと，サンタクロース村にあるサンタクロースオフィスに届く。村には北極圏との境があり，北極圏到達証明書を購入することができる。

ストックホルム（スウェーデン）

　ストックホルムは王宮があるスタッツホルメン島，ノーベル賞の晩餐会が行われる市庁舎のあるクングスホルメン島などの14の島々からなる。

　ストックホルム市内にはヴァーサ号博物館がある。ヴァーサ号は当時世界最大の戦艦であったが，1628年の処女航海ではわずか1300m航行しただけで沈没した。1961年に引き上げられ，当時の姿を見ることができる。

ヨーテボリ（スウェーデン）

　ヨーテボリ市内の様子。写真の建物はショッピング街になっており，向かって左側にはチョコレートショップがある。観光客や店が多いハガ地区とは異なる。

　ヨーテボリはスウェーデン第2の都市で，運河の町，港湾都市でもある。17世紀にオランダ人建築家たちが街を設計した。自動車部門は中国企業に売却されたが，トラックなどを生産するボルボの本社やボルボ博物館が市内にある。

カールスクローナ（スウェーデン）

　海洋博物館。小さな島に住宅街と博物館が混在している。建物の中には本物の潜水艦があり，建物周辺にはいくつかの船がある。いずれも中に入って見学できる。

　カールスクローナはスウェーデン南部にあり，夏は観光客押し寄せる。巨大サイズのアイスクリームの店が人気。スウェーデンでは唯一のバロック都市として知られ，市内中心部には古い町並みもある。

レイキャビーク（アイスランド）

　ハットルグリムス教会からのレイキャビークの眺め。レイキャビーク市街とともに，遠くにはヴィデイ島が見える。

　教会から北西に1.5kmほど離れた港からはパフィンツアーが出ており，パフィンの姿や巣を見ることができる。市内にはパフィンやクジラ料理の店もある。

　レイキャビークにはアイスランドの人口の3分の1が集まっている。

デティフォス（アイスランド）

　ヨーロッパでも最大の水量を誇るデティフォスの滝。落ちる滝という意味があり，落差は44m ある。

　アイスランドにはグトルフォスの滝（黄金の滝），ゴーザフォスの滝（神々の滝）などの滝があり，周囲が 40kmにもなるミーヴァトン（ミーの湖）など水資源が豊富にある。ミーとはユスリカなどの小さな虫のことであり，鳥たちのえさとなっている。

オスロ（ノルウェー）

　オスロはオスロフィヨルドの最も奥まったところにある。写真はノルウェー王宮。ツアーで内部を見学できる。

　周辺にはムンクの絵画が展示されている国立美術館などがある。オスロ市庁舎から 15 分ほど船に乗るとビグドゥイ半島に着く。半島にはコンチキ号博物館や民俗博物館などがある。郊外のホルメンコレンにはスキーのジャンプ台があり，見学できる。

トロムソ（ノルウェー）

　ノルウェーの北極圏最大の町。写真の奥の島がトロムソの主要地区。ノルウェー北部には電車網がないため，アクセスには飛行機かフッティルーテンを使う。

　写真はストールシュタイネンの丘からの眺め。夏はハイキング，冬は犬ぞりなどが楽しめる。橋の手前側の白い三角屋根の建物は北極教会。夏の夜中にはオルガンコンサートが開かれる。トロムソではオーロラ観賞もできる。

南欧諸国では観光業が盛んであり，地中海や大西洋での漁業も重要な産業となっている。温暖な気候を生かした農業も発展し，特に果物や野菜の生産が多い。

南欧の国々は2000年代末から2010年代初めに債務危機に陥り，EUなどから資金面で支援を受ける代わりに構造改革を要求された。

図表 8-1　EU の果物と野菜のランキング（2019 年，EU 内シェア，％）

	1 位	2 位	3 位
オレンジ	スペイン（52.9）	イタリア（27.1）	ギリシャ（17.9）
ブドウ	イタリア（32.6）	スペイン（23.7）	フランス（22.7）
スイカ	スペイン（39.7）	イタリア（21.5）	ルーマニア（15.3）
トマト	イタリア（31.7）	スペイン（30.2）	ポルトガル（9.3）
オリーブ	スペイン（57.0）	イタリア（21.0）	ギリシャ（11.7）
レモン	スペイン（61.4）	イタリア（31.0）	ギリシャ（5.7）
ナス	イタリア（37.1）	スペイン（30.2）	ルーマニア（9.8）

1. 概　　況

ギリシャ（EL）

　ギリシャはヨーロッパ大陸部分と2000とも5000ともいわれる島々（そのうち227が有人の島）からなる。首都のアテネはアッティカ半島にあり，同半島にはマラトンやテーベ，デルフォイ，パルナッソス山などギリシャ神話や歴史に関する場所がある。テッサロニキからアテネまで鉄道はあるが，イオニア地方やペロポネソス半島など交通インフラが十分ではない地域もある。主要な島々には航路が整備されている。コス島やレスボス島などトルコ経由の難民が目指す島々もある。レスボス島はオルフェウスの竪琴が流れ着いた島とされており，詩や音楽が盛んである。クレタ島はオリーブ発祥の地といわれている。ヒオス島ではマスティハが生産され

図表 8-2　主要な貿易相手国と品目（2019 年，%）

EL	輸出	燃料油 29.1，医薬品 5.5，その他 2.9，ストレージ機器 2.0，アルミニウム板 1.9 イタリア 10.8，ドイツ 6.6，トルコ 5.8，キプロス 5.6，ブルガリア 4.6
	輸入	原油 16.8，燃料油 6.3，医薬品 3.5，その他 3.3，自動車 2.8 ドイツ 10.6，イラク 8.2，イタリア 7.9，ロシア 7.3，中国 7.3
ES	輸出	自動車 10.2，その他 5.7，燃料油 4.6，自動車部品 3.2，医薬品 2.8 フランス 14.6，ドイツ 10.3，イタリア 7.7，ポルトガル 7.3，イギリス 6.5
	輸入	原油 8.0，自動車 5.6，自動車部品 4.5，その他 4.1，医薬品 2.7 ドイツ 11.9，フランス 10.0，中国 8.7，イタリア 6.1，アメリカ 4.6
IT	輸出	医薬品 4.5，その他 3.0，自動車 2.8，自動車部品 2.7，燃料油 2.6 ドイツ 12.2，フランス 10.5，アメリカ 9.6，スイス 5.5，イギリス 5.2
	輸入	自動車 6.4，原油 6.2，医薬品 3.5，ガス 3.5，血清・ワクチン 2.0 ドイツ 16.5，フランス 8.7，中国 7.5，オランダ 5.4，スペイン 5.1
CY	輸出	燃料油 20.7，客船 16.5，その他船舶 12.4，医薬品 10.4，チーズ 7.2 オランダ 12.9，リビア 10.0，ギリシャ 7.3，イギリス 6.0，香港 2.6
	輸入	燃料油 16.9，客船 11.2，自動車 6.2，医薬品 2.9，電話機 1.8 ギリシャ 20.2，イタリア 10.2，イギリス 7.0，イスラエル 6.0，ドイツ 6.0
MT	輸出	燃料油 27.9，集積回路 17.9，医薬品 7.6，航空機部品 4.8，絵本 4.6 ドイツ 13.4，イタリア 7.7，フランス 7.3，日本 4.3，アメリカ 4.3
	輸入	燃料油 22.7，ヨット 15.6，航空機 4.8，集積回路 4.0，客船 3.5 イギリス 18.5，イタリア 16.9，ドイツ 6.6，フランス 6.0，トルコ 4.2
PT	輸出	自動車 7.0，自動車部品 5.3，燃料油 5.2，履物 2.6，印刷用紙 2.0 スペイン 24.7，フランス 12.9，ドイツ 12.0，イギリス 6.1，アメリカ 5.1
	輸入	原油 6.0，自動車 6.0，自動車部品 4.1，航空機 3.4，医薬品 2.4 スペイン 30.5，ドイツ 13.3，フランス 9.8，イタリア 5.1，オランダ 5.0

出所：データは UNcomtrade（HS2017），品目名は税関の輸出統計品目表を参考にした。

ておりガムの材料となっている。マスティックの木から樹液を採るが，ヒオス島南部にしか生えていない。

　ギリシャでは農業，鉱業，海運業が重要な産業となっている。鉱業では，土壌改良材などに使われるパーライトは世界 1 位，鋳型などに使われるベントナイトは世界 3 位，燃料や水素製造に使われる褐炭は世界 5 位となっており，アルミニウムの原料になるボーキサイトの生産でヨーロッパ 1 位，マグネシウムの原料となるマグネサイトの輸出でヨーロッパ 1 位となっている[1]。ギリシャの大理石は品質が高いことでも知られている。

1　Kefalas, Challenges and opportunities in the mining and metallurgical sector, 2018.

　地中海航路の拠点であることから造船業や海運業が発達しており，海運業はヨーロッパ最大規模を誇る。ギリシャには 588 社の海運業者がある[2]。ギリシャの海運業者は自社で荷物を運ぶよりも物流企業に船を貸し出すオーナー企業の側面が強い。1998 年の 926 社に比べて大きく減少しているが，減少しているのは 1－2 隻を運用している小規模企業であり，25 隻以上保有している企業は 1999 年の 19 社から 2018 年の 49 社に増加しており，海運業の大規模化が進みつつある。船舶の価格は非常に高いため，海運業では船舶の保有と使用が分かれていることが多い。船舶を購入して保有するオーナー企業が物流企業などに船舶を貸し付け，用船料を受け取る。物流企業は複数のオーナー企業から船舶を借り受けて用船料を支払うことで，船舶購入にかかる費用やリスクを削減できる。世界経済が停滞して船舶に余剰が出ると，物流企業は借り受ける船舶の数を減らすことでコストをコントロールできるためである。航空機でもこのような仕組みが取り入れられている。

　ギリシャには，チピタ（食品），ABEA（オリーブオイル），パパドプーロス（菓子），モーターオイルヘラス（石油），ヘレニックペトロリアム（石油），ジャンボ（ベビー用品），フォリフォリ（アクセサリー），パブリックパワー（電力），アルファベータ（小売），ブルースターフェリー（フェリー），ピレウス銀行（銀行），ギリシャ国立銀行（銀行），アルファ銀行（銀行），ユーロバンク（銀行）などの企業がある。

🏴 スペイン（ES）

　スペインはイベリア半島と地中海のバレアレス諸島や大西洋のカナリア諸島などの島々，モロッコにある海外領土のセウタ，メリリャなどからなる。もともと地方ごとの特色が強かったが，第二次大戦後のフランコ政権下で強力な統一政策が実施されたことの反省から，地方に大きな権限を与えている。スペインにある 17 の州のうち，ガリシア，バスク，ナバラ，カタルーニャ，バレアレス，バレンシアは自治州となっており，それぞれの州のトップは首相となる。言語もスペイン語（カスティーリャ語）が公用語だが，カタルーニャ語，バレンシア語，バスク語，ガリシア語，アラゴン語が公用語として，バブレ語，アラン語も事実上の公用語として使われている。これらは地域性のある言語であり，同じスペイン内でも地域によって言語が異なることが，地域ごとの感情的な対立を生みやすくしている。バルセロ

2　Petrofin Research, Greek shipping Companies 2018.

ナがあるカタルーニャ州やビルバオがあるバスク州はスペインからの独立を強く指向しており，特にカタルーニャ州はスペインからの独立を目指す政党が多くの支持を得ている。バスクでは ETA（バスク祖国と自由）がテロ活動を繰り返していたが，2011 年以降は武装解除に動いている。

スペイン南部でジブラルタル海峡を望むジブラルタルはイギリス領になっており，スペインとイギリスの間の領土問題にもなっている。イギリスは EU から脱退したが，ジブラルタルはシェンゲン協定エリアに残ることとなり，ジブラルタル市民はスペインと自由に行き来できる。ジブラルタルポンドはイギリスでは使えないため，ヨーロッパでは最も流通範囲が狭い通貨である。

図表 8-1 のようにスペインでは野菜や果実の生産が多く，図表の他にはイチゴや小麦など様々な農産物を生産している。食品加工や菓子なども知られている。チュッパチャップス（親会社はオランダ企業）は世界中で販売されており，花の

Box17.　オーバーツーリズム

2010 年代には観光を楽しむ人が急増し，ヨーロッパにも世界各地から観光客が押し寄せた。観光業は外貨収入や雇用を生み出すものの，地域社会を分断しやすいという問題点もある。観光客は特定のスポット（博物館や名所など）をスタンプラリーのように巡っているため，恩恵を受ける地域や人が限られている。一方で，車やバスの渋滞，環境の悪化，税金を使うごみ処理費用などの負担は地域の人が広く負うことになる。観光業では一部の人だけが得をして多くの人が我慢を強いられる状況が生まれやすい。観光客が夜中も騒いで住環境が悪化する，クルーズ船が往来することで地元の漁業が悪影響を受けるなどの問題もあり，日本では観光公害という言葉も使われている。

2010 年代に広がった民泊も問題を悪化させている。家賃の安い建物のオーナーが住人を追い出して部屋を民泊用に改装する動きが相次いでおり，住処を失った人々が問題となっている。これらを背景にヨーロッパでは南欧を中心に観光客嫌悪症（tourism phobia）が広がっており，スペインでは観光客を襲撃する事件も発生している。観光客が多すぎるオーバーツーリズムを解消するため，マヨルカ島（ES）では民泊を含めた観光客用ベッド数を 62 万から 12 万に制限し，ドブロブニク（HR）ではクルーズ船からの旧市街地への入場者数を 1 日 5000 人に制限している。ベネチア（IT）では市内中心部にゲートを設け，観光客から料金を取る構想が出てきている。エディンバラ（UK）やオスロ（NO）などでは市内中心部への車の侵入を規制している。観光業の振興を図る際には，このような問題も考える必要がある。

マークはダリがデザインした。自動車などの製造業が盛んであり，情報通信なども成長している。スペイン語やポルトガル語が使われる地域であることから，銀行をはじめ多くの企業が南米大陸に進出している。スペインでは太陽熱発電も行われている。多数の鏡で太陽光を一点に集め，その熱で蒸気を発生させて発電する。アメリカにも太陽熱発電の施設がある。

　スペインには，レプソル（石油），セアト（自動車，VW 傘下），イリザール（バス製造），イベルドローラ（電力），エンデサ（電力），ナトゥルジー（電力・ガス），ACS（建設），セネル（建設），イベリア（航空），アエナ（空港），テレフォニカ（通信），アマデウス IT（旅行予約システム），サンタンデール銀行（銀行），BBVA（銀行），カイシャ銀行（銀行）などの企業がある。

■■ イタリア（IT）

　イタリアは南北に細長く，ブーツでボールを蹴っているような形をしている。ボールに当たる部分はシチリア島，また，蹴られたボールの軌跡上にあるのがサルデーニャ島であり，それぞれ独自の文化を持っている。サルデーニャ島は 20 世紀中盤まで風土病が多く開発も進んでいなかったが，近年は観光業などが発達しつつある。地域によって気候や食べ物が異なり，ミラノ，ヴェネツィア，ローマ，バーリ，パレルモなどイタリア全土に観光地が点在する。パスタ，ピザ，魚介料理なども人気がある。

　火山国であり地震の被害も多い。トスカーナ州のカッラーラは大理石の産地として知られている。イタリアの農産物もよく知られており，ピエモンテ州でラゴットロマニョーロという犬種が探す白トリュフは高級品とされている。カンパニア州，バジリカータ州，カラブリア州ではイワシやチーズが有名で，カンパニア州のバッティパーリアはモッツァレラチーズで知られている。サルデーニャ島ではイタリアの羊毛の 3 分の 1 を生産している。

　イタリアは繊維産業が活発である。アジアとの競争の結果，価格ではなく品質，デザイン，ブランドで競争する道を選び，アパレル，アクセサリー，革製品の生産は中小企業が担っている。ルクソティカ（眼鏡），サルヴァトーレフェラガモ（靴），ジョルジオアルマーニ（アパレル），ベネトン（アパレル），ブルガリ（宝飾），ディーゼル（布地），フェンディ（アパレル），グッチ（革製品），プラダ（アクセサリー）など国際的に展開しているブランドも多い。

　イタリアでは自転車競技が盛んで，ビアンキ，コルナゴなどの自転車製造企業も

多い。イタリア１周自転車レースのジロディターリアは３大レースの中でも最も山岳コースが過酷だといわれており，イタリア北部のドロミテ地方では 2000m を超える峠を自転車で登っていく。自動車やバイクのメーカーも多く，ダラーラ（レーシングカー），フェラーリ，パガーニ，ランボルギーニ（VW 傘下），イベコ（商用車）などのメーカーがあり，フィアット傘下のブランドとして，アルファロメオ，アバルト，マセラティ，ランチアなどがある。バイクでは，MV アグスタ，ドゥカティ，ベータ，アプリリアなどがあり，モータースポーツを支えるピレリ（タイヤ），スパルコ（レーシングウェア）などの企業もある。

　イタリアでは工業が発展した北部と農業の役割が大きい南部の経済格差の大きさや産業構造の転換が課題となっている。格差の原因ははっきりしていないが，1861年にイタリアが統一された際に南部から資源や人材を北部に移動したことが原因との説もある。図表 8-3 左の１人当たり GDP を見ると北部のトレンティーノ地域が最も高く 139，ブーツのつま先にあたるカラブリア州が 56 と最も低い。右の失業率はほぼ逆の傾向を見せ，トレンティーノ地域が最も低く 4.0%，カラブリア州が21.0%となっている。イタリアの南北格差は市民の心理的な壁にもなっており，ロンバルディア州など裕福な北部地域ではイタリアからの独立を目指す北部同盟などの政党に人気が集まっている。

　イタリアには，フェレーロ（菓子），サンペレグリノ（ミネラルウォーター，ネスレ傘下），イリー（コーヒー），カッパ（スポーツウェア），ENI（石油），イタルチェメンティ（セメント），レオナルド（宇宙航空），サエコ（エスプレッソマシ

図表 8-3　イタリアの地域格差

１人当たり GDP（2018 年）　　　失業率（2019 年，%）

色が濃いと１人当たり GDP が高い　　色が濃いと失業率が高い

ン），エネル（電力），スナム（ガス），テルナ（送電），アトランティア（輸送イン
フラ），アリタリア（航空），ポステイタリアーネ（郵便），インテーザサンパオロ
（銀行），ポポラーレ銀行（銀行），モンテパスキシエナ銀行（銀行），ウニクレディ
ト（銀行），ゼネラリ（保険）などの企業がある。

🕊 キプロス（CY）

　キプロスは最も東にある EU 加盟国である。東西 240km，南北 100km の小さな
島国であり，海岸沿いに主要な町が点在する。鉄道がないため，自動車やバスが移
動手段となる。無料通行できる高速道路も整備されており，レンタカーで容易に観
光できる。なお，キプロスとマルタは日本と同じ左側通行である。キプロス島の中
心部のトロードス地方には標高 1952m のオリンポス山があり，冬は降雪もある。
キプロスはこの地域のエコツーリズムを推進しており，EU の欧州構造投資基金か
らも資金援助を受けてトレッキングコースなどの整備を進めている。
　観光業が重要な産業で，アポロンの神殿やアプロディーテーの泉などギリシャ
神話に関する観光地や古代の遺跡が人気を博している。アヤナパ（ayia napa）に
あるウォーターワールドはギリシャ神話をモチーフにしたプールで，高さ 75 メー
トルのカミカゼという名前の滑り台が人気となっている。ラルナカ近郊のキャメル
パークはラクダに餌のキャロブを与えることができる。キプロスにはギリシャ人
が住んでいることから，メゼ（meze）と呼ばれる料理コースを楽しむことができ
る。肉と魚のメゼがあり，それぞれ 20 皿ほどの料理が出てくる。キプロス名産の
ハルミチーズも使われる。石油精製や不動産業なども成長しており，2000 年代は
ロシアから，2010 年代には中国からの資金が流入し，不動産を買い漁っている。
2013 年にはキプロスの主要銀行が破綻し，個人の口座も含めて 10 万ユーロを超え
る預金が没収された。キプロスの人々の中にはビットコインに資産を動かす動きも
出て，2013 年にはビットコインバブルが発生した。
　キプロスはグリーンラインを境に南北に隔てられており，北側はトルコ人が多く
住むキプロストルコ共和国（北キプロス），南側はギリシャ系の人々が多く住むキ
プロス共和国となっている。北キプロスはトルコのみが承認する国家であり，EU
には南側のみがキプロス島として加盟している。グリーンラインは首都のレフコシ
ア（ニコシア）も分断している。キプロスにはイギリス軍の基地があり，中東など
への出撃にも利用されている。
　キプロスには，ペトロリナ（石油），ロイス（建設），メトロ（小売），セレスタ

ルクルーズ（クルーズ），キプロス銀行（銀行），ヘレニック銀行（銀行），ロジコム（物流），ツォコス（ホテル），ユニバーサルライフ（保険）などの企業がある。

🇲🇹 マルタ（MT）

　マルタは有人のマルタ島，ゴゾ島，コミノ島と無人のコミノット島，フィルフラ島，聖パウロ諸島からなる。地中海の重要な航路上にあるため，古代から戦争の舞台になってきた。第二次大戦でも空戦の舞台となっている。紀元前 1800 年ころまでは巨大遺跡文明があった。タルシーン神殿，ハジャーイム神殿，ジュガンティーヤ神殿など多くの遺跡を今も見ることができる。鉄道はなく，移動は自動車かバスになる。キプロスと同様，道路は左側通行になる。マルタ島は南北に貫く 1 号線は比較的整備されているものの，他の道路は舗装状態が悪かったり適切な標識がなかったりする。ゴゾ島もイムジャールからビクトリアまでは舗装された道があるが，それ以外の場所はコンクリートや石畳，砂利道など道路状況は悪い。EU の結束基金で道路を整備している。

　ゴゾ島へのアクセスにはフェリーを利用する。ゴゾ島は石灰岩でできており，多

Box18.　GI

　地理的表示（Geographical Indication：GI）とは，地名が入った商品名を保護する仕組みであり，GI 制度を取り入れている国同士では産地や製法などの条件を満たしたものしか地名の入った商品名が使えない。日欧 EPA では互いに GI を認め合っており，EU の製品ではパルミジャーノレッジャーノやゴルゴンゾーラなど，日本の製品では夕張メロンや大分かぼすなどが GI で保護されており，日本で生産されたチーズにゴルゴンゾーラの名前を付けることができない。

　地理的表示には 3 種類ある。原産地呼称保護（PDO）は特定の地域を原産地とし製品の品質が地理的条件などによって決まるものを，地理的表示保護（PGI）は製品の品質や評判が原産地によって決まるものを，伝統的特産品保証（TSG）は伝統的な方法によって生産されたものを対象としている。TSG に認められるためには 30 年以上の歴史が必要となる。EU はこれらを DOOR（Database Of Origin and Registration）というデータベースで管理し，地理的表示を認めるかどうかの最終的な判断は欧州委員会が行う。地理的表示を認められると，製品にマークを表示することができる。地理的表示は英語だけでなく各国の言語でも表示されるため，同じマークでもフランス語やイタリア語では表記が異なる。

くの鍾乳洞がある。カリプソの洞窟（トロイ戦争の後，魔女カリプソがオデュッセウスを幽閉していた）などの神話にまつわる観光地もある。現在は洞窟の内部を見ることはできないが，すぐそばにはゴゾ島で最も人気のあるラムラビーチがある。

　マルタはエネルギーのほぼ100％を石油の輸入に頼っており，電力網も貧弱なため産業の競争力が弱い[3]。乾燥した土地で真水の確保も難しいため農業は適さず，乾燥に強いサボテンが多く植えられている。夏になると路上でサボテンの実を売る姿を見かける。天然資源もなく，観光業や漁業が主要な産業となっている。太陽光や潮力などの再生可能エネルギーは豊富に存在するが投資が不十分である。

　マルタには，ゴゾライン（フェリー），エアマルタ（航空），メリタ（通信），ゴー（通信），ヴァレッタ銀行（銀行），APS銀行（銀行）などの企業がある。

■ ポルトガル（PT）

　ポルトガルはイベリア半島の西部にあり，首都のリスボンはEUで最も西にある首都となる。リスボンの街並みは1755年の大地震によって大きく変わったといわれている。市内の国立タイル博物館には，大地震の前のリスボンの街並みを描いたタイル画が残されている。リスボンはタホ川に面しているが，4月25日橋（全長2278m，1974年のカーネーション革命以前はサラザール橋と呼ばれていた）やバスコダガマ橋（全長13km）で周辺地域とむすばれている。コインブラ大学は1290年に設立されたヨーロッパでもっとも古い大学の1つであり，現在は南部のリスボンと北部のポルトーの中間にあるコインブラ市に拠点がある。観光地も多く，伝統料理のピリピリチキン（Piri Piri chicken）も人気がある。

　温暖な気候を生かした農業生産が多く，農業は重要な産業となっている。コルクは持続可能な資源として注目されつつあり，ベルトやバッグなどのアクセサリーや自動車のダッシュボードパネルなど，様々な製品に使われ始めている。コルクはコルク樫の樹皮から作られる。コルク樫は植えてから樹皮が取れるまで20年以上かかるが，9年ごとに皮をむくことができ，寿命は250年ほどといわれている。初めの1－2回は品質が低いが，その後は20回近く採取することができる。世界のコルク農園は約212万ヘクタールあるが，そのうちポルトガルに34％（約74万ヘクタール）あり，生産量は世界の50％を占めている[4]。

3　European Commission, Country Report Malta 2016, SWD (2016) 86 final.
4　Cork quality council のデータ。生産量2位はスペイン（31％），3位はモロッコ（6％）。

　ポルトガルでは人件費の安さを武器に工場の誘致を進めており，靴や衣服の工場が各国から進出している。また，ポルトガル北部は伝統的に家具の生産が盛んである。

　ポルトガルには，ナビゲーターカンパニー（製紙），セマパ（製紙），アルトリ（製紙），メディンファール（医薬品），コルティセイラアモリム（コルク），ビスタアレグレ（磁器），ガルプエネルジアス（ガス），ジェロニモマルティンス（食品小売り），サイバービット（ソフトウェア），ゾンオプチウム（通信），BCP（銀行）などの企業がある。

■ アンドラ（AD）

　アンドラはスペインとフランスに囲まれた小さな国である。EU には加盟していないが通貨はユーロを使っている。人口の 30 倍を超える観光客が訪れており，観光業が重要な産業となっている。所得税率の低さが多くの富裕層を惹き付けていることから金融業が発達している。EU からは租税回避地として認識されている。富裕層向け金融サービスであるプライベートバンキングが発達している。プライベートバンキングを行うためには，金融の知識だけでなく，税務，法務，コンシェルジュサービスなど様々な要求に応える必要があり，高度なノウハウと人脈が求められる。アンドラには各国の金融機関が集まっており，アンドバンク，アンドラ民間銀行，クレディアンドラ，モラバンクなどの地元の銀行もある。

2．若年層の失業問題

◆高い若年層失業率

　第 1 章では 2010 年代に若い世代の雇用数が減少していることを見た。特に，45 歳未満は男女とも雇用数が減少しており，男性は人口減を上回る雇用減を記録した（13 ページ図表 1-8）。ここでは失業率に着目して，若年層が置かれている雇用状況について見ていこう[5]。

5　Möller, Youth Unemployment in Europe from a Regional Perspective, CESifo Forum, Vol. 18, Iss. 2, pp. 11-18, 2017；Pastore, Why is youth unemployment so high and different across countries? IZA World of Labor 2018: 420；Hvinden, Hyggen, Schoyen and Sirovátka, Youth Unemployment and Job Insecurity in Europe Problems, Elgar online, 2019；Bodnár and ↗

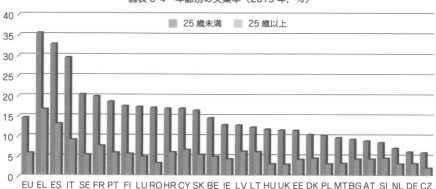

図表 8-4　年齢別の失業率（2019 年，%）

　15−24 歳の若年層はそれ以上の年齢層の失業率に比べて 2−3 倍ほど高い[6]。中でもギリシャ，スペイン，イタリア，ポルトガルなど南欧諸国の失業率が高くなっている。

　南欧 4 カ国の失業率を図表 8-5 で男女別，時系列で見てみると，国によって違いがあるものの，1995−2007 年までは男女とも低下傾向が見られ，2008 年の金融危機後に急上昇している。2011−2013 年にはギリシャ債務問題が持ち上がり，南欧経済に対する国際社会からの信頼が薄れたことから，失業率は上昇を続けて 2013 年頃にピークを記録した。ピーク時の失業率は，ギリシャは男性 53.8 %・女性 63.8 %，スペインは男性 56.2 %・女性 54.6 %，ポルトガルは男性 36.7 %・39.6 %，イタリアは 2014 年がピークで男性 41.3 %・女性 44.7 % だった。失業者は就職活動をしているのに職がない人を指すが，就職活動をしているのに半数以上の人が職を得られないというのは異常な状況だといえる。

　2010 年代に入って男女の失業率の差が小さくなっているが，その背景には女性の高学歴化がある。学生は就職していないが失業者には含まれないため，大学生が増えると失業率が低下する効果がある。

　↘ Nerlich, Drivers of rising labour force participation - the role of pension reforms, ECB Economic Bulletin, Issue5/2020, pp. 100-123.
6　若年層の失業率が高いのはヨーロッパだけでなく，他の先進国でも広く見られる。高学歴化が進展するにつれて労働市場に参加する年齢も高まっていることから，フォンデアライエン欧州委員会は若年層支援の対象を 29 歳までに引き上げている（60 ページ）。

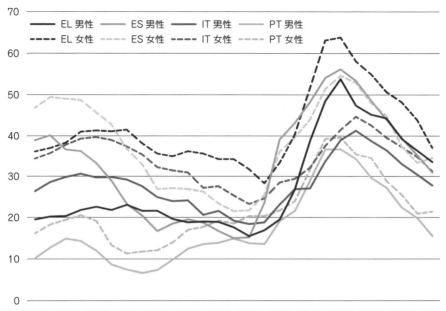

図表 8-5 南欧４カ国の若年層失業率の推移（％）

◆なぜ若年層の失業率が高いのか

　なぜ若年層の失業率が高いのかという疑問について 20 世紀の間から多くの研究があるが，複雑な要因が重なり合っていることが問題の把握と解決を難しくしている。ここではいくつか要因を見てみよう。

　景気変動と同じような動きをするものを循環的（cyclical），景気変動とは関係なく推移するものを構造的（structural）というが，失業率には循環的な側面と構造的な側面の両方がある。若年層の失業率もそれ以上の年齢層の失業率と同じように循環的な側面を持つが，若年層の失業率は構造的に高い。また，南欧の失業率はドイツなどの主要国や北欧に比べて構造的に高い。

　景気が悪化して企業の収益が減ると，企業は人件費を削減しようとする。日本では賃金の高い中高年を優先的に減らそうとするが，ヨーロッパでは就業年数の短い従業員から減らそうとする。業務経験を積むことによってスキルが増していくことから，業務経験が豊富な人材を解雇するよりも業務経験の浅い若年層を解雇するほうが企業の人的資本の損失が少なくてすむ。このような慣行は会計用語を用いて後

入れ先出し原則（last in first out principle：LIFO）とも呼ばれ，企業にとって合理的な戦略となる。

　東欧や南欧では近年，労働市場の柔軟化が図られており，若年層世代では年数を区切った雇用契約が増えつつある。労働者保護が強かった時代に契約を結んだ中高年層は解雇のハードルが高いことから，若年層の期限付き契約を更新しないという形で若年層の解雇が進んでいる。時間が経って労働者の大部分が新しい契約に移れば，この面での若年層の不利はなくなるとみられている。

　業務の経験のない新卒を採用すると企業に教育コストがかかる。中途転職者は前社での業務経験の分だけ新卒よりもスキルが高く教育コストが低く済むことが，若年層を不利にしている。人的資本は時間，能力，活力からなるが，時間と活力の面では若年層が有利であり，能力面での不利を克服する政策が必要となる。EUでは学校と企業・社会との接続を重視しており，勉学（study）・課外教育（learn）・職業訓練（train）・就職（work）がスムーズに流れるように改革を促している。若年層の失業率が低いドイツでは，在学中から見習い制度を活用して企業で業務経験を積むことでスキルの不利を克服している。企業にとっては見習い雇用は賃金が低くて済むため，スキルが低い若年層を採用するインセンティブがある[7]。

　他の要因も見てみよう。24歳と66歳では失業した後の行動が異なる。24歳の人にとって再就職は重要であり就職活動を続けようとするため失業者としてカウントされる。一方，66歳の人は失業したらそのまま引退する可能性が高く，失業者にカウントされなくなる。若年層と高齢層の失業率を比較する際にはこの点を考慮する必要がある。統計上の問題もある。EUでは失業率の計算の対象を15−74歳にしている（通常は15−64歳）。70歳代で就職活動をしている人は非常に少なく，この年代の失業率が低くなることで国全体の失業率も低くなり，その分だけ若年層の失業率が高く見えてしまう。

　21世紀に入ってヨーロッパでは年金制度改革が実施されており，ユーロ地域19カ国で見ると年金受給開始年齢が2000年の男性63歳（女性61歳）から2019年には男性65歳（女性64.5歳）に引き上げられており，南欧4カ国はユーロ地域平均よりも年金受給開始年齢が高い[8]。第1章（13ページ）では，高齢労働者と若年層では希望する職種が違うため両者が競合しないという労働塊の誤謬について見た

7　一方で，卒業後も若年層がミニジョブ（91ページ）に就かざるを得ない状況もあり，失業率が低い＝就業者が十分な賃金をもらっている，というわけではない。

8　ギリシャ67歳，スペイン65.5歳，イタリア67歳，ポルトガル66.5歳，4カ国とも男女で同じ数値。

が，年金受給開始年齢が引き上げられると正社員の高齢労働者が企業に残り続け，新規の採用が減少する分だけ若年層が不利となる。

　若年層の経済状況が不安定になるにつれて，実家暮らしをする人が増えている。南欧では家族の結びつきが強く，実家で暮らすことに抵抗がない[9]。実家暮らしで必要な経費は親と分担できるため，すぐに次の職を見つける必要がないことも失業や非正規雇用を続ける一因となっている。

　大学生の増加も若年層にとって不利に働いている可能性がある。20 世紀後半の東アジア地域の経済成長の背景に教育や高学歴化があったことから，世界各地で大学進学率の向上策が採られている。ハイテクなど新しい分野の企業も増えているが，増加した大学生全てを吸収することはできていない。また，2010 年代に入ると AI や RPA などの新しい技術が企業に導入されたことで事務職などで大卒への需要が減少し始めている。一方で，低スキルや中スキル労働者に対する一定の需要は残っている。そのため，ドイツであっても大卒者が高卒レベルの仕事に就かざるを得ない状況も生まれている[10]。ヨーロッパをはじめ先進国では少子化が続いており，各国政府は子育て対策を打ち出しているが，生まれてきた子供たちが十分な収入を得られる職に付けなければ社会不安が増すだけになる。20 年後，30 年後の職の数を想像すれば，子供の数を増やす政策は将来の不幸を招くだけだといえる。

　若年層の失業問題について様々な点を見てきたが，ヨーロッパと日本の状況を比べてみよう。日本では新卒の就職率が高いが，年功序列賃金や生涯雇用制度の恩恵を受けているといえる。企業は若年層の賃金を非常に低く抑えることで，業務経験やスキルがない若年層を雇用するインセンティブがある。不況期の解雇の点では，若年層の業務経験が浅く生産性が低かったとしても賃金がそれ以上に低いため後入れ先出し戦略に合理性がなく，賃金の高い中高年層が解雇の対象となりやすい。自社内での教育コストの負担は大きいが，定年まで長く働くことで時間をかけてコストを回収できる。

　近年，若年層の賃金を引き上げて中高年の賃金を引き下げることで賃金カーブをフラットにする動きがあり，生涯雇用も崩れかけている。年齢を問わない実力主義を掲げる企業も出始めている。一見，若年層にとって有利に見えるが，ヨーロッパの労働市場に近づきつつあるともいえる。一部の非常に優秀な人にとっては有利だ

9　ニューマン『親元暮らしという戦略』岩波書店，2013 年。
10　藤本昌代・山内麻里・野田文香『欧州の教育・雇用制度と若者のキャリア形成』白桃書房，2019 年。

が，多くの人にとってはより厳しい労働市場になるだろう。日本の急激な少子化が若年層雇用の需給バランスを保ってきた面もある。学校と社会との接続や子供の数の管理などが必要になってくる。

第8章のチェックシート

　ギリシャでは農業，（　　1　　），（　　2　　）が盛んであり，(1)ではパーライトや大理石などを輸出している。(2)では近年大規模化が進んでおり，物流企業に船舶を貸し出している。スペインは地方の独自性が強く，（　　3　　）やバスク州ではスペインから独立する機運が高まっている。野菜や（　　4　　）の生産も多い。エネルギー面では太陽光発電に加えて（　　5　　）も行っている。イタリアでは（　　6　　）が盛んで国際的なブランドも多い。アジアの安価な製品に対して，品質やデザインで勝負している。イタリアでは経済の南北問題があり，工業が盛んな（　　7　　）の一部にはイタリアからの独立の声もある。

　キプロスでは（　　8　　）が重要な産業で，ギリシャ神話に関連する遺跡が多い。キプロスは（　　9　　）によって南北に隔てられており，北部は（　　10　　）のみが承認する国となっている。マルタは島々からなり，(8)や（　　11　　）が重要な産業となっている。ポルトガルでは農業が盛んで（　　12　　）の生産は世界一となっている。アンドラは（　　13　　）が強いが，所得税率の低さから（　　14　　）といわれることもある。

　南欧では大勢の観光客が押し寄せることによる（　　15　　）が大きな問題となっている。また，農産物のブランドを守る（　　16　　）にも積極的に登録している。

　南欧諸国では，（　　17　　）の失業率の高さが問題となっている。様々な原因があるが，(17)は業務経験が浅く（　　18　　）が低いことが不利に働いている。

ボルツァーノ（イタリア）

　ボルツァーノはイタリア北部，南チロル地方の町。オーストリア，スイスとも近い。南チロル地方はイタリア語とドイツ語が併用されており，町の名前はドイツ語ではボーツェンという。道案内の看板も2カ国語が並記されている。

　近郊でミイラが発見され，Ötzi（エッツィ）と名付けられて博物館で展示されている。シチリア島パルミラのミイラ，ロザリオもボルツァーノから遠隔管理されている。

コルティナ・ダンペッツォ（イタリア）

　ドロミテ地方のアンペッツォ渓谷にある町。写真の奥にはアンテラーオ山が見える。ドロミテ地方はイタリアアルプスの一部であり，山脈は西はスイス，東はスロベニアまでつながっている。

　夏はハイキングなどの観光客が多く，冬はスキーなどのスポーツが盛んで，2026年ミラノ冬季オリンピックでは一部の競技が開催される予定となっている。

レフコシア（キプロス）

　レフコシア市内の北キプロスとの国境。写真の奥側が北キプロスになる。レフコシアは城塞都市で市内中心部は城壁に囲まれている。

　北キプロスは日本が承認していないため，国境通過時に日本のパスポートは確認するが，パスポートではなく専用の用紙にスタンプをする。北レフコシアでも観光客はユーロが使えるが，法定通貨はトルコリラになる。

ペトラトゥロミウ（キプロス）

　アプロディーテー（ヴィーナス）が
生まれた海岸とされている。レメソ
ス（リマソール）とパフォスの間にあ
る。ギリシャ神話ではアプロディー
テーはキプロスに降り立ったとされて
いる。キプロス北部のポリス近郊には
アプロディーテーが水浴したという泉
がある。
　車で移動できれば，アプロディー
テー神殿やアポロン神殿なども訪れる
ことができる。

トロードス（キプロス）

　トロードス地方のキッコー修道院。
11 世紀末ごろに作られたといわれて
いる。女性も入場して見学できるが，
肩などが露出している場合はガウンを
借りる必要がある。
　トロードス地方には古い時代の教会
が数多くあり，そのうち 10 教会が世
界遺産に登録されている。小さな集落
が点在しており，一部の観光地を避け
れば静かな環境で散策できる。キプロ
スは日本と同じ左側通行なので車での
移動が便利。

ヴァレッタ（マルタ）

　マルタは海上交通の要衝にあり，し
ばしば戦争の舞台ともなったため，
ヴァレッタは城壁に囲まれている。
　1565 年にオスマントルコが来襲し
たが，4 万人を超えるトルコ軍を聖ヨ
ハネ騎士団総長ジャン・ド・ラ・ヴァ
レットが率いる 9000 千人の防衛軍が
撃退した。騎士団総長の名前が町の名
前として残っている。
　現在は観光の拠点として人々が集ま
る場所となっている。

ブルーラグーン（マルタ）

　マルタ島とゴゾ島の間にあるコミノ島のビーチ。マルタ島からもゴゾ島からもボートで行くことができる。写真の奥に見えているのがコミノット島で，泳いで渡ることができる。

　コミノ島は人口が数人で，ホテルが1件と数軒の家があるだけだが，夏には数千人の観光客が毎日訪れる。コミノ島には騎士団によって1618年に建てられたセントメアリータワーという見張り塔もある。

リスボン（ポルトガル）

　発見記念碑の展望台からの眺め。庭園の奥はジェロニモス修道院で，リスボン条約の調印式が行われた。修道院の中は見学することができる。修道院の近くにはナタ（エッグタルト）の店もある。

　発見記念碑はエンリケ航海王没後500年を記念して作られた。写真の手前には当時の航海路を記した世界地図が描かれており，日本もポルトガルに発見された地として描かれている。

シントラ（ポルトガル）

　ムーア人の城。写真は城とシントラ市街地を映しているが，他の方向を向くと大西洋が見える。

　シントラはリスボンから25kmほど離れているが，観光客用のリスボンカードを購入すればシントラまで追加料金なしで電車に乗れる。

　シントラには国立宮殿やペニャ宮殿などの観光地がある。国立宮殿は2本の大きな煙突が，ペニャ宮殿は鮮やかな朱色や黄色の外観が特徴となっている。

中欧・バルカン諸国

　本章で扱う国のうち EU 加盟国は 3 カ国だけで，他の国々は加盟候補国や未加盟国となっている。この地域にはスイスやオーストリアのような高所得国とセルビアやボスニア＝ヘルツェゴビナなどの低所得国があり，様々な経済プロファイルを持った国々が混在している。バルカン半島の国々は 21 世紀にユーゴスラビアから独立した。
　バルカン諸国は経済発展が遅れた国が多く，農業や軽工業が経済を支えている。ICT 普及率がもともと低かったことから，近年は ICT セクターが急速に発展している。

1. 概　　況

🇭🇷 クロアチア（HR）

　クロアチアは首都のザグレブ周辺のクロアチア地方，アドリア海沿いのダルマチア地方，東部のスラヴォニア地方などからなる。EU 加盟は 2013 年 7 月で，最も新しい加盟国でもある。
　クロアチアでは観光業や旅客業が伸びている。アドリア海沿岸のダルマチア地方にはザダール，シベニク，トロギール，スプリット，マカルスカ，フヴァル島，ドブロブニクなど，内陸地にもプリトヴィツェ湖群国立公園など観光地が多く，世界遺産も多く含まれている。なお，ドブロブニクは飛び地であるため，途中でボスニア＝ヘルツェゴビナのネウムを通過する必要がある。ボスニア＝ヘルツェゴビナは EU 加盟国ではないが，観光客は問題なく通過できる。ここで挙げたダルマチア地方の町々はアドリア海沿いにあり，旧市街地は城壁に囲まれている。交通の要衝であるとともに戦乱に巻き込まれやすかったことを物語っている。これらの町々から内陸部に入るとすぐに高原地域となり，高原地域を高速道路が通っている。高速道路は有料で日本の ETC のようなシステムとチケットを受け取って現金を支払うシステムがある。現金はユーロで支払うことができるが，おつりはクーナ（HRK）

図表 9-1　主要な貿易相手国と品目（2019 年，%）

HR	輸出	燃料油 6.7，医薬品 3.9，血清・ワクチン 2.6，木材 2.5，自動車 2.4 イタリア 14.0，ドイツ 13.2，スロベニア 10.8，ボスニア＝ヘルツェゴビナ 10.0，オーストリア 5.9
	輸入	自動車 5.3，燃料油 4.4，原油 3.4，医薬品 3.1，電力 2.4 ドイツ 15.3，イタリア 13.2，スロベニア 11.2，ハンガリー 7.7，オーストリア 6.9
AT	輸出	自動車 5.2，その他 5.0，医薬品 3.2，血清・ワクチン 2.9，自動車部品 2.8 ドイツ 29.2，アメリカ 6.6，イタリア 6.3，スイス 5.0，フランス 4.4
	輸入	自動車 5.6，自動車部品 3.5，燃料油 2.5，原油 2.4，医薬品 2.0 ドイツ 34.7，イタリア 6.6，中国 6.2，アメリカ 4.5，チェコ 4.2
SI	輸出	医薬品 13.4，自動車 10.0，燃料油 3.8，自動車部品 3.0，信号用機器 1.6 ドイツ 18.9，イタリア 11.6，クロアチア 8.6，スイス 6.8，オーストリア 6.8
	輸入	医薬品 10.2，燃料油 7.0，自動車 5.9，自動車部品 3.0，電力 1.4 ドイツ 14.5，イタリア 12.6，スイス 9.0，オーストリア 8.2，中国 6.1
CH	輸出	金 19.7，医薬品 15.0，血清・ワクチン 11.0，時計 4.3，貴金属アクセサリー 3.7 ドイツ 15.3，アメリカ 14.0，イギリス 9.0，中国 6.9，フランス 6.2
	輸入	金 21.9，医薬品 7.6，貴金属アクセサリー 6.0，自動車 4.0，血清・ワクチン 3.6 ドイツ 20.8，イタリア 8.1，アメリカ 6.8，フランス 6.8，イギリス 5.9
ME	輸出	アルミニウム 18.6，電力 13.0，燃料油 6.6，医薬品 5.4，木材 5.1 セルビア 23.6，ハンガリー 11.7，ボスニア＝ヘルツェゴビナ 7.8，スロベニア 7.1，ポーランド 4.5
	輸入	燃料油 8.2，自動車 4.3，医薬品 2.6，セメント 2.1，豚肉 2.0 セルビア 19.3，中国 10.1，ドイツ 9.2，イタリア 7.5，ギリシャ 6.5
MK	輸出	触媒 20.9，濾過機 11.2，電線 8.9，椅子 3.6，自動車 3.0 ドイツ 48.7，セルビア 8.5，ブルガリア 4.9，ベルギー 3.3，イタリア 2.7
	輸入	白金 14.0，燃料油 6.7，衛生陶器 4.4，電線 2.4，熱間圧延鋼板 2.3 イギリス 11.5，ドイツ 11.4，ギリシャ 8.1，セルビア 7.5，中国 5.8
AL	輸出	その他 58.3，履物部品 7.9，履物 5.7，男性用スーツ類 4.1，男性用シャツ 1.7 イタリア 48.0，セルビア 11.3，スペイン 7.8，ドイツ 4.3，ギリシャ 4.2
	輸入	その他 45.6，自動車 4.4，燃料油 3.2，医薬品 1.8，牛革・馬皮 1.5 イタリア 27.3，トルコ 8.4，中国 8.4，ギリシャ 8.1，ドイツ 7.7
RS	輸出	電線 7.6，タイヤ 3.8，自動車 3.0，熱間圧延鋼板 2.9，とうもろこし 2.8 ドイツ 12.6，イタリア 10.1，ボスニア＝ヘルツェゴビナ 7.7，ルーマニア 5.9，ロシア 5.0
	輸入	その他 11.0，原油 4.2，医薬品 3.0，ガス 2.6，燃料油 2.2 ドイツ 12.9，ロシア 9.7，中国 9.4，イタリア 8.7，ハンガリー 4.3
BA	輸出	椅子 5.0，電力 4.6，その他家具・部品 2.9，電線 2.9，鉄製橋桁等 2.9 ドイツ 14.6，クロアチア 12.2，セルビア 11.4，イタリア 11.3，オーストリア 9.5
	輸入	燃料油 8.1，自動車 4.6，石炭 2.7，医薬品 2.5，電力 1.4 ドイツ 12.0，イタリア 12.0，セルビア 11.1，クロアチア 10.4，中国 7.4

注：スイスはリヒテンシュタインの輸出入も含む，モンテネグロとアルバニアは 2018 年。
出所：データは UNcomtrade（HS2017），品目名は税関の輸出統計品目表を参考にした。

のみとなる。

　クロアチアでは造船業も盛んであり，20 世紀には輸出用の大型船を，21 世紀には観光用の客船や国内輸送のための内航船を作っている。アドリア海沿岸には 350 の港とドックがある。アドリア海沿岸のリエカ港とドナウ川に面しているブコバル港が重要な港となっている[1]。クロアチアは農業にはあまり適していないが，クロアチアのオリーブオイルは高品質で知られている。

　クロアチアには，フォルテノバ（食品），アトランティック（加工食品），ポドラフカ（加工食品），レド（冷凍食品，フォルテノバ傘下），ヴィロ（砂糖精製），クラス（菓子），チャコベツキミリノビ（製粉），INA（石油）3.Maj（造船），クラレビチャ（造船），コンチャール電気（電気機器），DOK-ING（ロボット），リマク自動車（電気自動車），クロアチアテレコム（通信），ザグレブ銀行（銀行），クロアチアオシグランジェ（保険）などの企業がある。

▦ オーストリア（AT）

　オーストリアはドイツ，スイス，イタリア，スロベニアなどに囲まれた国で，ウイーンなどがある東部，グラーツなどがある南部，インスブルックなどがあるチロル地方，ザルツブルクがあるザルツカンマーグート地方からなる。東西に細長い形をしており，アルプス山脈が東西に延びている。

　オーストリアには首都のウイーンをはじめザルツブルク，インスブルック，グラーツなど多くの観光客を惹き付ける観光地が多い。ウイーンはハイドン，モーツァルト，ベートーベン，シュトラウス親子などゆかりのある音楽家が多く，国立オペラ座はフランスのパリ，イタリアのミラノと並ぶ世界 3 大オペラ座，ウイーンフィルはドイツのベルリンフィル，オランダのコンセルトヘボウと並ぶ 3 大オーケストラとされている。また，クリムトなど芸術家も多くウイーンに住んだ。クリムトの「接吻」はベルベデーレ宮殿の美術館で公開されている。

　オーストリアは金属，電気化学，工学などに強みを持つ。オーストリア最大の企業は石油の ÖMV であり，同ブランドのガソリンスタンドはオーストリアとその周辺国に展開している。バルカン諸国や中欧諸国への投資の窓口としての役割も果たしており，多くの金融機関が集まっている。また，エアステグループやライフアイゼン銀行は中東欧に広く展開している。

1　Croatia.eu ホームページ。

図表 9-2　オーストリアの伝統料理

　農業部門では有機農業が盛んで，農地の 4 分の 1 が有機農業に使われている。牛の飼育も盛んで，ヴィーナーシュニッツェル（子牛のカツレツ）はクヌーデル（ジャガイモ団子）と並んでオーストリアの名物料理となっている。再生可能エネルギーの開発にも熱心で，水力発電は電力全体の 50％を超えており（137 ページ図表 7-4），森林資源を生かしたバイオマス発電なども行っている。

　オーストリアには，レッドブル（飲料），レンツィンク（繊維），マイヤーメレンホフカールトン（製紙），フェスタルピーヌ（鉄鋼），アンドリッツ（機械），KTM（バイク），ローゼンバウアー（消防車）スワロフスキー（宝飾），ピアトニクゼーネ（トランプ），フェアブント（電力），ヴィーナーベルガー（建設），ビラ（小売り），オーストリア航空（航空），テレコムオーストリア（通信），BAWAG（銀行），ウイーン保険（保険），ウニカ（保険），CA イモ（不動産）などの企業がある。

スロベニア（SI）

　スロベニアには，アルプス山脈，パンノニア平原，ディナル山脈，地中海という 4 つの地理的要素が集まっており，国土面積の 43％がカルスト地形といわれている。カルストという言葉はスロベニア語で台地を意味するクラスが由来になっている。ポストイナなどスロベニア南部はアルバニアまで続くディナルカルストの上にある。スロベニアには 1 万を超える鍾乳洞や洞窟があるといわれており，ポストイナ鍾乳洞とシュコツィアン鍾乳洞は観光客用に整備されている。

　20 世紀には自動車や機械などの工業に強みがありユーゴのスイスとも呼ばれた。医薬品，自動車部品，工具，電気設備などの産業が強いが，2010 年代には観光業が急速に発展してきている。コーペルなど港湾もあるが，周辺国との主な物流

ルートは道路になる。南のクロアチアへのルートは整備不足だが，オーストリアや
イタリア方面はよく整備されている。なお，スロベニアの高速道路は有料であり，
ビグネットというシールを購入して車のフロントガラスに貼り付ける（オーストリ
アやチェコでもビグネット方式が採用されている，193 ページ図表 10-2）。

　スロベニアには，ツェリェ（工具），アルピーナ（スポーツウェア），ペトロール
（石油），リトストロイパワー（プラント），クルカ（ジェネリック医薬品），ゴレ
ニア（家電），インポル（アルミニウム），メルカトール（小売り），インターヨー
ロッパ（物流），ルカコーペル（港湾），スロベニアテレコム（通信），トリグラウ
（保険），サバ Re（再保険）などの企業がある。

✚ スイス（CH）

　スイスはアルプス地方，中部平原，ジュラ山脈の地域からなる。スイスは 26 の
カントン（canton，20 州と 6 準州）と呼ばれる行政区に分けられ，それぞれ首都
に相当する都市があり，独自の憲法，議会，政府，裁判所を持っている[2]。チュー
リッヒ州は人口 140 万人，アッペンツェルインナーローデン準州は 1 万 5400 人と
州ごとの差が大きい。言語もドイツ語（63.5％），フランス語（22.5％），イタリア
語（8.1％），ロマンス語（0.5％）の 4 言語が使われている。スイスは中立政策を採
り EU には加盟していないが，EFTA に参加しており，EU との間で密接な経済関
係を築いている。

　スイスフランは世界で最も安定している通貨として知られている。ヨーロッパで
経済の混乱が生じると，スイスフランを求める動きが生じ，スイスフラン高になり
やすい。外国からの資金の流入を抑えるために，2015 年 1 月よりマイナス金利政
策（260 ページ）を導入している。

　スイスは小国であるにもかかわらず，国際的に活動している企業が非常に多く，
大企業の本社が集まっている。また，スイスは新技術の導入にも熱心であり，ツー
ク市はクリプトバレーと呼ばれている。暗号通貨や DLT・ブロックチェーン関連
の企業が集まって産業クラスターを形成しており，ツーク市をはじめ暗号通貨で納
税できる仕組みを整えている自治体もある。

2　スイス外務省 Discover Switzerland ホームページより。このホームページには日本語バージョンもあ
　り，多くの情報が掲載されている。

Box19.　EFTA と EEA

　EFTA（European Free Trade Association：欧州自由貿易連合）は，1960年に当時のEEC（欧州経済共同体，EUの前身組織の1つ）に対抗する形でイギリスを中心として作られた。現在は，アイスランド，リヒテンシュタイン，ノルウェー，スイスが加盟している。EFTA内の経済協力を進めるだけでなく，アジア，南米，中東など世界40カ国と29のFTA（自由貿易協定）を結んでいる。

　EFTA予算の負担は4カ国の経済規模に応じて決まっている。2019年予算では，アイスランド3.72％，リヒテンシュタイン1.06％，ノルウェー50.27％，スイス44.95％の割合で負担し（合計2379万スイスフラン），EFTAの運営費などに使われている。

　1994年にはEEA（European Economic Area：欧州経済領域）協定が発効し，EUの単一市場がEEAにも拡大された。ただし，スイスはEEAには参加していないため，EEAは3カ国からなる。EEAはEUと同じように，人・物・サービス・資本の自由移動，EUと共通の競争ルールが適用される。研究開発，教育，社会政策，環境，消費者保護，観光，文化などの分野の協力も行っている。EEAは2021－2027年までのEUのプログラム，Horizon Europe，エラスムスプラス，ガリレオなど14のプログラムにも参加する。その他にもEU化学庁，EU環境庁など13の組織にも参加している。

　その一方で，共通農業政策，共通漁業政策，関税同盟，共通貿易政策，共通外交安全保障政策，公正と国内問題，経済通貨同盟には参加していない。

　参考：EFTA Annual Report 2019.

■　リヒテンシュタイン（LI）

　リヒテンシュタインはスイスとオーストリアに挟まれた位置にある。南北24.6km，東西12.4kmの小さな国であり，市町村の数も11しかない。しかし，ドルベースの1人当たりGDPはEU平均の5倍近くにもなる。主な産業は金融業であり，富裕層向けのプライベートバンキングも盛んである。かつては，タックスヘイブンとして資金を集めていたが，現在は人材の豊富さなどを武器にしている。通貨をスイスフランにしていることも金融業に有利となっている。

　リヒテンシュタインはEEA構成国の1つであり，EUの単一市場の一部となっている。切手は重要な輸出品の1つである。太平洋の小国なども切手やコインなどを輸出品にして外貨を獲得している。金貨などは金を輸入してデザインを決めて刻印するだけで収集家に高く売れるようになる。切手の場合は材料が紙であるため，

図表 9-3　リヒテンシュタインの切手

より収益率を高めることができる。このようなビジネスには多くの国が参入しているため，デザイン性を高めたりキャラクターなどを使用したり，収集家のニーズをつかむことが必要であり，著作権などの法務にも精通していなければならない。

　リヒテンシュタインには，ヒルコア（食品加工），エリコンバルザース（コーティング），ヒルティ（建設工具），イボクラールビバデント（人口歯科），メディクシステム（医療機器），リヒテンシュタインポスト（郵便）などの企業がある。

モンテネグロ（ME）

　モンテネグロはモンテネグロ語でツルナゴラ（Crna Gora）という。ヨーロッパで地図を購入すると国名がモンテネグロ語表記になっているものが多い。2006 年にセルビア＝モンテネグロから独立した。モンテネグロは EU 加盟国ではないが，通貨はユーロを使用している。

　1 人当たり GDP が EU 平均の 50 しかなく，農業部門の近代化，輸送インフラの整備など経済発展が今後の課題となる。アドリア海のバレ港から首都のポドゴリツァを経由してセルビア国境付近のボルハレを結ぶ高速道路の建設が進んでいる。アドリア海の反対側のイタリアのバーリからセルビアのベオグラードまでがつながる予定であり，物流の大幅な改善が見込める。アルミニウム製錬や石油精製などの主要産業にも好影響を与えるとみられている。

　近年は観光業も発展している。美しい自然と歴史的建造物が観光客を惹き付けており，首都のポドゴリツァ，アドリア海沿いのコトル，ブドヴァなど観光都市も多い。

　モンテネグロには，アルミニウムプラントポドゴリツァ（アルミニウム），エレ

クトロプリヴレダ（電力），モンテネグロ電力システム（送電），ボリ（小売），エムテル（通信）などの企業がある。

❇ 北マケドニア（MK）

2019年にマケドニア旧ユーゴスラビアから北マケドニアに国名を変更した。ギリシャとの関係が悪く，ギリシャは長年にわたってマケドニアという言葉の使用に反対していた。

マケドニアは農業が中心で経済のサービス化が遅れている。繊維産業が盛んで革製品も重要な地位を占めている。

北マケドニアには，マクペトロール（石油），OKTA（石油，ヘレニックペトロリアム傘下），アルカロイド（医薬品），テテクス（布地），FASサノス（バス製造），DONマーケット（小売），A1マケドニア（通信，テレコムオーストリア傘下），スコピエ商業銀行（銀行），ストパンスカ銀行（銀行），マケドニアツーリスト（観光）などの企業がある。

■ アルバニア（AL）

アルバニアは現地語でシュチパリーサ（Shqipërisë）という。アルバニアはバルカン半島の国だが，ユーゴスラビアには属していなかった。20世紀に鎖国していたことやアルバニア人女性をイギリスに送り込む人身売買が行われていたこともあり，国際社会からは厳しい目で見られていた。

アドリア海対岸のイタリアが近いこともあり，イタリアが主要な貿易相手国となっている。農業が経済の中心であり，小麦，トウモロコシ，オリーブなどを生産している。繊維製品や革製品などが盛んだが，大規模化が進んでいない。銅，石

Box20. IPA

IPA（Instrument for the Pre-Accession Assistance）はEU加盟を目指す国々を支援する仕組みであり，PHARE，ISPA，SAPARDなどのプログラムを統合する形で2007年にスタートした。2021年からはIPAⅢがスタートし，バルカン諸国やトルコの加盟支援を行う。

行政の効率性を向上させ，法の支配や民主主義を強化するという目的があるが，交通インフラ，農業支援，地域振興，雇用政策などがメインであり，低炭素社会への移行やデジタルインフラの整備などにも資金が拠出される。

炭，ニッケルなどの鉱物資源の埋蔵量が豊富だが，開発が進んでいない。

　アルバニアには，Alb クロム（鉱業），コカコーラボトリングシュチパリア（ボトリング），タシオイル（石油），Alb ペトロール（石油），エコマーケット（小売），ネプチューン（家電量販店），シーガル（保険）などの企業がある。

■ セルビア（RS）

　セルビアはバルカン半島の中央部にある。ユーゴスラビア解体後，1990 年代に周辺国と交戦状態に陥ったことで経済が疲弊した。21 世紀に入って経済の近代化が進んだものの，国有企業の民営化，政府部門の効率化，汚職問題など様々な課題を抱えている。経済の中心は農業であり，冷凍フルーツの輸出が多い。近年は，ICT や観光業が発達しており，首都のベオグラードなどが観光客を惹き付けている。

　セルビアには，セルビアジジン（銅鉱山），HBIS（鉄鋼），ソヤプロテイン（大豆製品），イムレク（食品），PS ファッション（衣料），NIS（石油），14.oktobar（重機），エネルゴープロジェクト（建設），マクシ（小売り），メトロキャッシュアンドキャリー（小売），セルビアテレコム（通信），コメルシヤルナ（銀行），AIK 銀行（銀行），ジェネラリ保険（保険）などの企業がある。

■ ボスニア＝ヘルツェゴビナ（BA）

　ボスニア＝ヘルツェゴビナは，南部のヘルツェゴビナ地方（主要都市モスタル）とそれ以外のボスニア地方からなる。しかし，民族が複雑に入り組んでおり，ヘルツェゴビナ地方には主にボスニア人が住むボスニア・ヘルツェゴビナ連邦と主にセルビア人が住むスルプスカ共和国がある。ボスニア地方にはこれらの 2 地域に加えて北部にブルチコ行政区があり，スルプスカ共和国を東西に分断する形になっている。このような複雑な形になったのは，1992−1995 年にかけてボスニア・ヘルツェゴビナ紛争が起きたことによる[3]。

　鉄鋼，石炭，鉛，亜鉛，アルミニウムなどの鉱業が盛んであり，豊富に採れる木材から家具が生産されている。近年は観光業も成長しており，モスタルなどの観光地が賑わっている。

　ボスニア＝ヘルツェゴビナには，アグロコメルツ（食品），ガスプロム（石油，

3　本書では国名には「＝」を国内の地域名には「・」を用いた。

ロシア企業），ボスナリエク（医薬品），アルミニユ（アルミニウム），エレクトロ
プリベルダ（電力，地域別に BH，HZ，RS の 3 社がある），ユニオンインベスト
（建設），ビンゴ（小売），Bh テレコム（通信），UNITIC（不動産），マレコイン
デックスボスニア（マーケティング）などの企業がある。

🏴 コソボ（XK）

　2008 年にセルビアから独立した。ただし，コソボを国家として承認していな
い EU 加盟国もある（60 ページ図表 4-3）。人口は 180 万人，世界銀行の統計では
2018 年の 1 人当たり GDP は 4300 ドルであり（EU 平均は約 3 万 5700 ドル），本
書で扱う地域の中では最貧国となる（本書で扱っていないモルドバがヨーロッパの
最貧国）。2018 年の失業率は 29.4％で若年層失業率は 60％に迫るとみられている。
農業が主要産業であり，褐炭や鉛などを産出するが設備が古く生産性が低い。イン
フラ整備や産業の誘致が課題となっている。

2．スイスの競争力

　スイスは人口や国土の広さでは小国とも言っていい国であるにもかかわらず，
グローバルに活躍する企業が多く集まっている。世界経済フォーラムが発表するグ
ローバル競争力指数でも常に上位をキープしており，競争力の高い経済として知ら
れている。その背景には，世界各地から集まる高スキル人材の存在がある。
　スイスでは 16 世紀に広がった時計産業が現在でもプレゼンスを保っている[4]。
当時，フランスからユグノーがジュネーブに亡命してきたが，贅沢を禁止するカル
ヴァン主義のために金細工などを身に着けることが許されず，金細工職人が時計
職人へと転身し，スイス全土に広がっていったことがスイスを時計の国にした。ス
マートフォンの普及により時計は必需品ではなくなっているが，デザイン性を高め
て，時計は単なる時刻を知る道具ではない，というマーケティングを成功させた。
また，デザイン性を高めることでスイスの時計は高級品だという印象付けを行って
いる。時計に限らず，スイスを代表する企業の設立者が移民というケースも多く，

4　スイス外務省 Discover Switzerland ホームページ，ブライディング『スイスの凄い競争力』日経 BP
　社，2014 年。

移民が活躍しやすい土壌がスイスにはある。

　時計に関する技術に加えて，世界へのブランド展開力やマーケティングなど多方面の人材を統合できたことが成功のカギとなっている。主な時計のブランドとして，スウォッチ，ブライトリング，シャリオール，ショパール，フレデリックコンスタント，ジラールペルゴ，ウブロ，パテックフィリップ，ロレックス，タグホイヤー，ユリスナルダン，ゼニス，ティソなどがあり，スイスアーミーナイフで知られるヴィクトリノックスも単なるナイフというカテゴリーを超えて世界中にファンを得ている。

　スイスの特徴として，企業が一極集中しているのではなくスイス全土に分散していることも挙げられる。背景には，カントン（州）による企業の誘致競争があり，それぞれのカントンがビジネス環境の改善に取り組んでいることがある。

　スイスの金融機関は，かつては秘密主義によって顧客を獲得してきたが，近年は租税回避問題への対策の一環として他国との情報交換を進めたことで，租税回避地としての優位性はなくなった。それでもスイスには金融の産業クラスターが形成されており，プライベートバンキングや再保険などで優位性を保っている。これらの業務を担当するには高いスキルと人脈が必要であり，世界中の富裕層から支持されている。通貨のスイスフランの価値が比較的安定していることもスイスの魅力の一つとなっている。

　スイスの企業はグローバルに活動している。金融では，UBS，クレディスイス，

Box21.　昆虫食の広がり

　人間が必要とする栄養素に動物性タンパク質があるが，海洋生物資源は枯渇が懸念されており，牛や羊などの家畜の飼育には大量の水や穀物が必要で温室効果の強いメタンガスが発生する。そこで，近年は新たなタンパク源として昆虫が注目されている。

　スイスでは2017年5月に，コオロギ，バッタ，ミールワーム（ゴミムシダマシの幼虫）を食用にすることを許可した。これらは粉末状にしてパテなどに混ぜられて使われるが，形を楽しむために揚げたり焼いたりして提供されることもある。EUでも2021年には昆虫の食用が認められるようになるとみられている。

　昆虫は高タンパク・低脂肪であり，可食部分が多いことから廃棄物を減らすことができる。生育に必要なエネルギーや資源も少なくて済む。日本も含め世界各地で伝統的に食料として食べられてきた歴史もある。家畜飼料としての利用も進みつつあり，食用昆虫ビジネスの拡大が期待されている。

ジュリアスベア，チューリッヒ，スイス生命，チャブ，スイスリー（再保険）など
が知られている。食品ではネスレ（コーヒー），リンツ＆シュプルングリー（チョ
コレート），バリーカレボー（ココア，カカオ）など，文具ではカランダッシュ，
ペリカンなどがある。スイスで重要な産業に医薬品があり，ロシュ，ノバルティ
ス，アクテリオンなどがある。化学ではイネオス，ロンザ，シンジェンタ（中国企
業傘下）がある。

　その他には，グレンコア（資源），トリンプ（下着），ホルシム（セメント），
ジボダン（香料），ギーベリッツ（サニタリー），ロジテック（PC用品），シンド
ラー（昇降機），ABB（産業ロボット），アルシーズ（パイプライン），リシュモン
（宝飾），A.ファーブル＆フィス（宝飾），デュフリー（免税店），カバ（セキュリ
ティー製品），スイスコム（通信），アデコ（人材派遣），SGS（検査）などの企業
がある。グレンコアなどのスイスの資源会社は自らが鉱山の採掘をするのではな
く，資源の売買で収益を上げている。

◆移民を制限すべきか
　スイスの競争力を高める要因はいくつかあるが，人材の多様性の実現が大きい。
外国人であってもビジネスを始めることができ，企業が国際展開をすることでさら
に人材が集まってくる。現在，スイスの人口の約4分の1が外国人となっている
が，エンジニア，研究者など高スキルの移民も多い。世界では高スキル人材の獲得
競争が激しさを増しているが，スイスはヨーロッパで最も物価が高い国であるにも
かかわらず多くの人材を惹き付けており，その事実自体がさらに人々を惹き付けて
いる。
　しかし，スイスでは移民に対する負の感情も出てきている。給与の高い高スキ
ル労働者が流入することで，高所得者向けの住宅への需要が増加した。中所得者向
けの住宅が改装されるなどして対応すると，中所得者向けの住宅が不足する。こう
して住宅価格が上昇し，一般のスイス市民の不満が高まった。移民の犯罪発生率が
高いという統計上の証拠はないが，移民の犯罪はニュースで大きく取り上げられ
る傾向にあるため，人々は移民と犯罪を結び付けて考えがちである。このような状
況の中，2014年2月の国民投票[5]では，賛成50.3%の僅差ではあるが「大量移民反

5　スイスでは，議会で可決した法案に対しては5万人，憲法改正に関しては10万人の署名を集めること
　で国民投票を実施できる。総投票数の過半数と州表（20州は1票，6準州は0.5票）の過半数の二重基
　準により是非を問う。近年は年4回ほどの頻度で実施されている。

対イニシアチブ」が可決された。これは，スイスに滞在できる外国人の数を出身国別に制限しようというものであり，人の自由移動を求める EU との間で大きな問題となった。国民投票の結果は 3 年以内に法制化しなければならないが，スイス議会は，企業に対して外国人の求人数の届け出を義務付ける，失業率がスイス平均を上回っている地域ではスイス人の雇用を優先させるなどの対策を取った。これは国民投票の結果を骨抜きにするもので，メディア等からの批判を受けながらも EU との関係維持を続けた。

　このような状況に対する不満が続いたことから，2020 年 9 月に EU との人の移動の自由を制限するという内容で国民投票が行われたが，反対票 61.7％で否決された。2010 年代後半に移民の流入が緩やかになったことで移民への反発が減ったことと，イギリスの EU 脱退に関する混乱を市民が見たことが背景にあると考えられている。

3．難民問題

◆EU に流入する難民数

　2010 年代に入ってヨーロッパには多くの難民が流入してきており，社会問題化しつつある。国境を越えて移動する人々は EU 域内移民，EU 域外移民，難民に分けることができる。2000 年代にイギリスに流入したポーランド人は EU 域内移民であり，日本人は EU 域外移民となる。難民は戦争などの理由で自国に居住できなくなり，一時的な滞在場所を探している人々を指す。本章では簡略化のために，まだ難民の申請をしていない人々，難民の申請手続きの順番を待っている人々，申請後に結果を待っている人々（庇護希望者），難民として認定された人々，難民として認定されなかったが EU 域内にとどまっている人々（非正規移民），難民申請をせずに不法に滞在する人々をまとめて難民と呼ぶことにする。社会・経済に関して詳細な分析をするためには，これらの人々を分けて考える必要がある。国境を越えて移動する人々には，農業の繁忙期など一定期間のみ入国して働く季節労働者のグループもあるが，本書では対象外とする。

　EU 域外からの移民は，加盟国にコントロールする権限がある。例えば，イギリスはポイント制を導入しており，職業などによって与えられるカテゴリーやポイントが異なる。留学生も入国時に英語能力の証明が求められる。ドイツでは第二次大

戦後に労働力が不足し，トルコ人やイタリア人などを多く迎え入れた。彼らはガストアルバイターと呼ばれたが，ゲスト労働者という意味で，一定期間働いた後は帰国することが期待されていたが，特にトルコ人はそのままドイツに二世・三世と定住し続けている。また，フランスには以前からアルジェリアやチュニジアなどの旧植民地地域やポルトガルなどの南欧からの移民が多く入ってきている。

図表9-4　違法越境者の推移（人）

ルート名	主な出身国	主な到着地	2010	2015	2016	2017	2018	2019	2020
東地中海	シリア, アフガニスタン, イラク	レスボス島 (EL)	55688	885386	182277	42319	56560	83333	17735
西バルカン	不明, シリア, アフガニスタン	HU, HR	2371	764038	130261	12179	5844	15127	20018
中央地中海	エリトリア, ナイジェリア, ソマリア	ランペドゥーサ島 (IT)	4450	153946	181459	118962	23485	14003	28770
環状	アルバニア, マケドニア, グルジア	EL	35297	8932	5121	6396	4550	1944	1161
西地中海	ギニア, アルジェリア, モロッコ	メリリャ (ES)	5003	7164	10231	23063	56245	23969	14406
東方国境	アフガニスタン, ベトナム, シリア	HU, PL など	1052	1920	1349	776	1029	642	447
西アフリカ	ギアナ, コートジボワール, ガンビア	カナリア諸島 (ES)	196	874	671	421	1323	2718	11422
黒海	イラク, イラン, シリア	BG, RO	0	68	0	537	0	2	0
その他	シリア, ロシア, 中国		3	9	1	1	0	3	2

出所：FRONTEX ホームページ。2020 年は 1−10 月までの数値。環状ルートはギリシャ＝アルバニア間。

　EU は人道的立場からもともと難民の受け入れに積極的だった。難民が EU にたどり着くルートはいくつか存在するが，地中海をボートなどで渡ってくるケースが大半であり，スペイン，ギリシャ，イタリア，マルタなどに到着する。2010 年代には難民の流入が増え始め，2015 年にはシリアなどから 182 万人の難民が流入した。この 2015 年の夏には子供の遺体が海岸に打ちあげられたというニュースをきっかけに難民受け入れの機運が高まったが，難民の数が膨らむにつれて難民に対する反発が高まっただけでなく，事務的な能力と難民の受け入れ態勢が増え続ける数に対応できず，政治問題化していった。

　EU のルールでは，初めに入国した加盟国で難民の手続きが始まる。まずは，国境沿いの難民登録所（レセプションセンター）で生活に必要な物資を受け取ることができる（受入条件指令）。その後，指紋などの情報を登録して難民申請者になる。この情報は Eurodac というデータベースに登録され（Eurodac 指令），加盟国が申請者の情報を閲覧することができる（ダブリン規則）。その後，申請者に聞き取り調査などを行い（資格指令と庇護希望者手続指令），難民として認められると居住や就労，健康保険などの権利が得られる（資格指令）。難民として認められない時には抗議することができ，抗議が認められれば難民として認められ，抗議が認

められない時には EU から出なければならない。シリアなどからの難民はギリシャやイタリアに到着するケースが多く，特定の加盟国，特定の地域に事務的な負担が集中した。

　コス島やレスボス島をはじめとするギリシャの島々，マルタ，バルカン諸国などに手続きを待つ難民の収容施設があるが，施設の収容能力を超える難民が到着しており，収容所を運営する国々から EU への不満が高まっている。2020 年の感染症の広がりを受けて，収容所の狭さが改めて問題となった。EU は加盟国以外にも支援をしており，2021 年 1 月にはボスニア＝ヘルツェゴビナのウナサナ県の難民受付センターの整備などに 350 万ユーロを拠出することにした。

　難民はドイツ，イギリス，スウェーデンなどを目的地としており，それらの地で難民申請をするためにバルカン半島を徒歩や電車などで北上していった。このような動きに対して，ブルガリア，ギリシャ，ハンガリー，スロベニアは国境沿いにフェンスを設置して難民の通過を阻止しようとした。また，本来はシェンゲン協定のルールによりパスポートチェックなどはないが，国境での審査を一時的に復活させている国もある。図表 9-5 の措置は感染症対策のためとされており，ウイルスの拡散を防ぐための措置であるが，同時に難民の移動を阻止するためにも使われている。なお，国際的な会議やスポーツイベントなどの理由で一時的に国境管理を復活させることはしばしばある。

図表 9-5　シェンゲン協定の一時停止措置

国	期間	備考
AT	2020 年 11 月 12 日－ 2021 年 3 月 11 日	2015 年より実施
DE	2020 年 11 月 12 日－ 2021 年 3 月 11 日	2015 年より実施
SE	2020 年 11 月 12 日－ 2021 年 3 月 11 日	2015 年より実施
DK	2020 年 11 月 12 日－ 2021 年 3 月 11 日	2016 年より実施
FR	2020 年 11 月 1 日－ 2021 年 4 月 30 日	2015 年より実施
HU	2020 年 12 月 30 日－ 2021 年 1 月 28 日	2015 年より実施
NO	2020 年 11 月 12 日－ 2021 年 2 月 9 日	2015 年より実施
FI	2020 年 11 月 14 日－ 2021 年 2 月 9 日	2020 年 6 月より実施

出所：欧州委員会ホームページ。2020 年末時点のデータ。

◆受け入れ国での生活の向上

　難民問題のポイントは数の多さにある。ドイツは 2015 年の時点では難民に対して寛容な姿勢を見せていたが，多くの難民が到着するようになってから，難民受け入れを EU の全加盟国で分担するべきだと主張するようになった。難民の受け入れ分担ルールができたものの，リトアニアやハンガリーなどの東欧諸国は難民の機械的な配分には反対している。

　異なる文化や宗教的背景をもった人々が流入して来ることへの漠然とした不安や，難民全体からするとほんのわずかではあるが，難民による暴力事件なども発生しており，移民や難民への反発が市民レベルで高まっている。多くの加盟国で極右・極左を問わず反難民を掲げる政党が一定の議席を確保している。ドイツでもドイツのための選択肢（AfD）が全ての州議会で議席を持っている。南欧諸国など失業率の高い国では，難民が職を奪うのではないかという懸念もある。

　市民の懸念を払拭するためには難民の社会参加が欠かせない。隔離された施設で財政支援を受けながら閉じこもって暮らすのではなく，就職して生活費を稼げば経済的に自立できる。生活費を支援すれば政府の負担になるが，働いて納税すれば政府の収入になる。地域住民とともに働くことが交流の機会にもなる。難民の社会への統合は難民を受け入れた加盟国の責任で進めていくが，EU は 2020 年 11 月に公表した「統合と包摂への行動計画（Action Plan on Integration and Inclusion for 2021-2027）」によって加盟国を支援する。

　教育面では語学教育の充実化などを通じて，就学前から高等教育まで継続的に支援を受けられるようにする。雇用面では移民が持つスキルを企業が評価できるような仕組みを作り，雇用促進を図る。起業家を支援して女性の雇用促進に力を入れる。難民にも医療を受ける権利があるがそれを知らないことが多い。医療サービスに関する情報を提供し，適切な医療サービスが受けられるようにする。難民が手ごろな価格の住宅を手に入れられるようにするために，欧州社会基金（ESF+）などで支援する。難民に対する偏見にも対処する。

図表 9-6　統合と包摂への行動計画

教育・訓練への参加	就職機会とスキル認識の向上	医療サービスの利用促進	適切な価格の住宅供給

このような対策が必要なのは，移民や難民の社会参加が難しいためであり，語学教育などの表面的な対策だけでは解決しない。ドイツでは長年に渡ってトルコ人などの移民に対して語学教育を施しているが，参加率が高くなく効果が上がっていない。移民の第一世代がドイツ語を話せないと第二世代も家庭でドイツ語を話す機会がなくなり，語学力の問題が世代を超えて引き継がれる。ただし，ドイツに住むトルコ系の人々の多くは職に就いており，ドイツの労働市場職業研究所（IAB）の聞き取り調査によると，ドイツに来た難民の49％が5年以内に職を見つけていることから，語学力が大きな壁になるとは限らない。

語学力よりも機会の平等の方が大きな問題になる。北アフリカからフランスに来ている移民はフランス語が話せる人が多いが，言葉の壁がないにもかかわらず低スキル労働に甘んじている人が多く，失業率も高い。フランスで教育を受けて学歴があっても，移民第二世代は就職で不利になっている[6]。一般に，外国人はスキルがあっても評価されずに低スキル労働に甘んじることが多い。

移民や難民が受け入れ国の文化や風習に合わせるべきだという意見がある。それは正しくない。言語や習慣などの移民や難民が持つ背景が自国民と異なるのは当たり前のことであり，それを無理やり変えさせるのは非人道的だといえる。彼らが活躍できるように受け入れ国の制度を変える必要があり，それによって人材の多様性がもたらされる。

◆難民を生み出さないために

EUは難民の数を抑制させるために，特に非正規移民を域外に出国させる政策を進めている。その相手としてトルコに大きな役割を期待しており，EUが補助金を拠出したり，トルコ人にEU域内ビザを発給したりして，トルコからEUに難民が出ていかないように対策を講じさせている。トルコで自立して生活している難民もいるが，キャンプ等に押し込まれている人々も多くいる。EUの方策は人道上極めて無責任といわざるを得ない。難民がEUに押し寄せたのは，EUが安易に北アフリカや中東に介入したことで現地の人々の生活が破壊されたことにある。EUはこれらの地域の平和を実現させるために最大の努力を払うべきであるが，そのための手段として武力や経済制裁を用いればより多くの難民がEUに押し寄せることにな

6　宮島喬『移民社会フランスの危機』岩波書店，2006年。フランスでは姓を変えることができるが，アフリカ出身の人々がイスラム教徒を連想させる姓からフランス人を連想させる姓に変えるケースが増えている。

る。EU はヨーロッパ地域の平和を目的として作られたが，周辺地域では戦闘に参加している。難民問題は EU の存在意義が問われる問題であり，どうすれば難民を押し返せるのかではなく，どうすれば難民が発生しなくて済むのか，という点に注力するべきであろう。

第9章のチェックシート

　クロアチアには世界遺産が多く，（　　1　　）が伸びている。アドリア海とドナウ川に面していることから（　　2　　）も発達している。オーストリアはウイーンなど（1）が盛んだが，工業国であり，石油関連の（　　3　　）が国内最大の企業となっている。（　　4　　）にも特徴があり，全農地の4分の1を占めている。スロベニアは国土の4割が（　　5　　）であり，これらを活用した（1）が発達している。工業も盛んで，美しい景色も合わせて（　　6　　）と呼ばれている。

　スイスはEUには加盟していないが（　　7　　）に参加しており，EUと密接な関係を結んでいる。通貨の（　　8　　）は価値が安定しておりスイス経済の魅力の1つとなっている。リヒテンシュタインは（　　9　　）の参加国であり，EUの（　　10　　）の一部となっている。主要産業は（　　11　　）であり，切手の輸出でも知られている。

　スイスは小国だが世界中から（　　12　　）の移民を受け入れたことが競争力の源泉になっている。（11）も強く，富裕層向けの（　　13　　）が発達している。

　2010年代にはシリアなどから大量の（　　14　　）が流入した。EUのルールでは到着地で手続きすることになっているが，それを嫌った人々が移動しようとしたために（　　15　　）を一時停止する国も出た。彼らの社会参加を促すために，EUは（　　16　　）を進めようとしている。

ウイーン（オーストリア）

　グロリエッテからのシェーンブルン宮殿の眺め。シェーンブルンは1569年にマクシミリアン2世が買い取ってハプスブルク家の所有となった。宮殿内はいつも大変混雑しているため，朝一番の観光がお勧め。敷地内には，動物園や迷路庭園などもある。

　写真の右奥には小さくシュテファン寺院が写っている。このあたりが観光の中心部となる。

インスブルック（オーストリア）

　アンブラス城。チロル公フェルディナント2世（マクシミリアン2世の弟）が建てた。

　インスブルックはハプスブルク家にゆかりがあり，マクシミリアン1世が町の様子を見るために創らせた黄金の小屋根や自らの霊廟にするはずだった宮廷教会などがある。

　現在はスキー競技の町としても知られており，近郊にはスワロフスキーの博物館もある。

ザルツブルク（オーストリア）

　メンヒスベルクからのザルツブルクの旧市街の眺め。丘の上のホーエンザルツブルク城や大聖堂が見える。ザルツはドイツ語で塩を意味し，近郊のハラインには岩塩鉱のテーマパークもある。

　ザルツブルクはモーツァルトが生まれた町として，サウンドオブミュージックの舞台としても知られている。また，ウイーンとミュンヘンを結ぶ交通の要衝でもある。

ブレッド湖（スロベニア）

　リュブリャナから西北に車で1時間ほどの所にある。丘の上にはブレッド城，右奥には聖マルティヌス教会が見える。湖の中心には聖母被昇天教会があり，手漕ぎボートで行くことができる。

　湖畔にあるパークホテルのブレッドケーキ（ブレイスカ・クレムナ・レジーナ）が有名。

　近郊にはボーヒン湖，ビントガル渓谷，スキーリゾートのフォーゲルがある。

ポストイナ（スロベニア）

　ポストイナ鍾乳洞から10kmほどの所にある洞窟城（プレッドヤマ城）。城の一部は洞窟の中に作られている。城の名前は，エラゼム・プレッドヤムスキという人物に由来する。エラゼムは1484年に城内で戦死した。夏には，エラゼム騎士トーナメントが開催される。

　ポストイナ鍾乳洞は，トロッコ3200mと徒歩1800mの全長5000mの観光コースが人気となっている。

ファドゥーツ（リヒテンシュタイン）

　ファドゥーツの市内。手前は国会議事堂。奥の建物に隠れているが，その先に国立博物館がある。ファドゥーツの中心部は歩いて数分の広さであるが，切手博物館，リヒテンシュタイン美術館など見どころが集中している。

　写真では分かりにくいが，丘の上にはリヒテンシュタイン公爵の居城がある。公爵家が使用しているため観光客は入ることができない。

ドブロブニク（クロアチア）

　アドリア海の真珠ともいわれる美しい町。紀元前2世紀頃からあるといわれている。ビザンツ帝国，ヴェネツィア，クロアチア＝ハンガリーなどのもとで自治都市として栄えてきた。攻撃にさらされることも多かったため，城壁を巡らせている。

　観光で城壁の上を1周歩くことができる。町の近くの展望台にはケーブルカーで登ることができる。

プリトヴィツェ（クロアチア）

　首都ザグレブから南に110kmほどの山中にあるプリトヴィツェ国立公園。公園内には16の湖と92の滝があり，遊歩道が整備されている（入場チケットは有料）。公園のすぐそばにはホテルもあるので，数日かけてゆっくり見ることもできる。

　車で1時間ほど行けばアドリア海にたどり着く。クロアチアでは海と山を両方楽しめる。

コトル（モンテネグロ）

　聖イバン要塞からのコトル湾の眺め。コトルの町は写真右下の木の陰の所にある。要塞は町から聖母教会の脇を抜けて階段を約1300段上った所にある。

　町のシンボルは1166年に建てられた聖トリブン大聖堂。1979年などの地震で時計塔がわずかに傾いている。

　コトルはドブロブニクから車で1時間くらいの距離だが，国境の通過に時間がかかる。

第10章 東欧諸国

本章で扱う東欧諸国は 2004 年と 2007 年に EU に加盟した。EU 加盟を見込んだ投資が流入した加盟国が多く，それらの国々では 2008 年の金融危機によって大幅に経済が落ち込んだ。2010 年代に経済が回復しているものの，インフラなどへの投資が十分ではなく，EU 域外からの投資を積極的に受け入れている加盟国もある。

1. 概　況

ブルガリア（BG）

ブルガリアはルーマニアとともに黒海に面しており，ドナウ川がルーマニアとの国境の大部分を占める。北部のドナウ平原と南部のトラキア平原をバルカン山脈が南北に分けている。EU 加盟国の中で最も 1 人当たり GDP が低い農業国である。ブルガリアの農産物にバラやヨーグルトがある。ブルガリアではアイリャンと呼ばれるヨーグルトのドリンクが普及している。また，ダマスクローズなど香料を取るためのバラが栽培されており，ブルガリア中部のカザンラクでは毎年 6 月にバラ祭りが開催される。バラやラベンダーなどのオイルは輸出商品にもなっている。ヒマワリオイルや穀物も重要な産品となっている。

食品加工，繊維などの軽工業や，鉄鋼，造船業，石油精製などの重工業も発達してきている。

ブルガリアには，ソフィアメル（製粉），チミムポート（化学），ソファーマ（製薬），カンブロオーザイ（日用品），マクスコム（自転車），アッサレルメデト（銅），モンバット（バッテリー），アルゴレクス（小売），ファンタスティコ（小売），ブルガリアンエア（航空），ニメロ（ソフトウェア），ファーストインベストメント（銀行），ユーロホールドブルガリア（投資会社），AMS（投資ファンド），DZI（保険），バルカンツーリスト（旅行）などの企業がある。

図表 10-1　主要な貿易相手国と品目（2019 年，%）

BG	輸出	燃料油 7.4，その他 3.4，医薬品 3.1，精製銅・銅合金 2.9，小麦 2.8 ドイツ 14.8，ルーマニア 8.7，イタリア 7.3，トルコ 7.3，ギリシャ 6.7
	輸入	原油 8.3，その他 4.9，医薬品 3.3，銅鉱 3.2，自動車 2.9 ドイツ 12.2，ロシア 9.9，イタリア 7.5，ルーマニア 7.2，トルコ 6.5
CZ	輸出	自動車 11.4，自動車部品 7.6，ストレージ機器 6.5，電話機 5.6，椅子 1.6 ドイツ 31.8，スロバキア 7.6，ポーランド 6.0，フランス 5.1，イギリス 4.5
	輸入	電話機 6.4，自動車部品 6.3，ストレージ機器 4.6，自動車 2.4，医薬品 2.4 ドイツ 24.6，中国 15.8，ポーランド 7.6，スロバキア 4.4，イタリア 4.1
EE	輸出	燃料油 6.2，電話機 6.0，コールタール 4.1，その他 3.4，自動車 3.3 フィンランド 15.6，スウェーデン 10.0，ラトビア 8.7，ロシア 8.4，アメリカ 6.8
	輸入	燃料油 8.2，その他 6.2，自動車 6.2，電話機 2.9，コールタール 2.7 ドイツ 9.8，ロシア 9.6，フィンランド 8.6，中国 8.1，リトアニア 6.4
LV	輸出	木材 5.3，電話機 5.3，医薬品 3.9，蒸留酒 3.6，木屑 3.5 リトアニア 17.1，エストニア 11.7，ロシア 9.2，ドイツ 7.2，スウェーデン 6.6
	輸入	その他 5.8，燃料油 5.3，自動車 4.3，電話機 4.0，航空機 3.9 リトアニア 17.6，ドイツ 10.9，ポーランド 9.4，エストニア 8.5，ロシア 6.8
LT	輸出	燃料油 11.4，その他家具・部品 4.5，その他 2.2，巻きたばこ 2.2，小麦 2.1 ロシア 15.2，ラトビア 9.6，ポーランド 8.1，ドイツ 7.2，アメリカ 5.3
	輸入	原油 12.5，自動車 4.4，その他 3.3，医薬品 2.8，電力 2.0 ロシア 14.0，ラトビア 9.5，ポーランド 7.9，ドイツ 7.6，エストニア 5.1
HU	輸出	自動車 10.4，自動車部品 6.0，電話機 3.1，スパークプラグ 2.9，医薬品 2.9 ドイツ 27.7，スロバキア 5.2，イタリア 5.1，ルーマニア 5.1，オーストリア 4.6
	輸入	自動車部品 5.1，電話機 3.5，自動車 3.2，集積回路 2.9，原油 2.5 ドイツ 25.3，オーストリア 6.1，中国 6.1，ポーランド 5.8，オランダ 5.1
PL	輸出	自動車部品 5.7，自動車 2.7，椅子 2.5，ストレージ機器 2.4，その他家具・部品 2.2 ドイツ 27.5，チェコ 6.2，イギリス 6.0，フランス 5.8，イタリア 4.6
	輸入	原油 4.9，自動車 4.4，自動車部品 3.4，医薬品 2.0，電話機 1.8 ドイツ 21.4，中国 12.3，ロシア 6.5，イタリア 5.0，オランダ 3.8
RO	輸出	自動車部品 9.0，自動車 7.1，電線 5.3，燃料油 3.2，配電盤 3.2 ドイツ 22.4，イタリア 11.3，フランス 6.9，ハンガリー 4.8，イギリス 3.7
	輸入	自動車部品 4.3，原油 4.2，医薬品 3.2，自動車 3.0，電線 2.1 ドイツ 20.2，イタリア 9.1，ハンガリー 7.0，ポーランド 6.0，中国 5.3
SK	輸出	自動車 26.2，モニター 5.7，自動車部品 5.4，電話機 4.8，タイヤ 2.0 ドイツ 22.0，チェコ 11.0，ポーランド 7.5，フランス 7.0，ハンガリー 6.4
	輸入	自動車部品 13.1，電話機 6.1，自動車 3.1，原油 2.5，電線 2.5 ドイツ 16.6，チェコ 10.3，中国 6.4，ポーランド 5.8，ロシア 5.5

出所：データは UNcomtrade（HS2017），品目名は税関の輸出統計品目表を参考にした。

チェコ（CZ）

　チェコは 1993 年にチェコ＝スロバキアが解体して独立した。西部のボヘミア地方と東部のモラビア地方からなる。首都のプラハはボヘミア地方にある。以前はチェコの英語表記は Czech Republic であったが，2016 年よりチェコ政府は Czechia を使うように要請し，EU をはじめ国際機関では Czechia が使われるようになっている。

　チェコは重工業や自動車産業などが発達しており，南東部のブルノーには自動車関連企業が多く国際的なサーキットもある。シュコダはドイツのフォルクスワーゲンに自動車ブランドを売却したが，プラハ近郊のムラダーボレスラフや東部のクヴァシニーでシュコダブランドの自動車が生産されている。シュコダは自動車部門を売却した後も鉄道車両やバス，自動車部品などを手掛るチェコにとって重要な企業であり続けている。チェコは伝統的に教育水準が高く，化学や数学では多くの人材を輩出している。

　オーストリアやドイツからのアクセスも良く，観光客も多く訪れている。ドイツとは 2017 年に高速道路が全面開通し，ベルリンやドレスデンからのアクセスが劇的に改善した。ドイツからチェコへ行く場合は，ドイツ最後のパーキングでビグネットを購入し，フロントガラスの内側に張り付ける（図表 10-2）。ただし，プラハ周辺の高速道路は慢性的に渋滞している。プラハをはじめ，南部のチェスキークルムロフやレドニッツェ城なども人気がある。ドボルザークやスメタナなどの音楽家も知られている。ボヘミアンクリスタルやボヘミアンガーネットは観光土産として大変人気がある。チェコのガーネットは小粒で濃い赤が特徴となっている。

　チェコには，プレシオサ（ガラス），モーゼル（ガラス），アグロフェルト（コングロマリット），TL エレクトロニック（航空機器），タトラ（トラック），ČKD（ト

図表 10-2　ビグネット

ラム），ペトロフ（ピアノ），ルドルフカンプ（磁器），ČEZ（電力），ユニペトロール（石油小売り），O2 チェコ（通信），アバスト（ソフトウェア），コメルシニ銀行（銀行）などの企業がある。

■ エストニア（EE）

　エストニアはバルト諸国の中で最も北にある。エストニア語はフィンランド語との共通点が多い。エストニアとフィンランドの国歌はともにフィンランド人のパーシウスが 1848 年に作曲した曲を使っており，メロディーは同じで歌詞が異なる。ラトビア語とリトアニア語は共通点が多く，言語の面ではエストニアのみが異なっている。エストニアとラトビアの多くの地域は中世にはリヴォニア騎士団領であった一方，リトアニアはリトアニア大公国と政治的にはリトアニアのみが異なってい

Box22.　公共交通機関の無料化

　タリンでは 2013 年 1 月より市内の公共交通機関が無料になった。ヨーロッパでは初の試みであるが，無料になるのはタリン市民だけであり，観光客は 1 時間 1.5 ユーロの QR チケットか IC カードを購入・チャージして使う必要がある。ルクセンブルクでは 2020 年 3 月より国内のバス，トラム，電車が無料になった。ルクセンブルクでは観光客も無料で利用でき，国内全体での無料化として初の試みとなる。

　公共交通機関の無料化には，市街地への車の乗り入れ台数を減らす効果がある。両国とも自動車の保有台数が多く，首都では慢性的な渋滞のためにバスの遅延などが目立っていた。切符の販売収入が失われるが，政府の予算を運営費に充てている。街灯や警察・消防サービスなどと同じように，移動サービスも市民の税金で賄うべきという発想が背景にある。

　ヨーロッパではパーク＆ライド（町の郊外で車を駐車してそこから公共交通機関に乗り換えること）を進めている町が多く，市街中心部の駐車場を削減するなどの対策を採っている。背景には渋滞だけでなく都市部の大気汚染があり，深刻な大気汚染が電気自動車への転換政策にもつながっている。

　スイスのジュネーブでは市内に宿泊した観光客の宿泊日の運賃が無料になるなど，一定の条件を満たした場合に運賃が無料になる仕組みを導入している町がある。観光客の誘致などに利用されている。

　失敗例もある。1993 年にベルギーのハッセルトで無料化を進めたが，コスト負担の問題が政治問題化し，2013 年に無料運賃を廃止している。

参考：Fare Free Public Transport ホームページ。

た。バルト諸国はひとくくりにされがちであるが，複雑な関係を持っている。

　首都のタリンはフィンランドのヘルシンキと飛行機で 30 分，船でも 2 時間の距離にある。日帰りで簡単に観光できることからタリン旧市街は人気の観光地となっている。南東のヴル地方にあるスールムナマギはバルト諸国で最も標高が高い。標高 318m の丘に高さ 29m の展望台がある。ここから車で 1 時間弱の所にピウサの砂の洞窟がある。

　エストニアでは 1916 年にオイルシェールの試験採掘を始め，1918 年にオイルシェールの産業利用が始まった。現在では生産された原油の多くは発電に使われており，温室効果ガスの主要な発生源となっている。

　エストニアでは ICT 産業が非常に発達し，サイバーセキュリティーは世界でもトップクラスの技術を誇っている。スカイプもエストニアで開発された。ICT 関連の企業は 4799 社あり，同産業に従事する人は全労働者の 5.9％，GDP の 7％を占めている[1]。エストニアは e-economy 戦略を進めている。2002 年に導入した電子 ID カードの普及率は 98.2％に達している。エストニア人の 70％が日常的に電子 ID カードを使い，行政サービスの 99％がオンラインで完了する。電子 ID カードは EU 域内ではエストニアの ID カードとして機能し，国内では国民健康保険，銀行へのログイン，公共交通機関のプリペイドチケット，デジタルシグネイチャー，選挙などの投票，病歴などへのアクセス，電子処方箋，納税などに用いられている。電子 ID カードを自宅で使うには専用のカードリーダーを通してパスワードを入力する。近年はスマートフォンに入れるモバイル電子 ID カードが普及しつつある。医療データは 95％がデジタルデータで保存されており，処方箋の 99％がオンラインで発行されている。

　エストニアの ICT 化は，X-Road というプラットフォームに様々なサービスを載せる形で進んでいる。X-Road の技術はフィンランド，アイルランド，ウクライナ，カザフスタン，ナミビアなどにも輸出されている。

　エストニアには，VKG（オイルシェール），ラクベレ精肉（食肉），PR フーズ（食品），カレフ（チョコレート），バルティカ（衣料），クアトロメッド（バイオ医療品），BLRT（造船），エエスティエネルジア（エネルギー），メルコエヒトゥス（建設），ノルデコン（建設），タリングループ（海運），フォルトゥモ（決済）などの企業がある。

1　e-Estonia, e-estonia fact 2020.

図表10-3　エストニアの ICT 化の主な取り組み

サービス	導入年	内容
e-Governance	1998	公共サービスの電子化（電子化率99％）
e-Tax	2000	納税手続きの電子化（電子化率95％）
X-Road	2001	デジタル化のためのプラットフォーム
デジタル ID	2002	電子 ID カード，電子署名
eesti。ee	2003	公共サービスのオンライン化
e-Health	2008	医療情報の電子化
e-prescriptions	2010	電子処方箋制度
e-Residency	2014	デジタル空間上の住民票サービス，外国人も取得できる
AI 合法化	2019	AI 戦略の策定，公共交通機関などでの活用

出所：e-Estonia ホームページ。

■ ラトビア（LV）

　ラトビアは西部のクルゼメ地方，リーガを含む北東部のヴィゼメ地方，南部のゼムガレ地方，東南部のラトガーレ地方からなる。経済の中心はバルト海に面した西部であり，東部の開発が遅れている。観光客はリーガなどの西部に集まっており，夏になるとリーガから西に25km ほど離れたユールマラのビーチが賑わう。

　ラトビアの人口の約30％はロシア人であり，ラトビア第2の都市ダウガフピルスなどラトガーレ地方に多く住んでいる。彼らは無国籍住民として扱われており，その数は30万に上るともいわれている。ラトビア人と認められていないため，選挙の投票権などが与えられていない。ラトビア経済はロシアとの関係が深いが，市民の間ではロシアやロシア人に対する反発が根強い。このような傾向は東欧諸国に広く見られ，EU の対ロシア政策にも影響を及ぼしている。2012年2月にはラトビア語に加えてロシア語を公用語にするかを国民投票で決めることにしたが，60％近くが反対票を投じた。ただし，この国民投票では無国籍住民であるロシア人には投票権を与えていなかったため，ラトビア政府が結果をコントロールしたともいえる。

　ラトビアでは林業が盛んで，木材や家具を輸出している。ジャガイモやサトウダイコンの生産も多く，食品加工業も発達している。医薬品や化学にも強い。リーガやヴェンツピルスは自由貿易港に指定されており，ヴェンツピルスは石油の積み替えなどでバルト諸国最大規模を誇っている。

　ラトビアには，ライマ（チョコレート），グリンデクス（医薬品），オライン
ファーム（ジェネリック医薬品），ラトベネルゴ（電力），ラトビアガス（ガス），
アエロディウム（風洞），リミ（小売り），ダブルコーヒー（コーヒーチェーン），
ラトビア海運（海運），SAF テニカ（通信）などの企業がある。

▰ リトアニア（LT）

　リトアニアは北東部のアウクシュタイティヤ，南東部のズーキヤ，南西部のス
ヴァルキヤ，北西部のジェマイティヤ，沿岸部の小リトアニアからなる。これらの
地域区分は文化的なものであり，リトアニアの国境を越えて広がっている。例えば
小リトアニア地方にはロシアのカリーニングラードの一部も含まれる。首都のビリ
ニュスは地域としてはズーキヤであるが，ビリニュス地域は様々な文化が融合して
いることから独立した地域とみなされている。

　ビリニュスから A14 号線を通って 25km ほど北に行くと，ヨーロッパの地理上
の中心地がある。地理上のヨーロッパはウラル山脈以西であるため，ロシア西部も
ヨーロッパに含まれることからリトアニアが中心地となる。ビリニュスの北には
ヨーロッパパークという公園があり，ヨーロッパセンターがあるが，地理上の中心
地とは場所が異なる（なお，EU の地理上の中心地はドイツのガートハイム）。

　リトアニアでは石油精製が重要な産業であり，ポーランド企業の PKN オルレン
がリトアニアに展開している。オルレンはリトアニア最大の企業でもある。リトア
ニアは石油や天然ガスをロシアに依存しているが，ロシア依存度を減らすためにノ
ルウェー産の LNG（液化天然ガス）を輸入している。リトアニア第 3 の都市クラ
イペダの LNG 施設にノルウェーからの貨物船が入港し，ノルウェー産の LNG を
エストニアやラトビアに販売する体制を整えている。

　リトアニアはチーズの名産国でもあり，フレッシュチーズから 48 カ月熟成させ
たチーズまで様々なブランドのチーズがある。ツェペリナイ（ジャガイモ餃子）な
どのジャガイモ料理やビーツのスープもよく食べられている。食品加工業も発展し
ている。バルト諸国の沿岸部は美しい砂浜で知られており，ヨーロッパの北方にあ
るにもかかわらずビーチが多く整備されている。また，沿岸部は琥珀の産地でもあ
り，エストニアからリトアニアまで博物館など琥珀に関する施設がある。この地域
では，琥珀は砂地から採取される。リトアニアのクライペダのすぐそばにはネリン
ガ（クルシュ砂洲）がある。全長 100km に渡る砂洲はロシアのカリーニングラー
ドまで続いている。

リトアニアには，ヴィルキシュキウピエニネ（チーズ），シルテスランビナス（チーズ），ルータ（チョコレート），アプランガ（衣料品店），グリギシュケス（紙），クライペドスナフタ（石油），ESO（エネルギー），リトアニア電力（電力），マキシマ（小売り），アビア（空運），チリ（レストラン），テオ（通信），エクサデル（ソフトウェア），ツィアバルダ（投資会社）などの企業がある。

■ ハンガリー（HU）

ハンガリーは周囲を多くの国に囲まれている。ドナウ川によって東西に分けられており，首都のブダペストもドナウ川によって東西に分かれている。ブダペストはオーストリア＝ハンガリー帝国の一方の中心地として文化や芸術が栄えた。リスト，バルトーク，コダーイなどの音楽家も輩出した。

ハンガリー西部には東京23区と同じくらいの広さをもつバラトン湖があり，リゾート地として知られている。周辺の町々では漁業も行われている他，この地域ではアルミニウムの原料となるボーキサイトも採掘されている。ハンガリーの平野ではヒマワリの生産も盛んであり，丘陵地帯には多くの風力発電の風車を見ることもできる。ハンガリーの名産品にパプリカがある。パプリカパウダーにして売られており，様々な料理に使われる。ヨーロッパではパプリカ味のポテトチップスも多く売られている。ハンガリー産の蜂蜜は日本でも売られている。

ハンガリーで知られている企業の1つにマジャールスズキがある。日本の自動車メーカーのスズキはハンガリー北部エステルゴムに本拠地を持ち，1992年より自動車を生産している。

Box23. ソーダ税

ハンガリーでは，2011年に砂糖や塩を多く含む食品への課税を始めた。エナジードリンク，ソフトドリンク，ポテトチップス，ジャムなどが対象となる。このような税はソーダ税やポテトチップス税と呼ばれている。ハンガリーは肥満率が高く，健康的な食習慣を促すために導入された。導入後のハンガリーではエナジードリンクなどの消費量が減少している。エナジードリンクにはカフェインが多く含まれ，過剰摂取による健康被害は世界各地で問題となっている。

ソーダ税はハンガリーも含め，ノルウェー，フィンランド，ラトビア，イギリス，アイルランド，ベルギー，フランス，ポルトガルとヨーロッパの9カ国で導入されている。

　ハンガリーには，ギューリケクス（菓子），ヘルエナジー（飲料），MOL（石油），ボルソチェム（化学），ゲデオンリヒター（医薬品），オリオンエレクトロニクス（家電），ゼンスタジオ（ゲーム），ラバ（バス，軍用車両），ガンツワークス（電車車両），コルブス（スポーツ用航空機），ブダペスト電力（電力），CBA（小売り），ANY 印刷（印刷），マジャールテレコム（通信），OTP 銀行（銀行）などの企業がある。

■ ポーランド（PL）

　ポーランドは南部に山岳地帯があるものの，他は低地が多く農業に適した土地が広がっている。ポーランドは共通農業政策（CAP）の補助金を最も多く受け取っている。小麦，ジャガイモ，オイルシードなどが生産されており，畜産業では豚肉と鶏肉（多くはターキー），牛乳，卵などの生産が多い。しかし，5ha 未満の土地しか持たない農家が 54.3%，1ha 当たりの年間収入が 4000 ユーロ未満が 46.9% と小規模農家が多い[2]。農業従事者が全体として減少する中で高齢化が進行している。2016 年時点では 45-54 歳が 28.3%（2010 年時点では 32.3%）と最も多いが，55-64 歳が 26.7%（同 20.1%），65 歳以上が 11.7%（同 8.4%）と高齢層にシフトしつつある。

　また，ポーランドには鉱業の企業が多く，銅や銀では世界有数の埋蔵量と生産量を誇っている。KGHM ポルスカは銀や銅の採掘を行う企業として知られている。

　ポーランドはドイツ，チェコ，スロバキアとバルト諸国を結ぶ重要な場所にあるため，TEN-T による交通網の整備を多く受けている。2008 年の金融危機の影響を受けたものの，インフラ投資が旺盛で，EU 加盟国の中で唯一プラス成長を続けた。バルト海にも面しているため，陸上交通だけでなく海上交通も開発の余地がある。

　ポーランドの名産品にクリスマスの飾りがある。ヴィトヴィス社はツリーに飾るガラス玉の製造で有名であり，同社が手掛ける 90 色のガラス玉は世界中に輸出されている。また，ポーランド北東部のザンブルフにあるビオトレム社は小麦ふすま（小麦の表皮）を使った皿を年間 1500 万枚生産している。プラスチック製品の代替材として人気が高まってきている。

2　European Commission, Statistical Factsheet Poland, 2020.

　ポーランドには，LPP（アパレル），コリン（下着），PKNオルレン（石油），PGNiG（石油），ユーロキャッシュキャリー（卸売り），ビエドロンカ（小売），LOT（航空），シフロビィポルサット（メディア），プレイ（通信），アセッコ（ソフトウェア），CDプロジェクト（ゲーム），PKO銀行（銀行），サンタンデール銀行（銀行），mBANK（オンライン銀行），PZU（保険）などの企業がある。ポーランド政府はタウロン，PGE，エネアという3社の国営電力会社を石炭関連と非石炭関連の2社に統合する計画を公表しているものの，統合の実現に至っていない。

■■ ルーマニア（RO）

　ルーマニアは北西部のトランシルバニア地方，北東部のモルダビア地方，南部で首都ブカレストのあるワラキア地方，黒海沿岸のドブロジャ地方からなる。美しい国土が人々を惹き付けるが，観光客にとっては必ずしも訪れやすい場所ではない。観光客はトラブルに巻き込まれやすく，首都のブカレストはヨーロッパの中でも治安が悪い。深刻な汚職問題が続き，ビジネス環境の改善が遅れており，海外からの投資の呼び込みの障壁ともなっている。ルーマニアには2013年時点で5万頭以上の野犬（stray dogs）がいたとされているが，近年は頭数が減少し，観光客の安全性が高まっている。この間，ルーマニアからイギリスなどへの犬の輸送やEUのペットパスポートの取得増加が見られ，犬を取り巻く環境が改善しつつある。

　ルーマニアはヨーロッパでも有数の石油埋蔵量を誇るが，石油採掘のインフラは整っておらず，石油の輸入国となっている。主力産業は農業であり，黒海沿岸では漁業も行われている。石炭，鉄，ボーキサイトなどの鉱物資源も豊富にある。繊維や皮革製品などの軽工業をはじめ，工業化も徐々に進んでいるが，産業構造の高度化が課題となっている。EUからのインフラや研究開発投資により，ICTや宇宙開発の分野も成長しつつある。ダチアはルーマニアがかつてダキアと呼ばれていたことから名づけられた自動車メーカーであり，現在はルノーの傘下に入っているが，低価格帯の自動車に人気がある。

　ルーマニアには，ロムペトロム（石油，ÖMV傘下），ゼンティワ（医薬品，サノフィ傘下），スターアセンブリ（自動車），ロマン（トラック），アプルム（陶器），ファルメック（化粧品），エレクトリカ（電力），デデマン（ホームセンター），プロフィ（小売），メガイメージ（小売），BCR（銀行，エアステ傘下），フォンドゥル（投資ファンド），GECAD（ベンチャーキャピタル，ソフトウェア部門は売却）などの企業がある。

🇸🇰 スロバキア（SK）

　スロバキアは首都のブラチスラバがある西スロバキア，山岳地域が多い中央スロバキア，中世の町々が多く残る東スロバキアからなる。首都のブラチスラバはドナウ川沿いにあり，オーストリアのウイーンなどとのアクセスが整備されている。ウイーンからブラチスラバまではバスでも船でも1時間の距離にあり，ユーロが使えることから，近年は多くの観光客が訪れている。

　スロバキアはチェコに比べて経済発展が遅れていたが，21世紀に入ると自動車関連産業が各国から進出してきたことで，自動車産業が大きく成長した。シュコダ自動車もブラチスラバに工場を構えている。スロバキアは食品加工業が盛んで，伝統食だけでなくフルーツやハーブも知られている。クリスタル製品やアウトドア製品，繊維産業などの軽工業が発達している。スロバキアは鉱物資源にはあまり恵まれていないが，マグネサイト（マグネシウム鉱石）の輸出国として知られている。

　スロバキアには，スロブナフト（石油精製，MOL傘下），マタドール（タイヤ，コンチネンタル傘下），スロバコ（アルミニウム），ビオティカ（製薬機械），SESトルマチェ（ボイラー），エアロモービル（陸空両用車），ドプラスタウ（建設），ESET（ソフトウェア），タトラ銀行（銀行，ライフアイゼン傘下），OTP銀行（銀行）などの企業がある。

2．東欧諸国とバリューチェーン

　東欧諸国の主な貿易相手国はヨーロッパ諸国であり，ドイツが上位に来ている（図表10-1）。ポーランド，チェコ，スロバキア，ハンガリーでは，ドイツとのバリューチェーン（value chain）が自動車産業などで構築されており，密接な関係を築いている。バリューチェーンとは生産工程を指しているが，21世紀に入って1つの製品を作る工程が複数の国を経由することが当たり前になってきている[3]。ドイツで自動車のエンジンの中心部分を作り，ハンガリーでエンジンに組み立てて，チェコでボディなど他のパーツと組み合わせて完成させた後に，ドイツに再輸出する，という工程を辿ると，1台の車が複数の国を通りながら生産される。国際

3　Koopman, Powers, Wang and Wei, Give Credit Where Credit Is Due: Tracing Value Added in Global Production Chains, NBER Working Paper, No 16426, 2010. バリューチェーンは世界規模で構築されていることから，GVC（Global Value Chain）とも呼ばれる。

的なバリューチェーンを構築することで，自動車関連製品が複数の国で輸出されたり輸入されたりする。エンジンやボディのパーツは中間財，自動車は最終財，組み立てのためのロボットなどは資本財という。20 世紀までは最終財の貿易が大きかったが，21 世紀に入ると中間財や資本財の貿易が増えてきた。

◆直接投資の受け入れと産業の高度化

　経済発展を目指す国は賃金の安さを武器に，先進国から工場を誘致して組み立て加工などを行っている。雇用が生まれて国全体の所得が増え，先進国の技術を吸収したスキルの高い労働者も生まれる。道路網などのインフラが整備され，ビジネス環境の改善がさらなる企業の進出を促す。工場の新設や企業買収などの外国からの資金流入を直接投資（FDI）というが，直接投資を受け入れながら産業の高度化と経済成長を図る政策は多くの国で採用されている。東欧4カ国では，繊維，皮革，木材産業など労働力を多く必要とする労働集約的な産業からプラスチックや金属生産のように機械設備などを多く必要とする資本集約的な産業や化学，医薬品などの知識集約的な産業に移行しつつある。図表 10-4 を見ると東欧4国はドイツの数値に近づいており，輸出品の種類を増やしながら産業の高度化に成功しているように見える。

図表 10-4　製造業の比較優位指数

	1995			2009		
	労働集約的	資本集約的	知識集約的	労働集約的	資本集約的	知識集約的
CZ	1.29	1.30	0.56	1.01	1.16	1.18
HU	0.68	1.06	0.50	0.37	0.77	1.18
PL	1.95	1.39	0.59	1.52	1.39	0.93
SK	1.05	1.61	0.60	1.16	1.41	1.11
DE	0.64	1.07	1.48	0.64	1.20	1.49

注：数値が1を超えると輸出が有利になることを表す。
出所：Rahman and Zhao, Export Performance in Europe: What Do We Know from Supply Links? IMF Working Paper, No 13/62, 2013.

◆付加価値で繋がる国際貿易

　製品の販売額から材料費などを引いたものを付加価値という。材料を使って製品を作るという仕事を金額で表したものだと考えてもよい。小麦粉を 60 ユーロ，バターを 90 ユーロ使ってパンを作り，200 ユーロで販売すると，付加価値は 200－60－90＝50 ユーロとなる。他の店からパンを 190 ユーロで購入して 200 ユーロで販売すると，付加価値は 10 ユーロとなる。売上額はどちらも同じだが，付加価値は事業の方法によって異なる。付加価値は企業の粗利益でもあり，従業員の賃金や企業の設備投資，納税に使われる。近年は国際貿易における付加価値が算出されており，バリューチェーンの分析に利用されている。

　図表 10-5 は輸出額に占める付加価値比率を表している。80 ユーロの部品を輸入して製品を作り 200 ユーロで輸出すると，付加価値額は 120 ユーロ（＝200－80）になるため，付加価値比率は 60％（＝120÷200）となる。一般に，この比率が高い国は中間財や資本財などを生産し，低い国は中間財や資本財を輸入して組み立て加工を行う傾向にある[4]。

図表 10-5　輸出額に占める付加価値比率（%）

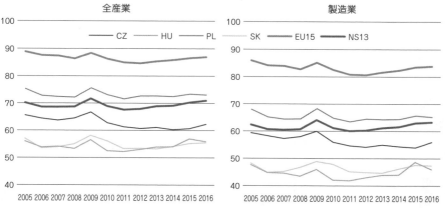

注：EU15 はドイツなど 20 世紀に加盟した 15 カ国，NMS13 はチェコなど 21 世紀に加盟した 13 カ国を表す。
出所：OECD, Trade in Value Added（TiVA）データベース。

4　資源国の付加価値比率は高くなる傾向がある。鉄鉱石などは鉱山から掘り出して輸出するが，鉄鉱石自体には元となる材料がないためである。

　2005−2016 年にかけて付加価値比率はほぼ横ばいであり，地域・加盟国ごとの格差が固定化されている。ドイツなどの EU15 カ国の付加価値比率は高く，東欧などの NMS（21 世紀の EU 加盟国）13 カ国の付加価値比率は低い。特に，チェコ，ハンガリー，スロバキアは NMS13 カ国の平均よりも低い。右図の製造業を見ると，EU15 カ国も全産業の数値よりもやや低いが，NMS13 カ国やチェコ，ハンガリーなどは大幅に落ち込んでいる。図表 10-4 と合わせて考えると，組み立て加工が労働集約的な産業から資本集約的な産業に移っているだけで，付加価値の低い状態が続いていることが分かる。

　東欧諸国は EU に加盟して単一市場の一部となり，EU の法体系を受け入れているため，西側企業にとってはビジネス上のリスクが小さい。東欧諸国は交通網などのインフラ整備や通信網の整備，企業誘致のための法人税引き下げなども行っている。このような政策により東欧諸国での組み立て加工がより有利となり，西側から多くの企業が進出してくる。西側企業の持つ技術が東欧諸国に浸透し，産業構造の転換を図りつつ先進国に近づくことができるというのが，経済学の理論だった。しかし，実際には，ドイツなど西欧諸国は付加価値が高い川上（より原材料に近い生産工程）により集中し，東欧諸国は組み立て加工など付加価値が低い川下（より消費者に近い生産工程）にさらに移行しており，二極化が進んでいることが明らかになってきた[5]。

◆中所得国の罠

　組み立て加工に依存したままでは，経済成長に伴う賃金上昇によって価格競争力を失ってしまい，企業はさらに賃金の低い他国に流出してしまう。賃金の低さを武器にした組み立て加工により低所得国から中所得国になれるが，高所得国には移行することができない。このような状況を中所得国の罠という。

　中所得国の罠から抜け出すためには，製品の企画や付加価値の高い部品製造など川上の業務を担当できるようにならなければならない。交通網などのハード面での整備だけでなく，高スキル労働者育成などのソフト面の整備がカギとなる。教育制度の改善，R&D を促す税制，研究機関設立などの政策が必要となるが，自国で高スキル労働者を育成するには時間がかかるため，外国から高スキル労働者を呼び

5　ECB, How have global value chains affected world trade patterns?, ECB Monthly Bulletin, May 2013, pp. 10-14 ; ECB, The role of central and eastern Europe in pan-European and global value chains, ECB Monthly Bulletin, June 2013, pp. 15-19.

込む施策が求められる。高スキル労働者は単に賃金が高いだけでは呼び込むことが難しく，劇場などの文化施設やレベルの高い教育機関，品質の高い商品が手に入り交通アクセスや営業時間などの面で利便性が高い消費施設，交通の便がよく清潔で環境への負担が小さい住環境，最新の治療にも対応できる病院などの公共施設，レジャー施設や郊外の観光地へのアクセスなどの生活環境の改善も必要となる。

　外国から呼び込んだ高スキル労働者と自国民とが共同して仕事をすることで，自国民の技術が向上するだけでなく，仕事に対する考え方や自分への投資の方法などの面でも恩恵を受けることになる。このような効果を外部効果という。外部効果が徐々に国内に波及していくことで国内全体の技術水準も高まっていき，川上と川下のバランスが取れていく。ただし，このような過程には時間がかかること，低スキル労働者の仕事を国内に残す必要性があることから，組み立て加工の誘致も続ける必要がある。価格競争力を維持するためには，賃金の伸び率を GDP の伸び率より低く抑えることが必要であり，適切な労働市場政策も欠かせない。

3．誰の資金で投資するのか

　付加価値の低い国では，給与水準も抑えられがちで，高学歴の人が満足する職が少ない。そのため，自国を離れてより好待遇が望める国への移住が増える。図表10-6 は，2009 年と 2019 年の人口を比較したものである。グラフのオレンジは，2009 年時点での 10 代と 2019 年時点での 20 代を，ピンクは 2009 年時点の 15－24 歳と 2019 年時点の 25－34 歳を，赤色は 2009 年時点の 20 代と 2019 年時点の 30 代を比較している。EU 全体で見ても 2－4％の人が外国に移住しているが[6]，チェコを除く東欧諸国は若年層の流出が大きい。チェコはプラハなど大都市圏の経済が発展しており，若年層の流出が少なく，周辺国からの流入もある。バルト諸国やハンガリーでは若年層の流出が大きい。この資料からは読み取れないが，一般に，東欧から西欧に若年層が流れているといわれている。

　産業を振興させて経済成長を達成するためには投資が欠かせない。図表 10-7 のように東欧諸国での投資は活発であり，図表 1-6（10 ページ）の南欧諸国とは大きく異なる状況にある。しかし，それでも東欧諸国のインフラ整備はまだ不十分

6　ドイツからフランスへの移住のような EU 内の移住も含まれ，留学による移動も含まれる。

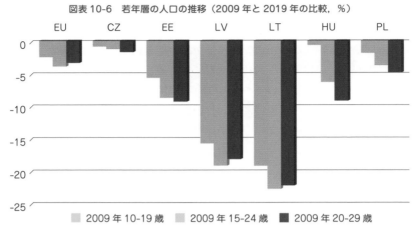

図表 10-6　若年層の人口の推移（2009 年と 2019 年の比較，%）

注：EU はイギリスを含み，データのないブルガリア，クロアチア，スロバキア，ルーマニアを除いた 24 カ国ベース。

であり，道路，鉄道，水路などの交通インフラをはじめ，電力網や通信網などの整備も欠かせない。EU の欧州構造投資基金（52 ページ）や欧州戦略投資基金（53 ページ）などによる投資が行われてきたが，東欧諸国の不満は強い。そこで，中国の一帯一路（Belt and Road Initiative：BRI）構想による投資に期待がかかっている。

　中国はヨーロッパとの間を海路と陸路で結ぶ計画を進め，シルクロード基金やアジアインフラ開発銀行（AIIB）などを設置し，ユーラシア大陸の国々に投資を行っている。中国から派遣された労働者が工事を行っており地元の雇用に貢献していない，貸付金の返済が行き詰った国から港などの設備を事実上接収しているなどの問題点があるものの，投資資金不足に悩む中央アジアや東欧諸国にとっては貴重な資金提供者であることは間違いない。

　2018 年 9 月に EU は，ヨーロッパとアジアの接続戦略（EU Strategy on Connecting Europe and Asia）を公表した。輸送網・エネルギー・デジタルネットワークの構築と人的交流，アジア諸国や国際機関とのパートナーシップ，様々な金融ツールを通じた持続可能な資金の提供を柱としており，TEN-T とアジア地域との接続を進めようとしている。交通網だけでなく，デジタル貿易やエネルギー，観光など幅広い分野の協力を進めようとしている。

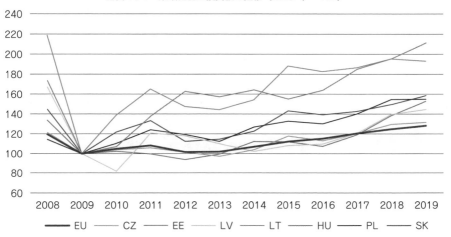

図表 10-7　東欧諸国の投資額の推移（2009 年＝ 100）

ヨーロッパと中国の間には，すでに鉄道網が整備されている。オランダのロッテルダムから中国までつながる鉄道はアジア横断鉄道（Trans-Asian Railway），またはユーラシアランドブリッジと呼ばれている。28 カ国を結ぶ総延長 11 万7500km の鉄道網は，すでにヨーロッパと中国間の貿易に活用されている。2011 年にドイツのライプチヒやレーゲンスブルクから中国の瀋陽市へ自動車部品の輸送が始まった。2018 年には中国からヨーロッパに 6300 両が到着した。コンテナ輸送量は 2016 年の 14 万 1000 個から 2030 年には 80 万個に増えるとみられている。ドイツから中国までの貨物の輸送期間は 12 － 16 日と海上輸送よりもはるかに短い。2014 年以降はドイツだけでなくオランダ，ポーランド，スペインと中国を結ぶ輸送サービスも始まっている[7]。今後は物流の要となるだろう。

中国企業も積極的にヨーロッパに進出している。図表 10-8 は中国企業による東欧諸国での投資案件だが，交通や発電など幅広い分野に投資を行っている。中国企業による投資は西ヨーロッパにも拡大しており，ベルギーのアントワープ港のコンテナターミナル，ドイツのフランクフルトハーン空港（欧州行きの格安航空会社LCC などが利用する空港，日本から国際線で到着するフランクフルト空港からはバスで 1 時間 40 分ほど離れている）などの株式を買収し，ドイツの産業用ロボット企業クーカを買収するなど積極的な投資が続いている。

7　ESCAP, Review of Developments in Transport in Asia and the Pacific 2019.

図表 10-8　中国企業の中東欧諸国への進出事例

ブルガリア	ブルガリア鉄道に投資。電車やディーゼル車両の調達に充当
ブルガリア	トラキア経済特区に e コマース物流ハブパビリオンを設置
クロアチア	ペリェシャツ橋の建設
クロアチア	アドリア海沿岸での風力発電施設の設置
ハンガリー	コマーロムでの電気バス組立工場
ハンガリーとセルビア	ブダペスト＝ベオグラード間の鉄道線路の改修
スロベニア	マリボルのエドバルド・ルスジャン空港の運営
ルーマニア	チェルナボーダ原子力発電所での重水炉建設
セルビア	コストラツ B 火力発電所の 3 号機建設
モンテネグロ	タラ川の再建

出所：JETRO，「欧州における中国の『一帯一路』構想と同国の投資・プロジェクトの実像」，調査レポート 2018 年 3 月より。

　しかし，中国に対する国際社会の見方は厳しくなりつつある。中国は世界中の途上国に資金を貸し付けているが，返済が滞ると港などの施設で返済を求めており，これは債務の罠と呼ばれている。中国が資金を使って途上国を経済的に支配するという見方である。また，自国企業が中国企業に買収されると技術が流出するのではないかとの危惧もある。EU は中国との距離をややおいているが，東欧諸国にとっては貴重な資金提供者であり，EU との対立の原因にもなっている。

第 10 章のチェックシート

　ブルガリアは（　　1　　）が盛んでバラの香水やヨーグルトなどで知られている。チェコでは自動車産業が発達しており，（　　2　　）はブランド売却後もチェコで生産を続けている。エストニアでは（　　3　　）を採掘しており，発電に用いている。経済のデジタル化が進んでおり，（　　4　　）の普及率は 98％に達している。ラトビアは（　　5　　）が盛んで家具などを生産している。東部には（　　6　　）人が多く住んでいるが，人道上の問題を抱えている。リトアニアでは（　　7　　）が盛んであり，ポーランドの大企業が活躍している。また，（　　8　　）から LNG を輸入して周辺国に再輸出している。

　ハンガリーの農産物では（　　9　　）が知られており，粉末にして利用されている。2011 年に（　　10　　）を導入して市民の健康意識の向上を図っている。ポーランドでは（　　11　　）が盛んで，銅や銀は世界有数の埋蔵量を誇っている。ポーランドでは（1）も重要な産業であり，EU の（　　12　　）の最大の受け取り国でもある。ルーマニアは鉱物資源が豊富だが（1）が重要な産業となっている。自動車メーカーの（　　13　　）でも知られている。スロバキアは 21 世紀に工業化が進み，（2）も進出している。（　　14　　）が盛んでフルーツやハーブが知られている。

　東欧諸国はドイツなどとの間に（　　15　　）を構築しているが，（　　16　　）の低い組み立て加工などに従事している。賃金の低さで企業を誘致しているが，やがて賃金が高くなると成長が止まる（　　17　　）に陥るリスクがある。投資不足を解消するために，中国の（　　18　　）構想による投資を受け入れている。（　　19　　）はヨーロッパと中国をつなぐ鉄道であり，物流の要となるだろう。

ソフィア（ブルガリア）

　ソフィア市内のセントラルハレ。ヨーロッパには常設の屋内マーケットが各地にあり，地元市民の買い物や食事の場となっている。ここではバラのコロンや布地などの観光客向けの商品も多く扱っている。
　ソフィア空港から市内まではタクシーを使うしかなかったが，現在は地下鉄M2線やバスでも市内に行くことができる。

リラの僧院（ブルガリア）

　ソフィアから南に65kmの所にあるリラの僧院。リラの村からさらに山奥に入ったところにある。オスマントルコ時代にもキリスト教の信仰が黙認されていた。1833年の火事で多くが焼失したが，その後再建された。
　ブルガリアは物価は安いが移動には時間がかかる。観光には事前の下調べと余裕のあるスケジュールが欠かせない。

プラハ（チェコ）

　写真の像はチェコの音楽家スメタナ。奥にはブルタバ川とカレル橋，プラハ城が見える。右手の建物はスメタナ博物館になっている。カレル橋には聖人やチェコの英雄などの像がある。画家のミュシャもチェコ出身で市内に博物館がある。
　プラハ市内の南のヴィシェフラド地区には英雄墓地があり，チェコを代表する人々の墓を見ることができる。

チェスキークルムロフ（チェコ）

　写真左の建物群がチェスキークルムロフ城。13 世紀から改築・増築が繰り返されてきたため，城は 41 の建物からなる。熊が飼われていることでも有名。城内はツアーでのみ見ることができるが，全て見たいのであれば複数のツアーに参加する必要がある。

　チェスキークルムロフはプラハから 170km ほど南にあり，バスでは 3 時間ほどで行ける。

タリン（エストニア）

　タリンの旧市街。タリンの旧市街はトームペアと呼ばれる高台地域と下町からなる。城壁や塔が数多く残っており，のっぽのヘルマン，ふとっちょマルガレータなどの名前が付いている塔もある。

　旧市街は歩いて見て回れる大きさであることや，対岸のフィンランドのヘルシンキから，船で 2 時間，飛行機で 30 分と近いことから，ヘルシンキから 1 日観光で訪れる観光客も多い。

ナルヴァ（エストニア）

　ナルヴァはロシアとの国境の町。写真の左側がエストニアのナルヴァ城，右側がロシアのイワンゴロド城。ナルヴァ川にかかっている橋の両側に国境審査の場所がある。日本人がロシア側に行くためにはビザが必要になる。

　晴れた日にはナルヴァ川のロシア側では多く人が釣りを楽しんでいる。

　1980 年にオイルシェールのプラントが開設し，地域の経済を支えている。

リーガ（ラトビア）

　市庁舎広場にあるブラックヘッドの会館。ブラックヘッドとは独身の商人のことである。現在の建物は1999年に再建したもの。

　右側の建物の青い時計には，同じような素晴らしい時計を他の場所に作らせないために，時計の完成後に時計職人の目を潰したという言い伝えもある。

　騎士ロランドの像が持つ剣の矛先の下がラトビアの地理的基準となっている。

ヴァルカ（ラトビア）

　エストニアとラトビアの国境の町ヴァルカ。もともと1つの町だったが，町中に国境線が引かれて2つの国に分断された。エストニア側ではヴァルガという。

　写真は旧国境。手前がラトビア，奥がエストニアとなる。町中には，車用の旧国境も残されている。観光客が訪れる町ではないが，歴史に関する2つの博物館や軍事博物館などがあり，川沿いの公園には展望台もある。

ビリニュス（リトアニア）

　ビリニュス大聖堂。ビリニュスには様々な宗派の教会が多数あり，教会の町ともいえる。近くにはゲディミナス城や国立博物館などがある。旧市街南部の夜明けの門には祈りをささげる人が多く訪れる。

　写真左の鐘楼には登ることができ，ビリニュスの旧市街のパノラマが見られるが，木製の階段は急勾配で床の間からは下が見え，少し怖い思いをするだろう。

シャウレイ（リトアニア）

　シャウレイの北東 12km の所にある十字架の丘。宗教的な由来はないといわれているが，人々がこの地に自然と十字架を持ってくるようになり，現在では観光地になっている。

　シャウレイは太陽の町という意味で，町中には太陽に関するモニュメントがいくつかある。また，町中にはルータチョコ博物館がある。

ブダペスト（ハンガリー）

　写真奥側（ドナウ川の東側）のペスト地区と手前のブダ地区を結ぶ，くさり橋。1849 年に完成したこの橋によって，はじめてブダペストの 2 つの地区が徒歩で往来可能となった。それまでは，ドナウ川を船で渡るしかなかった。

　ブダペストは温泉の町としても有名だが，男性専用日が設けられている施設もあるので事前の調査が必要。

ジュール（ハンガリー）

　ハンガリー北西部の中心都市。

　アルファベットでは Győr，発音が難しい。ハンガリーの外ではギュールという方が通じやすい。なお，ドイツ語では Raab という。ウイーンとブダペストの中間くらいの位置にある。

　写真はバジリカ教会。奥にはラーバ川も見える。市内中心部は観光地になっているが，観光客は多くなく，静かに町中を散策できる。

ワルシャワ（ポーランド）

　ワルシャワ市内のショパン博物館。500mほど離れた聖十字架教会にはショパンの心臓が埋められている。ショパンの出身地はワルシャワから50kmほど離れたジェラゾヴァヴォラである。

　ワルシャワは，ワルスとサワの2人（夫婦という説も）が人魚を助けたことが名前の由来となっている。人魚はたびたび外敵を防いだとされており，町中にもいくつか人魚のモニュメントがある。

ブラチスラバ（スロバキア）

　ブラチスラバ城。聖マルチン大聖堂とともにブラチスラバのシンボルとなっている。この地には9世紀から城があったが，現在の形になったのは15世紀のこと。1811年に失火で周辺は灰燼に帰し，1953年に再建工事が開始された。

　ブラチスラバはウイーンから船やバスで1時間の距離にあり，近年は多くの観光客が訪れている。

シナイア（ルーマニア）

　トランシルバニア地方のシナイアにあるペレシュ城。1875年にカロル1世によって建てられた。ルーマニアで最も美しい城の1つ。

　シナイアは「カルパチアの真珠」とも呼ばれる美しい町。夏はトレッキングに訪れる人々も多い。ロープウェイでブチェジ山に上ることもでき，標高2000mからの眺めを楽しむこともできる。

第Ⅲ部では 1999 年に誕生し，2002 年に現金が流通し始めたユーロに焦点を当てる。ユーロの現金やキャッシュレス化の進行，ユーロの金融システムの仕組みとこれまでの歴史を振り返る。EU の金融同盟の取り組みとフィンテックの普及によって，金融市場に変化が生じつつある。ヨーロッパの金融市場や金融サービスを見ていこう。

EU 加盟国 27 カ国のうち，19 カ国がユーロに参加している。デンマークを除く EU 加盟国はユーロに参加しなければならないが，参加のためには条件を満たす必要がある。ユーロの現金残高は増え続けているが，キャッシュレス化も進んでいる。銀行口座の活用が進んでいるが，ヨーロッパには銀行口座を持っていない人もいる。

1．ユーロの現金

　ユーロは 1999 年にベルギー，ドイツ，アイルランド，スペイン，フランス，イタリア，ルクセンブルク，オランダ，オーストリア，ポルトガル，フィンランドの 11 カ国でスタートした。この時は硬貨や紙幣は存在せず，計算上の通貨だった。2001 年にギリシャが参加し，2002 年 1 月に 12 カ国で現金の流通が始まった。2002 年 2 月末には各国の旧通貨は廃止となり，ユーロのみが法定通貨（legal tender）として認められることになった。

　その後，2007 年にはスロベニア，2008 年にはキプロスとマルタ，2009 年にはスロバキア，2011 年にはエストニア，2014 年にはラトビア，2015 年にはリトアニアがユーロに参加し，EU 加盟国の 27 カ国のうち 19 カ国で使用できる。これらの地域をユーロ地域（euro area）という。アンドラ，サンマリノ，バチカン，モナコ，モンテネグロでもユーロの硬貨が発行されており，ユーロを使うことができる。ユーロ地域にこれらを含めた領域をユーロ圏（euro zone）という。

　EU 条約によると，デンマークを除く EU 加盟国は自国通貨からユーロに切り替えなければならない。しかし，通貨の切り替えは切り替え国にも既存のユーロ各国にも大きな影響を与えるため，一定の条件を満たした加盟国から切り替えることにしている。この条件を収斂基準（convergence）といい，インフレ率（物価上昇率），長期金利，為替レート，財政赤字の 4 基準がある。為替レートについては，ERM II（欧州為替メカニズム）に 2 年以上参加することが求められる。ERM II に

図表 11-1　ユーロと旧通貨との交換比率（1 ユーロ当たり）

国：参加年	旧通貨	交換比率	国：参加年	旧通貨	交換比率
BE：1999	フラン	40.3399	LT：2015	リタス	3.45280
DE：1999	マルク	1.95583	LU：1999	フラン	40.3399
EE：2011	クローン	15.6466	MT：2008	リラ	0.429300
IE：1999	ポンド	0.787564	NL：1999	ギルダー	2.20371
EL：2001	ドラクマ	340.750	AT：1999	シリング	13.7603
ES：1999	ペセタ	166.386	PL：1999	エスクード	200.482
FR：1999	フラン	6.55957	SI：2007	トラール	239.640
IT：1999	リラ	1936.27	SK：2009	コルナ	30.1260
CY：2008	ポンド	0.585274	FI：1999	マルカ	5.94573
LV：2014	ラット	0.702804			

出所：ECB ホームページ。

参加すると自国通貨とユーロの為替レートの基準が設けられ，そこから乖離しないように経済政策や金融政策を行うことが求められる。2020 年 7 月に，ブルガリアとクロアチアが ERM II に加わり，デンマークを含めて 3 カ国が参加している。デンマークはユーロに切り替える意思はないものの，ユーロとの為替レートの安定を図るために ERM II に参加している。

◆ユーロ硬貨

　ユーロの硬貨は 8 種類ある。1 ユーロ＝100 セントであり，セントは 1，2，5，10，20，50 の 6 種類，ユーロは 1 ユーロと 2 ユーロの 2 種類が発行されている。硬貨や紙幣に記載されている数字を額面という。1 ユーロと 2 ユーロは 2 種類の金属を用いるバイメタル硬貨となっている。硬貨はユーロ地域全域で法定通貨であり，ドイツで発行された硬貨はエストニアやポルトガルでも使うことができる。

　硬貨の額面が記載されている面にはヨーロッパの地図がデザインされており，全ての加盟国で共通となっている。イタリア，サンマリノ，モナコ，バチカン，オーストリア，ポルトガルでは，2008 年に 1，2，5 セントを除く 5 種類の硬貨で地図などのデザインが新しい硬貨を発行している（図表 11-2）。

　裏面は加盟国ごとに独自のデザインを採用することができる。ドイツのようにこれまで裏面のデザインを変えていない加盟国もあるが，アルバート 2 世からフィリップ国王にデザインを変えたベルギーのように複数のデザインが発行されている

図表 11-2　ユーロ硬貨（右側が新デザイン）

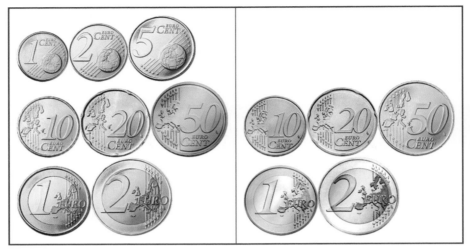

出所：ECB ホームページ。

図表 11-3　ユーロ硬貨の各国面（2ユーロ硬貨）

エストニア　　　　　　　　ドイツ　　　　　　　　フランス

アイルランド　　　　EU 条約 50 周年　　　　EU の旗 30 周年

出所：ECB ホームページ。

加盟国もある。ユーロ硬貨の種類はかなり多い。例えば，2 ユーロは 2020 年末時点でバチカンなども含めて 34 種類発行されている[1]。

　2 ユーロの縁には刻印がある。2€ または 2Euro が 4−6 回繰り返されている加盟国や，ドイツの「EINIGKEIT UND RECHT UND FREIHEIT（統一，正義，自由）」のような文字を刻印する加盟国，フィンランドのように文字と絵柄（ライオンの頭の部分）を刻印する加盟国のように，刻印は発行国によって異なる。この刻印によって 1 ユーロと 2 ユーロの縁の部分の手触りがわずかに変わるが，これは視覚障碍者のための工夫でもある。硬貨は大きさや厚さでも違いが分かるが，縁の手触りも変えている。

◆ユーロ紙幣

　紙幣は 6 種類あり，5，10，20，50，100，200 ユーロが発行されている[2]。紙幣は両面ともユーロ地域全域で共通デザインとなっている。全ての紙幣にはヨーロッパの地図と橋と窓が描かれており，額面が大きくなるに従ってそれらの建築様式が新しくなるようにデザインされている。2013 年より第 2 シリーズの紙幣が発行されており，エウロパ紙幣という。これまで特定の加盟国を表す恐れがあるとして肖像画が用いられなかったが，エウロパ紙幣ではギリシャ神話に登場するエウロパ（エウローペー）が描かれている。

　紙幣には様々な偽造対策が施されている。エウロパ紙幣には透かし部分（図表 11-5 の ■1 ）とホログラム部分（■2 ）にエウロパが描かれている。また，額面の数字は紙幣を傾けると角度によって色が変わるようになっている（■3 ）。非常に小さなマイクロ文字も印刷されており，星の中やアーチの部分，裏面は橋の手すりの部分に 10 ユーロの文字がびっしり書かれている（■4 ）。左右の端には斜線が引かれているが，これは視覚障碍者のための工夫である。斜線の部分が 5 ユーロは両端いっぱいに，10 ユーロは 2 つ，20 ユーロは 3 つに分かれており，指でなぞって判別することができる。紙幣を電気や太陽にかざしてみると，透かしがよく見えるが，中央あたりに黒に縦線が見える（■5 ）。よく見てみると小さな文字で 10€ と書かれているのが見える。

1　これには記念硬貨は含まれていない。ユーロ各国は年に 2 種類まで記念硬貨を発行することができ，2020 年だけでも 23 種類発行されている。
2　2002 年に発行された第 1 シリーズでは 500 ユーロも発行されていたが，第 2 シリーズでは廃止された。第 1 シリーズの 500 ユーロは現在も法定通貨として使うことができる。

その他にも，紫外線を当てると EU の旗の星など一部の部分が黄色く光ったり，オレンジ（UV–C を当てた場合）に光ったりするが，ユーロピウムなどの塗料が使われている。これらの工夫はカラーコピーでは再現することができない。ユーロは見た目，手触り，角度によって変わる色により判別できるようになっている。ユーロ地域は多言語地域であるため，ユーロの文字にはラテン文字，ギリシャ文字，キ

図表 11-4　ユーロ紙幣（エウロパ紙幣）

額面	デザイン	両面
5 ユーロ	クラシック	
10 ユーロ	ロマネスク	
20 ユーロ	ゴシック	
30 ユーロ	ルネッサンス	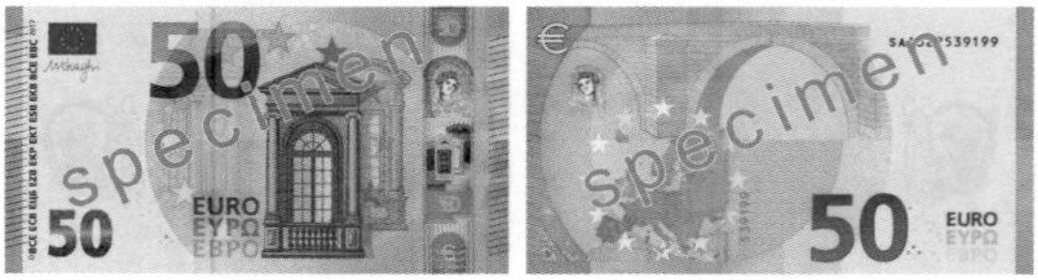
100 ユーロ	バロック・ロココ	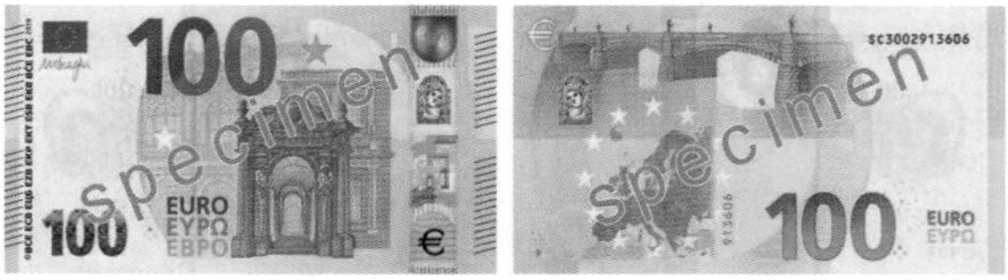
200 ユーロ	19 世紀	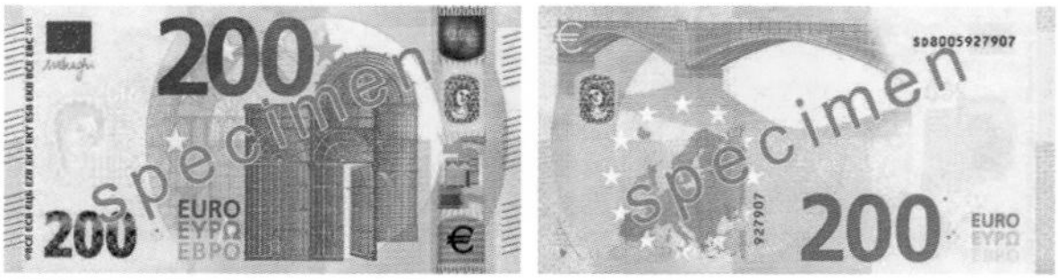

注：「specimen」は見本という意味。実際の紙幣には印刷されていない。
出所：ECB ホームページ。

図表 11-5　ユーロ紙幣の偽造対策

出所：ECB ホームページ。

リル文字の３つのアルファベットが用いられ（**5**），ECB も９種類の表記が用いられている（**4**）[3]。

　紙幣には ECB（欧州中央銀行）総裁のサインが印刷されている（**1**）。現在のラガルド総裁は第４代目であるため，例えば５ユーロ札はドイセンベルク，トリシェ，ドラギのサインが入った旧札とドラギとラガルドのサインが入った新札が流通している。また，紙幣の番号の先頭の２文字は印刷会社を表している。ユーロ紙幣は一見種類が少ないように見えるが，細かい点まで見ていくとかなり種類が多く，コレクター泣かせの現金でもある。

　通貨の変造は禁止されているが，芸術作品などに用いることは可能であり，切り貼りや加工もできる。ただし，一度芸術作品に使ったものは再び現金として用いることはできない。

3　５ユーロから 20 ユーロまでは９言語，50 ユーロ札以降はクロアチアの EU 加盟を反映して 10 言語で記載されている。

2. ユーロ現金の流通

　通貨には，計算単位，流通手段，価値保存の３つの機能がある。計算単位は価値の比較や計算のための基礎となるもので，ユーロで表示した価格をユーロ建てという。ドイツのジャガイモとリトアニアのジャガイモはどちらもユーロ建てで表示されているため，どちらが安いのか簡単に比較できる。ドイツマルク建てとリトアニアリタス建てでは計算単位が異なるため比較が困難となる。流通手段は現金と商品との交換に用いることを指す。もし通貨がなければ，バゲットを買いたい画家は絵を欲しがっているパン屋を見つけなければならないが，通貨があれば絵を売って通貨を獲得し，その通貨を使ってバゲットを買えばよい。このような価値のあるものと価値のあるものを交換することを決済という。２つの機能を満たすだけならどんな素材のものでも通貨になるが，価値保存を考えるとなんでも使えるわけではない。バゲットを通貨として使うと長期間の保存が難しい。小さくても価値があり

図表 11-6　ユーロ現金の流通残高

	2002 年		2010 年		2021 年	
	枚数	金額	枚数	金額	枚数	金額
1 セント	61.2	0.6	211.3	2.1	374.1	3.7
2 セント	58.3	1.2	170.5	3.4	290.2	5.8
5 セント	57.5	2.9	142.3	7.1	224.4	11.2
10 セント	55.6	5.6	110.5	11.0	158.9	15.9
20 セント	47.5	9.5	86.4	17.3	123.7	24.7
50 セント	42.6	21.3	49.6	24.8	65.6	32.8
1 ユーロ	34.4	34.4	61.3	61.3	75.5	75.5
2 ユーロ	23.6	47.2	42.2	84.5	66.7	133.3
硬貨合計	380.8	122.7	874.1	211.6	1379.1	303.1
5 ユーロ	19.2	96.0	14.3	71.4	19.6	97.9
10 ユーロ	20.0	200.0	18.8	188.0	27.3	272.9
20 ユーロ	19.6	392.4	24.8	495.3	43.6	872.2
50 ユーロ	14.2	708.5	49.3	2465.3	126.5	6324.9
100 ユーロ	3.6	364.0	14.4	1443.2	33.6	3364.6
200 ユーロ	0.8	150.8	1.8	354.3	6.6	1326.2
500 ユーロ	0.6	303.1	5.6	2817.8	4.0	2016.8
紙幣合計	78.0	2214.8	129.0	7835.4	261.3	14275.5

　　注：枚数は億枚，金額は億ユーロ，各年１月の数値。

形を変えやすいことから，長らく金属が，その後は紙幣も通貨として用いられている。今後は電子データが通貨として一般的に用いられるようになるが，すでに銀行預金は幅広く使われている。

　ユーロ現金の流通高は 2002 年の流通開始後，年々増加している。2010 年代後半には様々なキャッシュレス手段が普及したものの，現金残高の増加ペースは鈍っていない。また，2020 年には現金残高の伸びが急上昇した。金融危機や経済危機があると，人々は現金を手元に置こうとする傾向があるが，技術が発達した 2020 年でも同じ傾向が見られた（図表 11-7）。

　図表 11-7 を見てみると，当初は 500 ユーロが多く出回っていたが 2010 年代後半に徐々に減少し，2019 年頃から 200 ユーロが増えていることが分かる。2016 年に 500 ユーロの発行終了を公表したことから，200 ユーロへの切り替えが進んでいる。500 ユーロや 200 ユーロを日常の買い物で使うことは少ないため，価値保存手段として用いられていると考えられ，2020 年の急増も価値保存のためと考えられる。ECB はユーロ紙幣の 30％がユーロ地域外へ流出しているとみており，観光客による持ち帰りだけでなく，ユーロ地域の周辺国の人々が資産として保有したり，地下経済で流通したりしていると考えられる[4]。

図表 11-7　ユーロ現金の流通残高（億ユーロ）

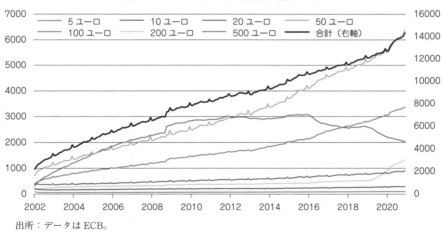

出所：データは ECB。

4　Lalouette et al., Foreign demand for euro banknotes, ECB Occasional Paper Series, No. 253, January 2021.

　100ユーロや50ユーロは日常の買い物のために保有されていると考えられる。2000年代はスーパーなどのレジで50ユーロを出すと少し嫌な顔をされたが，2010年代には50ユーロや100ユーロの利用は当たり前になってきた。物価が上昇していることと偽札判別機が普及したことが背景にある。

◆ラウンディング

　1セントや2セントの硬貨を使わない工夫をラウンディング（rounding）という。買い物の合計金額に対して，端数が1，2，6，7セントの時には切り下げ，3，4，8，9セントの時には切り上げをして，5セント刻みにそろえるのが一般的な方法である。ユーロ地域では，ベルギー，オランダ，アイルランド，フィンランドで実施されている。1個1.99ユーロの商品を2個買うと合計金額が3.98ユーロになるが，実際の支払いは4.00ユーロになる。また，3個買うと5.97ユーロになるが，支払いは5.95ユーロとなる。ラウンディングできるのはあくまでも合計額であり，個々の商品価格には適用できない。つまり，2.00ユーロ×3＝6.00ユーロという計算はできない。1セントの単位まで正確に支払いたい場合はクレジットカードなどを使う必要がある。

　店側はお釣りのための小銭を準備する手間が減り，政府は1セントや2セントの製造費用を削減できる。消費者は財布の中にある硬貨が8種類から6種類に減る。ラウンディングのメリットを詳しく見てみよう。

　店にとって，少額硬貨の管理コストは大きい。釣銭用に常に一定数の硬貨を準備しなければならず，キャッシュレジスターもそれに対応させなければならない。1セント硬貨50枚のロールを手に入れるのに40セントのコストがかかるケースもあるといわれている。つまり，50セント分の硬貨を準備するのに90セント必要になる。これだけでも硬貨はコストがかかることがうかがえる[5]。その上，日々のレジ締め作業や少額硬貨の受け渡しにかかる時間も店側のコストとなる。1セントと2セントを使わなければその分だけ時間を効率よく使える。

　通貨の発行は政府の利益になり，これをシニョレッジ（seigniorage，通貨発行差益）という。紙幣は植物の繊維からできており原価は低いが，これに50ユーロや100ユーロと印刷をすれば額面で発行できる，つまり額面と原価との差額がシ

5　小売店にとっては現金の管理にはコストがかかるが，そのコストを顧客に転嫁することはできない。これを現金サーチャージの禁止という。European Commission, Legal tender of the euro: Q&A on the new Commission recommendation, MEMO/10/92, 2010.

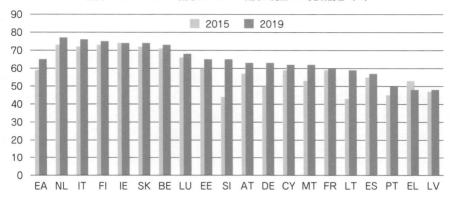

図表 11-8　1 セント硬貨と 2 セント硬貨の廃止への賛成割合（%）

出所：Flash Eurobarometer 429, November 2015；Flash Eurobarometer 481, October 2019.

Box24. ヨーロッパのラウンディング

　5 セント刻みのラウンディングは，1972 年にスウェーデンが導入したことから スウェーデン方式（Swedish Rounding）と呼ばれている。スウェーデンは 1972 年に 1öre と 2öre を廃止した際に本章と同じ方式のラウンディングを導入した （100öre ＝ 1 スウェーデンクローナ）。その後，スウェーデンでは öre 硬貨が次々に 廃止され，2010 年より 0－50öre は 0 クローナに，51－99öre は 1 クローナになっ た。チェコでは 2008 年に 50heller が（100heller ＝ 1 チェココルナ），ノルウェー では 2012 年に 50øre が廃止され（100øre ＝ 1 ノルウェークローネ），スウェーデ ンと同じ方式が採用された。

　デンマークでは 2008 年に 25øre が廃止になり，50øre が最小単位になったため， 1－24øre はゼロ，25－74øre までが 50øre，75－99øre までが 1 デンマーククロー ネになる。

　ハンガリーでは 2008 年に 1Forint と 2Forint が廃止され，5Forint ごとにラウン ディングする。スイスでは 2007 年に 1centime が廃止され 5centime 単位でラウン ディングする（100centime ＝ 1 スイスフラン）。両国ともユーロ地域と同じルール を用いている。

　ボスニア＝ヘルツェゴビナは他の国と異なり，2006 年に 5Fening が新たに発行 され（100Fening ＝ 1 兌換マルク），ユーロ地域と同じルールになった。それ以前は 10Fening が最小単位で四捨五入されていた。

ニョレッジとなる。1セント，2セント，5セントは銅でできており，原価である銅価格は国際市場の動向によって変動する。銅価格が高いと1セント分の銅の原価が1セントを超えてしまう。製造機器の電力やメンテナンス費用などの製造費用も考えると，1セントや2セントを発行すると負のシニョレッジが発生する。アイルランドでは1セントの製造コストは1.65セントといわれており，欧州委員会の調査によると2002−2012年までの負のシニョレッジがユーロ地域全体で約14億ユーロに上るとされている。ラウンディングを進めることで財政赤字を削減できる。

　消費者にとっては両面とも同じデザインで直径16.25㎜の1セント，直径18.75mmの2セント，直径21.25mmの5セントが財布に混在しているのは不便だといえる。図表11-8のように，ユーロ地域（EA）全体では65％の人が1セントと2セントの廃止に賛成している。賛成が半数を切っているのはギリシャとラトビアのみで，両国には経済が不調で物価が高くないという共通点がある。

3．キャッシュレス化の進行

　ユーロ地域では2010年代にキャッシュレス化が進んだが，地域によるばらつきが大きい。

　ユーロ地域全体のキャッシュレス率は支払い回数で23％，金額で52％となっている。図表11-9にはノルウェーとデンマークもあるが，デンマークは回数77％，金額84％，ノルウェーは回数97％，金額96％とユーロ各国よりもはるかに高い。ユーロ地域では，オランダが回数66％，金額78％と最も高く，回数ではギリシャが11％，金額ではキプロスとマルタが27％でもっと低い。ドイツは回数23％，金額49％とユーロ地域平均をやや下回っている。南欧や東欧では現金の利用が多いが，現金で給与を受け取る比率が高いことも影響している。少額の買い物では現金，高額の買い物ではカードや請求書払いを使う傾向があることから，支払い回数よりも金額のキャッシュレス比率が高くなる傾向がある。

　2020年には感染症の影響でキャッシュレス化が進んだとされており，例えば，ブンデスバンク（ドイツの中央銀行）によるとドイツのキャッシュレス比率は2020年には40％に達したとみられている。コロナウイルス（SARS-CoV-2）は紙幣などの現金を経由して感染するリスクが低いものの[6]，ユーロ地域では45％の人が現金経由の感染を懸念している。人々の態度が新しい技術の普及に役立った。

図表 11-9　キャッシュレス支払い率

支払い回数　　　　　　　　　　　　支払金額

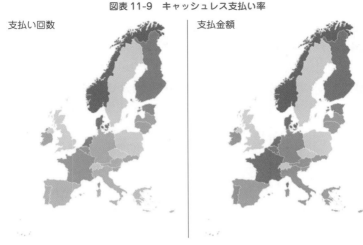

注：緑が濃い方がキャッシュレス比率が高い。灰色はデータなし。データは加盟国
　　によって異なり，2016−2019 年のもの。
出所：ECB, Study on the payment attitudes of consumers in the euro area-
　　SPACE, December 2020.

◆銀行がサービスの中心

　日本ではクレジットカードや電子マネーの利用が多いが，ヨーロッパではデビッ
トカードの利用が多く，クレジットカードの利用は減少傾向にある[7]。デビット
カードは日本の銀行キャッシュカードであり，ATM で現金を下ろすのに使われる
だけでなく，店舗での支払いにも使えるようになっている。フランスの CB（Carte
Bancaires）など歴史のあるデビットカードサービスも多い。ユーロのデビット
カードはユーロ地域ならどこでも使えるため，周辺国への旅行のためにクレジッ
トカードを作る必要がない。また，クレジットカードはカード会社に支払う手数料
の高さが問題視されており，店側は手数料の安いデビットカードの利用を望んでい
る。国境を越えたオンラインショッピングでもデビットカードが使えるため，ユー
ロ地域ではクレジットカードの保有率は 50％ほどしかない。

6　Auer, Cornelli and Frost, Covid-19, cash, and the future of payments, BIS Bulletin 03, April
　2020.
7　Luxembourg for Finance, The European payments landscape in perspective, EPA.EU 2020
　report.　2019 年のクレジットカード利用回数は前年比 1.1％減少している。

　銀行預金の利用もキャッシュレス支払いであり，請求書払いからデビットカード払い，さらにはデビットカードの機能をスマートフォンに搭載するモバイルペイメントが普及期に入っている。スウェーデンの Swish など北欧諸国にとどまらず，ベルギーの Bancontact（ペイコニーク）などヨーロッパ中で様々なサービスが展開されている。ただし，多くのサービスは1国内でしか使えず，他の加盟国ではプラスチック製のカードを使う必要がある。イギリスの FingoPay では，支払い端末に指を乗せるだけで支払いできる。システムが事前に登録した指紋かどうかをチェックして支払いの操作を行う。このような生体認証（biometrics）はすでに広く取り入れられており，スマートフォンが不要な時代が迫っている。

　銀行預金を利用した新しいサービスは，API（Application Programming Interface）と呼ばれるアプリを通じて提供される。EU では 2018 年に第二次決済サービス指令（Payment Services Directive2：PSD2）が施行され，決済サービス事業者が API 経由で利用者の銀行口座の残高を確認したり，送金を指図したりできるようになった。

　デビットカードやクレジットカードをアプリに登録して使う方式も人気があり，PayPal，Apple Pay，Google Pay などはデジタルウォレットと呼ばれている。これらのウォレットにカード番号を登録すれば，支払いの際にクレジットカード番号やデビットカード番号を入力せずに済み，安全性を高めることができる。

　ヨーロッパでは銀行数や支店数が減少しており（271 ページ），銀行は顧客をリアルの店舗からオンライン店舗に移行させようとしている。オランダの iDEAL はオンラインショッピングなどで使えるオンライン支払サービスであり，オランダでの普及率は高い。ポーランドの mBank はユーザーフレンドリーな設計で知られている。既存の銀行に加えて，N26（ドイツ），Bunq（オランダ），Revolut（イギリス），Monzo（イギリス）などのネオバンクと呼ばれる銀行がヨーロッパに 65 行あり，各国で顧客を増やしている[8]。ネオバンクはオンライン上でサービスを展開し，従来の銀行サービスに加えて，家計管理機能，AI アドバイザー，暗号通貨支払い，外国向け送金など様々なサービスが使えるようになっており，DLT（分散型台帳技術）などの新しい技術を活用しているところも多い。

　店のレジでのカード支払いでは，カードを端末に挿した後に暗証番号を入力する方式が一般的だが，近年では端末にカードをタッチするだけのコンタクトレス決

8　NeoBank.app のデータ．2020 年時点。

図表 11-10　強化本人認証の３要素

デバイス

プラスチック製カード
スマートフォン
PC

知識

PIN コード（暗証番号）
パスワード

生得情報

指紋
顔認証
静脈
虹彩

済が普及してきている。タッチは利便性が高く，支払いにかかる時間も短縮できる一方で，拾ったカードで他人に成りすまして支払うこともできる。利便性と安全性のバランスをどのように保つのかは難しい問題でもある。PSD2 では強化本人認証（Strong Customer Authentication：SCA）が導入され，デバイス，知識，生得情報（生体認証）の３要素のうち少なくとも２要素を使うことを求めている[9]。カードを端末に挿して暗証番号を入力すれば，デバイスと知識の２要素を使っていることになる。タッチはカードだけの１要素認証になっており，安全性が低い。そのため，PSD2 ではタッチ支払いは１回 50 ユーロ未満，タッチは４回連続までで５回目は PIN コード（4 桁の暗証番号）入力が必要，といった条件がある。強化本人認証の導入期限は何度も延長されながらも最終的に 2020 年末となったが，準備が間に合わない事業者もまだ多い。

◆統一的な決済システム

　イタリアの Jiffy はイタリアの 80％の銀行からアクセスでき，安全で素早い銀行間送金が可能になっている。ヨーロッパのモバイルペイメントやオンライン銀行の送金サービスでは，自分の銀行口座から相手の銀行口座に直接送金することができ，手数料も低く抑えられている。このような個人間の送金はインスタントペイメント（instant payments）と呼ばれているが，サービスの背後にはリアルタイムの小口送金を実現させるシステムの存在がある。

9　サービスの利用申し込み時には本人確認，毎回の支払い時には本人認証が必要となる。

　SEPA（Single Euro Payment Area）は，EU 加盟国 27 カ国に加えて EFTA
の 4 カ国，モナコ，サンマリノ，アンドラ，バチカン，イギリスの 36 カ国でユー
ロ建て決済を行う仕組みであり，用途に応じた SEPA Credit Transfer（SCT），
SEPA Direct Debit Core（SDD Core），SEPA Direct Debit B2B（SDD B2B），
SEPA Instant Credit Transfer（SCT Inst）が稼働している。個人間の送金や店
舗への支払いには SCT Inst や SCT が利用される。2018 年には TARGET Instant
Payment Settlement（TIPS）が稼働を開始し，99％の送金が 5 秒以内に着金する
ようになった。ヨーロッパの主要銀行が TIPS に参加している。TIPS の送金手数
料は 1 回当たり 0.2 セントに固定されており，非常に低い手数料で安全に送金で
きるようになっている。TIPS はユーロの中央銀行であるユーロシステム（第 12
章）を通じた決済サービスであり，中央銀行に口座を開ける銀行しか参加できな
い。サービスを展開できる銀行のハードルが高い一方で，高い安全性を実現でき
る。TIPS はユーロの送金のみを扱っているが，2022 年にはスウェーデンクローナ
（SEK）も送金できるようになる。

◆「真」にユニバーサルなサービスを
　お金を支払うという行動は最も基本的な経済行動であり，道具としてのお金には
人々が最も安心して安全に使えることが求められる。現金は匿名性があるため犯罪
に使われやすく，脱税にも利用されている。ヨーロッパでも日本のような特殊詐欺
が発生しており，高齢者が現金をだまし取られている。硬貨と紙幣は最も安全な道
具とは言い切れず，電子的な道具への移行は避けられない。
　しかし，銀行口座やスマートフォンは誰もが持っているわけではない。図表
11-11 のように，ヨーロッパ（EU ＋ノルウェー＋スイス＋イギリス）では成人の
1889 万人，5.5％の人が銀行口座を保有していない[10]。これらの人々にとっては現
金が必要とされている。数えたり受け渡したり道具としての現金の使い方の教育は
容易で，形の見えない電子的なお金の概念や管理を理解するのが難しい人々もい
る。新しい技術やサービスは使いたい人だけが勉強して使えばよいが，キャッシュ
レスサービスは全ての人が容易に使いこなせる必要がある。

10　銀行口座を保有していない人を unbanked，口座はあるものの手数料などの問題から利用していない
　人を underbanked という。

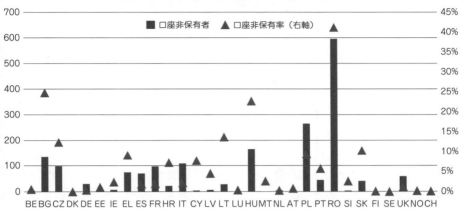

図表 11-11　銀行口座非保有者（2017 年，万人，%）

出所：World Bank, Global Findex；Eurostat.　25 歳以上のデータ。

第11章のチェックシート

ユーロの硬貨は（　　1　　）種類，紙幣は（　　2　　）種類あり，（　　3　　）カ国がユーロ地域に属する。2013年より第2シリーズの（　　4　　）が発行されている。

通貨には，（　　5　　），（　　6　　），（　　7　　）という機能があり，価値があるもの同士を交換することを（　　8　　）という。ユーロの現金残高は年々伸び続けており，（　　9　　）ユーロや100ユーロは（6）として，（　　10　　）ユーロは（7）として使われている。硬貨は1セントや2セントの利用を減らすために4カ国で（　　11　　）が実施されている。1セントなどの銅貨を発行すると負の（　　12　　）が発生するという問題もある。

ヨーロッパではキャッシュレス化が進んでいるが，クレジットカードよりも（　　13　　）の利用が多い。（13）の機能をスマートフォンに搭載した（　　14　　）も普及しつつある。カードを端末にタッチするだけの（　　15　　）も増えつつあるが，安全性の問題もあるため，3要素のうち少なくとも2要素を使う（　　16　　）が導入されている。

EUと周辺諸国では（　　17　　）によるユーロ建て決済が可能になっている。（　　18　　）と呼ばれる個人間送金にも対応している。

第12章 ユーロの金融政策

ユーロは19カ国で使えるが，金融政策は19カ国で1種類しか実施できない。そのため，ユーロ各国の中央銀行は欧州中央銀行（European Central Bank：ECB）に決定権を委譲し，自らは金融政策の実施主体となっている。欧州中央銀行とユーロ各国中央銀行（National Central Banks：NCBs）が一体として金融政策を実施する中央銀行システムをユーロシステム（Eurosystem）という。本章では，ユーロシステムの仕組みを見た後に，金融政策がどのようにして経済に影響を与えるのか，波及経路をキーワードに見ていく。

1. 中央銀行の役割と金融政策デザイン

　銀行システムは中央銀行（central bank）と市中銀行からなる。市中銀行は家計や企業などから預金を受け入れて貸し出しなどの業務を行う金融機関であり，イギリスを除くヨーロッパでは資金仲介の中心的な役割を担っている。中央銀行は家計や企業との取引を行わず，市中銀行などの金融機関と取引を行う。銀行間の送金は中央銀行に開設した口座の振り替えという形で行われており，中央銀行は口座振替のための決済システムを運営している。金融政策を学ぶためには中央銀行と市中銀行を区別する必要があるため，本章でのみ，銀行ではなく市中銀行と表記する。

　中央銀行は，発券銀行，銀行の銀行，政府の銀行の3つの役割を担っている。発券銀行とは，正式名称を銀行券という紙幣の管理業務である。銀行券は中央銀行から市中銀行に供給されて，日々の取引に使われ，市中銀行を経由して再び中央銀行に戻ってくる。中央銀行は銀行券の供給量を決め，戻ってきた銀行券の真贋をチェックして偽造紙幣の再流通を防ぐ。銀行券の需要は季節によっても変動し，一般に12月に増えて1月に減る。需要予測に応じて適切な量の紙幣を供給するのも重要な業務である。

　銀行の銀行とは，決済システムの運営や市中銀行との資金取引を行う業務である。市中銀行が中央銀行に開設した口座を準備預金口座という。市中銀行の指図に基づいて準備預金口座の資金の振り替えを行うことで送金が完了する。また，市中銀行と証券の売買を行って準備預金を増減させることもできる。

　政府の銀行とは，政府の資金の管理業務である。国によって業務の範囲が違うが，国債の金利の支払い業務や政府預金の管理などを行っている。

　中央銀行の最も重要な役割は金融政策（monetary policy）の実施である。様々な金融政策手段（monetary policy instruments）を用いて金融市場に働きかけ，マクロ経済全体に影響を及ぼそうとする政策であり，特に金融危機が発生した時には危機の拡大を防ぐために金融市場への迅速な資金注入が必要とされる。また，金融機関や金融市場の健全性（soundness）を保つための監督（supervision）や金融規制政策（macroprudential policy）も行っている。

◆金融政策デザインとは

　中央銀行が担当する業務は広範であり様々な要素からなる。それらをまとめたものを金融政策デザイン（monetary policy design）という。金融政策デザインは，ある国の金融政策の分析に使えるだけでなく，複数の金融政策の比較分析にも有用なツールである。

　金融政策は金融政策運営，情報政策，金融システム運営からなる。

　金融政策運営は，中央銀行が金融政策手段を用いて経済の動向に影響を与えようとするものである。経済は家計，企業，政府からなり，借り入れや投資など様々な金融取引が行われている。金融政策はそれらの金融取引に影響を与えることで経済

図表 12-1　金融政策デザイン

	ミクロ面	マクロ面
金融政策運営	＊金融政策手段 　公開市場操作 　常設ファシリティ 　準備預金制度	＊政策目標の設定 　インフレ率 　為替レートなど ＊波及経路の分析・予測
情報政策	口開市場操作　｜　アナウンスメント 説明責任	
金融システム運営	決済システム，銀行券，監督，金融規制政策 金融危機時の流動性供給	

を誘導するものである。金融政策運営は，金融政策手段によって直接的に影響を及ぼすミクロ面の政策と，情報政策などを用いて間接的に影響を及ぼすマクロ面の政策に分かれる。

ミクロ面の政策対象はマネーマーケットと呼ばれる市場である。マネーマーケットとは市中銀行などの金融機関が満期１年未満の資金貸借を行う市場であり，短期金融市場とも呼ばれる。マネーマーケットで決まる金利を短期金利（short-term interest rate）といい，短期金利の動向に将来の予測である期待を加味して長期金利（long-term interest rate）が決まる。様々な満期の金利をグラフにしたものをイールドカーブ（yield curb）というが，ミクロ面の金融政策はイールドカーブの形状に影響を及ぼす政策である。マクロ面の政策対象は経済全体となるが，中央銀行が企業の設備投資や雇用を直接コントロールすることはできない。しかし，イールドカーブの形状が市中銀行の行動にどのように影響を与え，株式市場や債券市場にどのように波及し，それが企業や家計の行動にどのように影響するのかが予測できれば，金融政策の効果も予測できる。このような経路を波及経路（monetary policy transmission）という。金融政策の波及や効果については第４節で見ていこう。

情報政策は中央銀行が様々な情報を発することで経済に影響を与えようとするものである。人々は，現状分析だけでなく期待も加味して経済取引を行う。来年のインフレ率（物価上昇率）が２％だと予想すれば，人々は賃金交渉で少なくとも２％の賃上げを要求するだろう。経営者側もインフレ分は仕方がないとして２％の賃上げを受け入れ，これを知った小売店は商品の価格を２％引き上げる。このようにして実際に２％のインフレが生じる。中央銀行が来年のインフレ率が３％になる見込みだと公表すれば，人々は３％を前提に取引を行うようになる。ここでポイントになるのは，人々が中央銀行の情報を信じるかどうかであり，これを信認（credibility）という。中央銀行に信認があれば情報政策が有効に機能する。しかし，信認の無い中央銀行がいくら情報を流しても，その情報を誰も信じないため，期待をコントロールできない。経済分析をした上で来年のインフレ率が３％だと公表しても人々はそれを信じず，より大きなインフレが生じる可能性もある。

情報政策が重視されるようになった背景には，経済理論の中で期待の重要性が高まったためである。中央銀行が人々を驚かせる発表を突然するのではなく，少しずつ情報を流して人々の考えを徐々に誘導する方がスムーズに政策を実施でき，何のために政策を行うのかを説明することで政策効果をより高めることができると考

えられている。ミクロ面の政策はプロの金融機関が参加するマネーマーケットが
対象であるため，専門的で正確な情報が望まれ，情報によって金利を誘導する政策
も積極的に試みられる。情報で市場を動かすという意味で，口開市場操作（open
mouth operations）とも呼ばれている。マクロ面では一般の人々も対象になるた

Box25.　イールドカーブ

　イールドカーブは満期と金利の関係をグラフにしたものだが，それぞれの満期の金
利＝翌日物金利＋タームプレミアム＋期待，という関係がある。翌日物金利は今日借
りて明日返すという満期１日の金利であり，最も満期の短い金利となる。ユーロの翌
日物金利を€STR（Euro Short-Term Rate，エスター）という。満期が１週間の金
利は，満期１日の借り入れを１週間分繰り返す場合の金利よりも高くなる。１日借り
るよりも１週間借りる方が途中で破産して返せなくなる可能性が高いからで，期間が
長くなればなるほど返済できなくなるリスクが高くなる。その分だけ金利が上乗せさ
れるが，それをタームプレミアムという。経済学では予想のことを期待という。１週
間の間に金融市場が変化して金利が高くなると予想されれば，その分だけ満期１週間
の金利は高く設定される。

　イールドカーブは下図のような形になるが，将来の金利低下が強く見込まれている
時には，期待の部分が大きくマイナスになってイールドカーブ自体が右下がりになる
こともある。イールドカーブの分析は金融取引を行うにあたって非常に重要である。
分析によって異なるが，イールドカーブには10年や30年などの長い満期の金利ま
で含めることが多い。

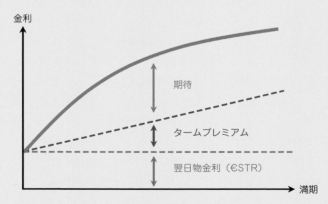

参考：川野祐司『これさえ読めばすべてわかる国際金融の教科書』文眞堂，第３章。

め，分かりやすい説明が求められる。インフレ率などの将来のマクロ経済の動向を説明し，どのような金融政策が必要になるのかをアナウンスする。

　情報政策には，説明責任（accountability）という役割もある。金融政策は中央銀行が担当するが，中央銀行の関係者は選挙を受ける政治家でもなく，公務員でもない。財政政策は市民が選挙を通じてコントロールすることが可能だが，金融政策には市民のコントロールが及ばない。そこで，中央銀行には市民に対して，政策の方針や理由を説明する義務が課せられており，議会証言やホームページでの情報公開を行っている。一方で，金融政策が政府の言いなりになると，財政赤字の穴埋めのために通貨の乱発を強要されて経済が混乱する可能性もあることから，金融政策の決定に関しては中央銀行のみが権限を持つ独立性が付与されている国が多く，ユーロシステムにも独立性が付与されている。

　金融システム運営は，金融の安定（financial stability）を目指す政策である。金融の安定には定まった定義はないが，市中銀行などの金融機関が信用リスクを過大に見積もることなく，経済のファンダメンタルズ（基礎的条件）に基づいて自由に取引できる状態をいう。信用リスクとは相手に貸した資金が返済されなくなるリスクを指し，貸し出す相手の財務状況に応じて決まる。スタートアップ企業への貸出は大企業への貸出よりも信用リスクが高いため，市中銀行は高い金利を要求したり土地などの担保を求めたりする。金融の安定が達成されていれば，企業は自らの信用リスクに基づいて市中銀行から資金を借り入れることができ，資金取引は円滑に行われる。そのための環境作りをするのが金融システム運営である。

　金融システム運営のもう1つの役割として，金融危機への対応がある。金融危機が発生すると，信用リスクを過大に見積もる傾向が市中銀行だけでなく経済に広く見られるようになり，必要な資金を借りることができなくなってしまう。新規の貸出を拒むだけでなく，すでに貸し出した資金の早期返済を求めるようになり，金融取引の圧縮（deleveraging）が広がる。健全な経営をしてきた金融機関や企業に資金不足が発生し，危機がさらに広がる恐れがある。金融機関の破産が連鎖することをシステミックリスク（systemic risk）というが，システミックリスクの顕在化を防ぐために，中央銀行は大量の資金を経済に投入する。この政策は緊急の一時的なものであるが，政治や金融市場からの圧力により出口政策（exit）を取るのが難しくなり，次のバブル経済を発生させるという副作用もある（第13章）。

2. ユーロシステムとは

　ユーロの金融政策を担当するのはユーロシステム（Eurosystem）である。ユーロシステムは，ECB（欧州中央銀行）とユーロ参加国19カ国の各国中央銀行から構成されている。これにユーロに参加していないEUの8加盟国の中央銀行を合わせたものをESCB（European System of Central Banks：欧州中央銀行制度）という。ユーロシステム内では，ECBが本店で各国中央銀行が支店のような役割を果たしている。ECBの建物はドイツのフランクフルトにあり，ECBの中に金融政策の決定に関わる機関がある。

◆政策理事会（Governing Council）

　政策理事会は金融政策を決定する機関である。6名の役員会メンバーとユーロ参加国の中央銀行総裁が参加する。金融政策の決定に関する会合は年8回，6週間または7週間の間隔で開催される。政策理事会のメンバーはユーロ参加国の中央銀行総裁19名に役員会メンバー6名を加えて25名になる。

　政策理事会には投票に関するルールがあるが，金融政策の決定はコンセンサス（合意）によるとされている。投票ではどの加盟国出身のメンバーが賛成したのか，反対したのかが明らかになり，各メンバーの投票が出身国の政治や世論に左右されかねないためである。政策理事会のメンバーは特定の加盟国ではなく，ユーロ地域全体のことを考えなければならない。政策理事会の詳細な議事録を30年後に公表するというルールも同じ理由による。

◆役員会（Executive Board）

　ECB総裁，副総裁，4名の専務理事からなる。政策理事会の準備，ユーロ参加国の中央銀行に対する指示，ECBの運営などを行う。

　ECB総裁はオランダ人のドイセンベルク，フランス人のトリシェ，イタリア人のドラギに続いて，現在はフランス人のラガルドが務めている。ECB初の女性の総裁でもある。

　中央銀行総裁の任期は国家元首よりも長めに設定されることが多く，ECB総裁の任期は8年間である。これは，中央銀行総裁を国家元首よりも経験豊富な状態にしておき，政治からの圧力に対抗するための措置である。取るに足らないことのよ

うに思われるが，中央銀行の独立性を確立させるための重要な措置の１つである。

◆一般理事会（General Council）

　一般理事会は ECB 総裁，副総裁，EU 全加盟国の中央銀行総裁からなる。その他にも投票権はないが，ECB 専務理事，欧州理事会常任議長，欧州委員会から１名が一般理事会に参加することができる。統計の整備，年次報告の作成準備，ユーロ参加を希望している国への助言を与える業務などに携わっている。

◆金融政策の目的

　ユーロシステムの金融政策の目的は，物価安定の維持である[1]。つまりインフレ率を低く抑えることであり，HICP（Harmonised Index of Consumer Prices：統合

Box26．なぜインフレ目標はゼロではないのか

　ユーロシステムの金融政策の目標値である２％は 1999 年から変わっていない。インフレを避けるには，目標値を０％にするべきではないだろうか。

　消費者物価指数には，計測バイアスが存在する。計測バイアスとは，消費者物価指数の計算上の性質により，インフレ率が実態よりも高く算出されてしまう現象を指す。一般に，計測バイアスによって消費者物価指数は１−２％高めの数値になるといわれている。そのため，インフレ率の目標値を０％にすると，真のインフレ率ではマイナス２％−マイナス１％というデフレが目標になってしまう。これを避けるために目標値はプラスの数値で設定されている。インフレ目標は，２％のように１つの数値で設定されることもあれば，１−２％のように幅を持って設定されることもある。

　２％のインフレが 36 年続くと物価が２倍になる。50 年ではないのは複利という計算方法による。２％のインフレが続くと 5000 円の商品は１年後には 5100 円，２年後 5202 円，３年後 5306 円，10 年後 6095 円，20 年後 7430 円となる。5000円に対して毎年 100 円値上がりする計算方法を単利というが，年数が経つほど単利と複利の差は大きくなる。

　複利計算では，（年数）×（伸び率）＝72 という２倍の法則がある。7.2％のインフレが続くと 10 年で物価が２倍になる。

1　物価安定の維持という目標は EU 条約（リスボン条約）で決められており，２％という数値目標はユーロシステムが決めている。

消費者物価指数）という指標でみて「年率2％以下だが2％近辺」という数値目標
が定められている。インフレ率の指標には，総合指数（headline）と総合指数から
生鮮食品やエネルギー価格の変動を除いたコア指数（core）がある。総合指数は原
油などの資源価格の動向や天候による農産物の収量変化の影響を受けやすく，上下
に大きく変動しやすい。コア指数を用いればインフレ率は安定的に推移するが，市
民の生活感覚からは離れることになる。何を用いるかは国によって異なるが，ユー
ロシステムは総合指数を用いている。EU条約では，物価安定の維持が達成されて
いる時に限って一般経済政策の支援が可能になるとされている。つまり，インフレ
率が低ければ景気支援をしてもいいということになる。

3. ユーロシステムの金融政策手段

　中央銀行が用いる金融政策手段には，公開市場操作，常設ファシリティ，準備預
金制度がある。また，21世紀に入って情報政策の重要性が増しており，本節では
フォワードガイダンスも金融政策手段として紹介する。さらに，ユーロシステムは
2009年に金融市場に多額の資金を投入する政策を導入した。これらも見ていこう。

◆公開市場操作（open market operations）
　公開市場操作は，ユーロシステムが市中銀行から国債などの証券を受け取り，
市中銀行に資金を貸し出す取引を指す。公開市場操作はオペとも呼ばれる。オ
ペは貸出期間の長さによって，貸出期間1週間の主要オペ（Main Refinancing
Operations：MRO）と貸出期間3カ月の長期オペ（Long-Term Refinancing
Operations：LTRO）に分かれ，定期的に実施される。国債などの証券は担保とし
て用いられ，貸出期間が終了すると市中銀行に返却される[2]。
　公開市場操作は，ユーロシステムから市中銀行への主要な資金提供手段であり，
資金は市中銀行が開設した準備預金口座に振り込まれる。マクロ経済学では，公開
市場操作により国内の資金量を変化させてGDPや失業率などに影響を与えるとさ
れているが，実際の金融政策ではマネーマーケット金利の安定的な推移を目的とし

---

[2]　国債などの証券はCSD（Central Securities Depository）と呼ばれる証券預入機関に事前に預けら
れており，CSDで保有者の情報を書き換えることで担保のやり取りをしている。証券は電子化されてお
り，紙の現物はない。

図表 12-2　市中銀行から見た公開市場操作

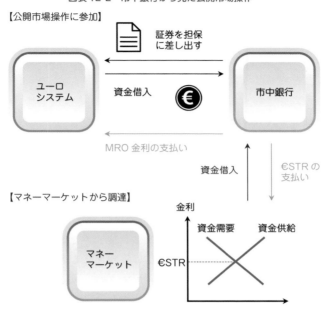

ている。ユーロの翌日物金利の €STR がユーロのイールドカーブの起点となる[3]。市中銀行がマネーマーケットから資金を調達すると，€STR 金利を支払う。市中銀行が主要オペに参加することは，証券を担保として差し出してユーロシステムから借金をすることである。借金には金利が付くが，主要オペで資金を借りた場合は MRO 金利を支払わなければならない。MRO 金利はユーロシステムにとって最も重要な金利であり，政策金利とも呼ばれている。ユーロシステムは €STR が MRO 金利の付近で推移するように公開市場操作を行っている。

　MRO 金利が 2％の時に €STR が 2.5％であれば，市中銀行はマネーマーケットで借りるよりも主要オペで借りた方が得になる。マネーマーケットで資金を借りる市中銀行が減ると，資金を貸したい市中銀行は提示金利を引き下げ，€STR が低下する。ユーロシステムが公開市場操作で提供する資金量を増やすと，より多くの市中銀行が主要オペに参加できるようになるため，€STR は大きく下落する。MRO 金利が 2％で €STR が 1.5％の時は主要オペで提供する資金量を減らすことで，マ

3　€STR は 2019 年 10 月から使われており，それまでは EONIA が使われていた。

ネーマーケットでの借り入れ競争が激しくなり€STR が上昇する。このようなメカニズムにより €STR と MRO 金利の乖離幅を小さくするのが公開市場操作である。

　ユーロシステムが MRO 金利を引き上げることを利上げ（または金融引き締め），引き下げることを利下げ（金融緩和）という。

◆常設ファシリティ（standing facility）

　常設ファシリティは，市中銀行が中央銀行から直接，資金を貸借する政策手段である。市中銀行がユーロシステムから資金を借りる仕組みを貸出ファシリティ（marginal lending facility），市中銀行がユーロシステムに資金を預ける仕組みを預金ファシリティ（deposit facility）という。ユーロシステムは２つのファシリティを持っているが，１つしか設置していない中央銀行もある。公開市場操作ではユーロシステムが資金供給額を決めるが，常設ファシリティでは市中銀行が資金量を決めるという違いがある。また，公開市場操作は実施される曜日が決まっているが，常設ファシリティは平日であればいつでも利用できる。

　市中銀行が貸出ファシリティから資金を借りると貸出金利をユーロシステムに支払い，預金ファシリティに預け入れるとユーロシステムから預金金利を受け取る。€STR が貸出金利よりも高ければ，市中銀行はマネーマーケットで借りずに貸出ファシリティを利用する。また，€STR が預金金利よりも低ければ，市中銀行は預金ファシリティに預ける。このようなメカニズムにより，常設ファシリティの２つの金利は €STR の上下限を画す役割を果たしている。これをコリダーモデルという。

　図表 12-3 で 2014 年の実際のデータを見てみよう。EONIA（€STR の前に使われていた翌日物金利）は預金金利と貸出金利に挟まれたコリダーの中で推移しており，MRO 金利の近辺で推移している。6 月 11 日に 3 つの金利が引き下げられた後，9 月 10 日に再度引き下げられている。EONIA は 6 月から 9 月にかけて徐々に低下していることから，さらなる利下げを予想していたことが分かる。利下げの直後に大きな混乱がないことから，情報政策を用いて市場に事前に情報を与えていたことも分かる。

　2020 年末時点で貸出金利は 0.25％，政策金利は 0.00％，預金金利は－ 0.50％となっている。ユーロシステムは 2014 年 6 月から預金金利をマイナスに設定しているが，マイナス金利については第 13 章で見ていく。

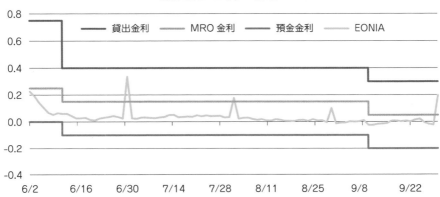

図表 12-3　コリダーモデル

注：EONIA は €STR が導入される前の翌日物金利。2014 年 6−9 月のデータ。
出所：データは ECB。

◆準備預金制度（minimum reserve）

　準備預金制度は，市中銀行が家計や企業から受け入れた預金のうち一定割合を中央銀行の準備預金口座に入金する仕組みである。この一定割合を法定準備率といい，ユーロシステムは1％の法定準備率を設定している。1億ユーロの預金を受け入れた市中銀行は 100 万ユーロを準備預金口座に積み立てなければならないが，これを必要準備という。それを超える部分は超過準備という。この市中銀行が 120 万ユーロを当座預金に入金すると，必要準備は 100 万ユーロ，超過準備は 20 万ユーロとなる。必要準備には MRO 金利が付利（remuneration）されるが，超過準備には付利されず，預金ファシリティに入金される。

　法定準備率を引き上げると，市中銀行はより多くの資金を準備預金口座に入金しなければならず，その分だけ企業や家計に貸し出す資金が少なくなる。途上国では法定準備率を上下させる政策を行っているが，金融市場全体に与える影響が大きいため，先進国では法定準備率の変更はほとんど行わない。

◆フォワードガイダンス

　ユーロシステムは 2013 年 7 月にフォワードガイダンスを導入した。金融政策の先行き見通しについての情報を公開し，市中銀行の行動を誘導する政策である。将来利上げの可能性があることを事前に公表すれば，市中銀行は利上げに備えて資金を手元に多く置こうとする。突然政策金利を変更して，金融市場が混乱するのを防

ぐ効果もある。ただ，実際には金融緩和を長く続けるというアナウンスを出し続けており，金融緩和からの出口を妨げている。

◆その他の金融政策手段

　金融危機や感染症による経済の落ち込みを受けて，ユーロシステムは新しい政策を導入している。これらは一時的な措置だとされているが，継続的に実施されているものもある。

　PELTRO（Pandemic Emergency Longer-Term Refinancing Operations）は，長期オペ（LTRO）から派生したものであり，2020年4月に導入された。文字通り，パンデミック期間中に潤沢な資金を供給するものである。TLTRO（Targeted Longer-Term Refinancing Operations）は，企業への貸出の増加を条件に市中銀行にマイナス金利での資金供給を行うものである。市中銀行は企業にほぼゼロ％金利で貸し出したとしても，ユーロシステムからマイナス金利で資金調達できるため，一定の利鞘を得ることができる。

　APP（Asset Purchases Programme）は，ユーロシステムが金融市場から国債や社債などの証券を購入する政策であり，2009年から断続的に実施されている。PEPP（Pandemic Emergency Purchase Programme）は，2020年3月に導入されたプログラムであり，2020年末までに7500億ユーロの証券を購入して金融市場に資金を注入するものである。

4. 金融政策の波及経路

　金融政策は政策金利（MRO金利）の変更という形で発動される。政策金利が引き上げられると€STRも上昇し，イールドカーブが上方向にシフトする。他の影響を受けなければイールドカーブは上に平行シフトするが，将来のさらなる利上げが予想されている時にはイールドカーブの右のほうが大きくシフトする（図表12-4）。イールドカーブはマネーマーケットだけでなく，20年，30年といった長期間まで作られる。一般に，10年国債の金利が長期金利と呼ばれ，企業への長期の貸付金利や住宅ローン金利を決める際の参考値として用いられる。

　イールドカーブが上にシフトすると銀行貸出の金利が上昇し，企業の設備投資計画が凍結されるなどの影響を及ぼす。景気が冷え込んで最終的には物価の推移に影

図表 12-4　イールドカーブの変化

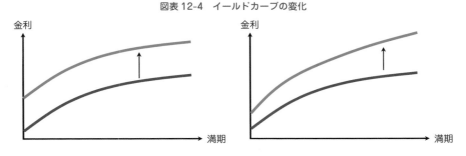

響を及ぼすが，そこまでの経路を波及経路という。波及経路は図表 12-5 のように
なるが，相互に影響を及ぼし合う項目もあれば，1 つの項目の変化が他の多くの項
目に影響を与えることもある。さらにそれぞれの項目にも複数の指標が含まれてい
る。例えば，資産価格には株価や債券価格などが含まれるが，株式市場だけでも数
多くの企業の株価や株価指数などがあり，波及経路の全体像は非常に複雑になる。

　政策金利の引き上げがどのような経路を通るのか，いくつか追ってみよう。

　第 1 の経路は，利上げにより€STR やイールドカーブが上昇し，為替レートに
影響する経路である。利上げによりユーロ地域の金利が高くなると，ユーロでの運
用が有利になり，ドルなどの通貨からユーロに交換する人が増え，ユーロ高（ユー
ロの増価）になる。ユーロ高は輸入品の価格下落につながり，輸入物価の低下を通
じて国内価格（つまり HICP）を下落させるように働く。また，ユーロ高により輸
出が減少して輸出企業の業績が悪化すると，輸出企業は雇用を減らそうとする。失
業した人はより安い商品を買おうとするため，小売店が売り上げを確保するために
商品の価格を引き下げると，国内価格が下落して HICP も下落する。

図表 12-5　金融政策の波及経路

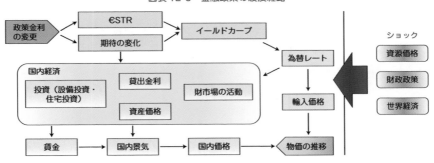

　第2の経路は，期待の変化が賃金に波及する経路である。ユーロシステムの利上げによりインフレ率の低下を人々が予想すると，労働者側は賃金交渉の場でより低い賃金改定で満足するようになる。現在のインフレ率が4%だとしてもユーロシステムの利上げにより2%に落ち着くと考えれば，賃金交渉は4%ではなく2%の賃上げでも決着できるだろう。ヨーロッパでは一度に数年分の賃金交渉を行う加盟国もある。賃金交渉に影響を与える期待の役割は大きい。賃金上昇率はインフレ率に大きな影響を及ぼすと考えられている。2%の賃金上昇が見込まれるのであれば，小売店は商品の価格を2%値上げしてもこれまで通り売れると考え，実際に2%のインフレが実現する。

　第3の経路は，マネーマーケット金利の上昇が銀行貸出を減らす経路である。利上げによりイールドカーブが上にシフトすると，企業や家計への貸出金利も上昇する。住宅ローンの金利が高くなることで購入をあきらめる人が出てきたり，金利の上昇で設備投資を延期したりする企業が出てくる。住宅購入や設備投資はGDPの投資項目に含まれ[4]，投資の減少はGDPを減少させる。GDPの減少は景気悪化を意味するため，雇用が減少したり，小売店が商品の価格を値下げしたりして物価に下落圧力がかかる。

　第4の経路は，マネーマーケット金利や期待の変化が資産価格に影響する経路である。金利が上昇すると株価は下落する傾向にある。金利の上昇は国債などの債券価格の下落を意味するため，株式を売って将来の値上がりが見込める債券を買おうとする[5]。また，第3の経路で見たように金利上昇は住宅購入を減らすため，不動産価格にも下落圧力がかかる。株式や不動産などの資産価格の下落は消費を減少させる。30ユーロで購入した株式が50ユーロに値上がりすれば，20ユーロ得をした気分になる。実際には20ユーロを手にしていないため，この利益は含み益（未実現の利益）と呼ばれる。人々は株式を売却すればいつでも含み益の20ユーロが手に入ると考えて消費を増やす傾向がある。これを資産効果という。逆に30ユーロで購入した株式が10ユーロに値下がりすれば20ユーロの含み損が発生する。含み損が消費マインドを低下させて，実際に消費が減ることを逆資産効果という。逆資産効果は消費を減少させ，それがGDPの減少につながって物価を下落させる。

4　GDP＝消費＋投資＋政府支出＋輸出－輸入であらわされ，投資＝設備投資＋住宅投資＋在庫投資となっている。

5　債券の金利＝債券のクーポン÷債券価格，という関係があり，金利と債券の価格は逆比例する。

　これらの経路は一例にすぎず，他にも様々な経路が存在する。図表 12-5 には多くの矢印が書き込まれているが，波及経路は時代や国によって異なり，外国からの輸入が少ない国では第 1 の経路はあまり重要ではなく，インターネット取引が普及して多くの人々が株取引をするようになれば第 4 の経路の重要性が増す。これまで本書で見てきたように，ユーロ地域の国々の経済プロファイルは様々であり，波及経路も国によって異なっていると考えられる。新たな技術の開発や規制・経済政策など経済を取り巻く状況が変われば，波及経路も変わってくる。それにより金融政策の効果も変わるため，ユーロシステムに限らず中央銀行は絶えず波及経路の研究を続けている。

◆国外要因も金融政策に影響を及ぼす

　金融政策の効果を見積もるのは非常に難しい。マネーマーケット金利や期待の変化は，ユーロシステムが適切な政策を実施することである程度コントロールできるが，そこから先はユーロシステムが直接コントロールできない。ユーロシステムが利下げを行っても必ずしも株価や賃金の上昇が見られるわけではない。経済活動はユーロシステムの金融政策だけでなく，経済の先行き見通しやユーロ地域外からの要因にも影響されるためである。図表 12-5 の右側にある資源価格，財政政策，世界経済などは，中央銀行がコントロールできないにもかかわらず，金融政策の波及経路に大きな影響を及ぼす。政策金利を引き上げた後に住宅ローン減税が実施されれば，住宅への需要は逆に増加し，資産価格が上昇して物価も上昇するかもしれない。その時，ユーロシステムはさらなる利上げを行うべきか，判断を迫られる。

　国外要因もユーロシステムにはコントロールできない。中東で戦争が勃発して原油価格が急騰すれば，株価や企業活動に大きな影響を与え，インフレ率が大幅に上昇するだろう。このような変動はショックと呼ばれる。2010 年代後半には世界経済の自由化に逆行する動きが増えた。特に 2010 年代末にはアメリカと中国の間で貿易戦争と呼ばれる，互いに相手国からの輸入を減らす政策を採ったことが世界経済に大きな影響を与え，輸出大国のドイツも悪影響を受けた。このような国同士の対立にもユーロシステムは関与できないが，経済が受けた影響を分析し，何が適切な金融政策なのか考えて実施しなければならない。また，2020 年には感染症の影響で多くの企業が資金難に陥っており，銀行の経営が悪化した。銀行の破綻が連鎖するシステミックリスクが顕在化すれば金融危機になる恐れもあり，危機にどのように対処すべきか，危機の前から考えておく必要がある。

第 12 章のチェックシート

　中央銀行は金融政策運営などの業務を行っており，これらを整理したものを（　　1　　）という。金融政策は満期と金利をグラフにした（　　2　　）をシフトさせ，それが経済全体に波及していく。21 世紀に入って情報政策の重要性が増しており，中央銀行が発する情報が人々の（　　3　　）に影響を及ぼす。そのためには，中央銀行が人々から（　　4　　）を得ていなければならない。また，中央銀行には政治から圧力を受けないために（　　5　　）が付与されているが，その一方で説明責任を課されている。金融システム運営は（　　6　　）を目指すものであり，決済システムの運営や危機時の対応が含まれる。

　ユーロシステムは（　　7　　）とユーロ参加国中央銀行を合わせたものである。ユーロの金融政策は（　　8　　）で決定され，役員会がユーロ参加国の中央銀行に指示を出す。ユーロシステムの金融政策の目的は（　　9　　）であり，具体的には HICP で見て年率（　　10　　）％という数値目標を掲げている。

　ユーロシステムは（　　11　　），（　　12　　），（　　13　　）の金融政策手段を持っている。（11）は国債などの証券と引き換えに市中銀行に資金を貸し出すものであり，貸出期間 1 週間の（　　14　　）が主な政策手段である。（14）で使われる金利が政策金利となる。（12）は市中銀行がユーロシステムに資金を預けたり借り入れたりするものであり，（　　15　　）と（　　16　　）の金利がコリダーを形成して €STR の変動を抑える役割を担っている。（13）は市中銀行が受け入れた預金の一定割合をユーロシステムの当座預金に入金するもので，この一定割合のことを（　　17　　）という。ユーロシステムは情報政策として 2013 年に（　　18　　）を導入した。

　政策金利を変更すると（2）がシフトし，その影響が経済全体に広がっていくが，この経路を（　　19　　）という。（19）は原油価格の変動などの（　　20　　）の影響も受ける。

第13章 ユーロの金融政策の歩み

ユーロが1999年に導入されてから20年以上が経っている。ユーロシステムの金融政策の目的は物価安定の維持であるが，この間には資源価格の乱高下や金融危機などが発生しており，様々な対応が求められた。本章では1999年以降の金融政策を4期に分けて，各期でどのような政策を実施したのか見ていこう。

1. 金融政策の分析に必要な視点

◆波及経路のラグ

図表12-5（245ページ）で見た金融政策の波及経路は複雑な形をしているが，波及のスピードは波及経路の場所によって異なる。利下げを例に考えてみよう。マネーマーケットの参加者はプロの金融機関であり，情報分析のスピードが速い。中央銀行が発した情報や金融政策の発動は数秒以内にマネーマーケット市場に波及し，イールドカーブが下にシフトする。株式市場や外国為替市場などの金融市場の反応も速く，株価が上昇して為替レートが減価する（日本でいうと円安）。しかし，投資の決定には時間がかかる。企業の設備投資は経営陣の会議を経て決定される。投資が決まった後も銀行との交渉などに時間がかかる。家計は金利の低下を見て住宅購入の意思を固めたとしても，家を建てる場所を探して契約するまでに時間がかかる。建設業界では雇用が増え，その動きが他の業種にも波及していき，所得が増える。GDPも増加して物価が上昇するまでには1-2年かかるといわれている。金融政策が経済に効果を及ぼすまでの期間をラグというが，ラグ自体もその時々の経済状況によって変わる。

そのため，金融政策は1-2年後の経済状況を予測しながら行わなければならない。将来の予測に基づいて政策運営することを先見的（forward looking），これまでの実績値を最も重視して政策運営することを後見的（backward looking）という。金融政策は先見的に実施されなければならないことは明らかであるが，別の視

点からも見てみよう。景気は好況期と不況期を繰り返しており，金融政策が後見的に実施されると景気の波を増幅させてしまうかもしれない。好況期にはインフレ率も高くなる傾向があるが，この時に利上げをすると好況期が終わって景気が悪化している時に利上げの効果が出て，景気をさらに悪化させる可能性がある。同様に不況期にはインフレ率が低くなる傾向があるが，不況期から好況に転じるタイミングでの利下げは次の好況期の波を不用意に大きくしてしまうかもしれない。景気の波を増幅させることをプロシクリカル（pro-cyclical）といい，景気の波を減殺させることをカウンターシクリカル（counter-cyclical）という。金融政策が先見的であればカウンターシクリカルな政策を行うことが可能となる。

◆2本柱アプローチ

　ユーロシステムの金融政策の目的は物価安定の維持であり，先見的な金融政策を実施するためには，将来の物価動向を予測する必要がある。将来起きるかもしれないインフレをインフレリスクという。ユーロシステムはインフレリスクの評価に2本柱アプローチ（two pillar approach）を採用している。これは，実体経済と金融経済の両面からインフレリスクを測ろうとするものである。

　第1の柱は，GDP，貿易，金利，為替レートなど物価に影響を与える実体経済指標群である。中でも賃金などの労働コストはインフレとの関係が強いため，より慎重に観察されている。

　第2の柱は，ユーロ地域内の通貨量の増加率を表すマネーサプライである[1]。ユーロシステムはM3という指標に注目し，M3の増加率4.5％を参照値として設定している。4.5％という数値は貨幣数量説から算出されている。貨幣数量説とは，マネーサプライの増加は実体経済に影響を与えることなく，物価水準のみを変えるという理論である。ユーロシステムも「インフレは究極的には貨幣的現象である」と主張している。図表13-1を見ると，2010年くらいまではマネーサプライとインフレ率の関係がはっきりしているが，2010年代には両者の関係が崩れている。2020年に入ると感染症の影響で家計や企業が資金を手元にできるだけ多く確保しようとする動きが出てマネーサプライが大幅に伸びているが，これは一時的な動きだといえる。しかし，マネーサプライとインフレ率の関係には懐疑的な見方も多く，先進国の金融政策では重要な指標として扱われていないケースが多い。ユーロ

1　日本では国内通貨残高という意味でマネーストックと呼ばれている。

図表 13-1　インフレ率 HICP とマネーサプライ M3（%）

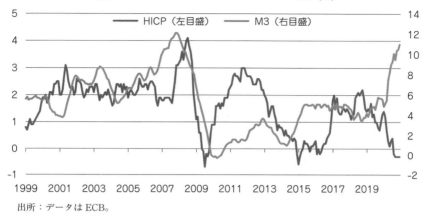

出所：データは ECB。

システムはマネーサプライを 2 本柱の 1 つにしているまれなケースだといえる。

　2 本柱アプローチでは，2 つの柱からのメッセージをクロスチェックすることで最終的な判断を下している。2 つの柱がどちらも同じ方向のリスクを示していることもあれば，逆方向を向いていることもある。M3 が増えているのに賃金が低下しているようなケースでは，政策判断が難しくなる。

◆一次効果と二次効果

　原油は燃料としてトラック，船舶，航空機などに用いられ，原油価格は物流費に影響を与える。また，プラスチックなどの材料にもなり，製品価格に影響を与える。そのため，原油価格の上昇はインフレ率の上昇につながりやすい。しかし，原油価格は国際的な商品市場で価格が決まり，ユーロシステムが直接コントロールできない。原油価格のようにユーロシステムが直接コントロールできない要因によって発生するインフレを一次効果（first round effect）という。

　原油価格が継続的に上昇すると，人々はインフレ率が上昇すると期待を変化させて賃金交渉などに反映させようとする。小売店も商品価格の値上げを検討し始める。期待はユーロシステムの適切な情報政策によって誘導可能であり，賃金などの指標を原因とするインフレを二次効果（second round effect）という。一次効果が二次効果につながるとは限らないため，一次効果の発生に対しては直接対応せずに二次効果への影響を注意深く観察し，二次効果が現れそうになると利上げなどの対策を採る。

　ある指標が何％になったから利上げする，というような機械的な対応は望ましくない。その背景や指標間の相互関係を見極める必要があり，ある指標の数値が同じでも異なる判断が必要になる場面もある。過去の政策判断は参考にはなるものの，毎回正しい判断を下せるわけではなく，過去の実績をそのまま利用することもできない。このような問題点については第6節で取り上げる。

　図表13-2はこれまでの政策金利の推移を表している。2000年代には政策金利が大きな山を2つ形成している。これを第1期（1999年1月〜2005年6月），第2期（2005年7月〜2009年5月）とする。2010年代前半にも小さな山があり，この期間を第3期（2009年6月〜2014年5月）とする。かなり期間が長くなるが，マイナス金利が導入された2014年6月以降を第4期（2014年6月〜2021年1月）とする。各期でユーロシステムがどのような金融政策を実施してきたのか，見ていくことにしよう[2]。

図表13-2　ユーロシステムの政策金利（％）

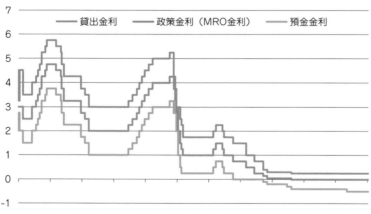

出所：データはECB。

2　The Monetary Policy of the ECB, 2011 edition, Monthly Bulletin 10th Anniversary of the ECB, 2008-6；ECB Annual Report 各号；ECB Monthly Bulletin 各号；ECB Economic Bulletin 各号。

2．第１期と第２期：２本柱アプローチの活用

◆第１期：為替レートとインフレ率

　1999 年 1 月 1 日にユーロは導入された。現金の流通は 2002 年であるが，銀行間のユーロ決済は 1999 年に始まっており，ユーロシステムによる金融政策も実施されている。図表 13-2 では 1999 年 1 月に貸出金利と預金金利が上下している。新しい方式に銀行が慣れるための学習期間として，1 月 4－22 日の間だけコリダーを狭く設定したためである。

　第 1 期では為替レートの動きがインフレ率に影響を及ぼした。1999 年のユーロ導入以降，ユーロ地域からアメリカなど域外への投資が活発となり，ユーロが減価した（ユーロ安）。1990 年代後半のアメリカでは，インフレが生じない経済成長が続くというニューエコノミー論が台頭し，ICT 企業などの株価が高騰したこともある。図表 13-3 は為替レートとインフレ率のグラフだが，1999－2003 年あたりでは両社は逆方向に動いている。ユーロの対ドルレートは，1 ユーロ＝●●ドルという形であらわされるため，グラフが下に行くとユーロの減価，上に行くとユーロの増価（ユーロ高）になる。1 個 88 ドルの輸入商品のユーロ建て価格は，1 ユーロ＝1.1 ドルでは 8 ユーロ，1 ユーロ＝ 0.8 ドルでは 11 ユーロになり，ユーロが減価すると輸入品のユーロ建て価格が高くなり，インフレにつながる。この時期には原油価格も上昇しており，インフレ率が上昇する要因となった。

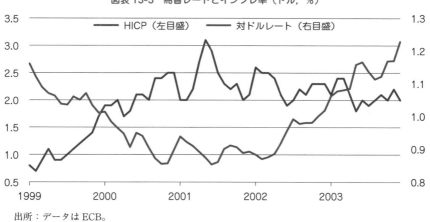

図表 13-3　為替レートとインフレ率（ドル，％）

出所：データは ECB。

　ユーロシステムは1999年11月から2000年10月まで利上げを繰り返した。この間のユーロ地域の景気も上向きで，労働コストは1999年2.7％増，2000年3.4％増，2001年3.8％増と上昇傾向にあった。これは，一次効果が二次効果まで進行したものだといえるだろう。マネーサプライは2001年にかけて低下傾向にあったが，参照値を上回る期間が多く，2本柱の両面から利上げが正当化された。

　2000年夏にはアメリカの株式市場でITバブルの崩壊と呼ばれる株価下落があり，2001年9月にはアメリカで同時多発テロが発生した。これらは世界経済に大きな影響を与え，ユーロ地域からアメリカへ向かっていた資金が逆に動くこととなった。同時多発テロを受けて，アメリカだけでなくユーロシステムも利下げに踏み切った。テロの標的となったアメリカの世界貿易センタービルには多くの企業が入居していたが，テロによってコンピューターが破壊され，資金決済が止まってしまうシステミックリスクが顕在化する恐れがあった。システミックリスクを避けるためには十分な資金を提供するしかなく，それができるのは中央銀行だけである。危機時に潤沢に資金を供給する役割を，最後の貸し手（lender of last resort）という。最後の貸し手は，破綻銀行など特定の金融機関を対象に発動されることもあるが，21世紀には市場全体に資金を供給するケースが増えている。テロは金融機関の健全な経営とは関係のないイベントであり，金融機関には責任がない。金融システム運営の一環として速やかに利下げをして資金を供給する必要がある。金融市場の統合はグローバルに進んでいるため，対策もグローバルに行う必要があり，世界協調利下げにつながった。ユーロシステムは2001年9月，11月，12月と合計1.50％利下げした。

　アメリカの同時多発テロでは航空機が使われ，航空業界に大きな打撃を与えた。人々は航空機に乗ることを避け，ヨーロッパでもスイス航空の破綻などの影響が出た。このころには畜産業界で狂牛病などの問題も発生し，経済に悪影響を与えた。このような背景のもと，ユーロシステムは2003年6月まで利下げを続けていった。

　同時多発テロの後，マネーサプライは上昇した。これは，人々が経済危機の中で現金や銀行預金など流動性の高い金融商品に比重を移したことによる。流動性とは換金のしやすさを表す指標であり，株式などは比較的早く現金化できるため流動性が高い。しかし，金融危機が発生すれば株価が下がることから，人々はできるだけ早く売って換金しようとするため，望む価格で取引ができずに流動性が低下する。不動産は売るまでに時間がかかることから流動性が低く，いざという時にお金に変えて生活費にすることができない。人々は流動性の低い資産を処分して流動性の

高い現金や銀行預金を増やしたが，これをポートフォリオシフト効果という。ポートフォリオとは，現金，銀行預金，株式などの金融商品，不動産などの保有割合のことである。この間のマネーサプライの上昇はインフレリスクを表すのではなく，ポートフォリオシフトが発生したことが原因であり，利上げを行う必要はなかった。

　利下げの結果，政策金利は2%まで下がり，この時点での最低記録を更新した。その後2005年12月まで約2年半，政策金利は据え置かれた。

◆第2期：資源価格の高騰と金融危機

　2005年の後半になると，インフレ率は再び上昇傾向を見せ始めた。2005年9月にはインフレ率は2.6%まで上昇し，ユーロシステムは対策が必要となり，12月から利上げ局面に入った。

　第2期には原油などの商品価格（commodity prices：一次産品価格ともいう）がインフレ率に影響を及ぼした。図表13-4を見ると2007年頃から原油価格とインフレ率（HICP）が連動していることが分かる。この関係は2020年頃まで続いている。インフレ率の上昇に対処するため，2005年の2%から2008年の4.25%までユーロシステムは9回利上げを行った。

　2008年8月には原油価格は過去最高値を付けたが，その後急落した。さらに，2008年9月にはアメリカのリーマンブラザーズが経営破綻して金融危機が発生し

図表13-4　原油価格とインフレ率（ドル，%）

出所：北海ブレント1バレルあたりの価格。データは Investing.com より。

た。これはリーマンショックと呼ばれた。金融危機を受けて世界協調利下げが実施され，ユーロシステムも短期間に利下げを繰り返し，政策金利は2009年5月に当時の過去最低の1.00％まで引き下げられた。

　図表13-1を見ると，マネーサプライの増加率は2017年12月にピークを付け，その後は低下基調にあった。また，図表13-5からは，住宅価格のピークは2008年だったものの，住宅価格の上昇率のピークは2006年であり，その後は上昇率が鈍化したことが分かる。これらは，景気減速のシグナルだったのではないだろうか。利上げはもっと早く停止すべきだったのではないだろうか。

　2007－2008年にかけてインフレ率は上昇し続けており，ユーロシステムが利上げを続ける理由となる。金融危機の発生直前は，バブル経済が進行してインフレ率が高くなる傾向がある。金融政策は先見的に運営されるべきであるが，金融危機が間近に迫っているのかどうかを正確に判断することはできない[3]。それぞれの経済状況でどの指標に注目すべきか，金融危機を未然に防ぐことはできるのか，もしできるのであればインフレ率が上昇していても利下げするべきなのか，などの難題が投げかけられた。

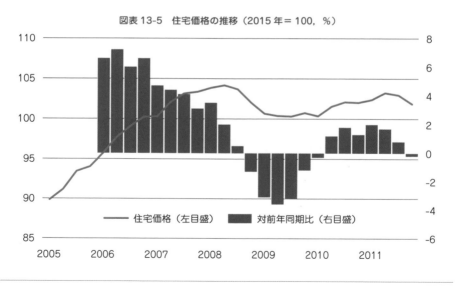

図表13-5　住宅価格の推移（2015年＝100，％）

3　2007年8月にはフランスのBNPパリバ銀行で投資信託の解約停止，同月にドイツのザクセン銀行の経営が悪化して2008年1月に買収され，2007年9月にはイギリスのノーザンロック銀行で取り付け騒ぎが起きて後に国有化されるなど，ヨーロッパの金融市場では異変が起きていた。これに対してユーロシステムは緊急の資金供給を行っている。

3. 第3期：非伝統的政策の導入

　リーマンショックによる金融危機では，株式だけでなく様々な金融商品がパニック的な投げ売りにあった[4]。資金を手元に置こうとする動きが強くなり，銀行は貸出の回収を強化した。過剰な資金需要を満たすだけの資金の提供者が金融市場から消えた。このような状況では，中央銀行が最後の貸し手となる必要があり，これまで実施されたことのない政策が次々に導入された。

　2010 年に入ると世界経済は落ち着きを取り戻したが，2009 年に発覚したギリシャ債務危機は 2011 年の後半から 2012 年にかけて大きな問題となり，ヨーロッパ経済は再び悪化していった。ギリシャ政府は，2011 年 10 月に EU からの支援を受けるかどうか国民投票で決めると発表し，金融市場が大いに不安定化した。2012 年 2 月にはギリシャ国債のヘアカットが実施された。ヘアカットとは長い髪を切るように，返済額の一部分を切ってしまうことを指す。ギリシャ国債は 53.5％ がヘアカットされ，ギリシャ国債の保有者は約半分の資金を失うことになった。この間ギリシャの政治は混乱し，2012 年 5 月と 6 月に立て続けに総選挙が実施された。このような金融市場の混乱と景気悪化を受けて，ユーロシステムは 2011 年 11 月から 2013 年 11 月にかけて利下げに転じた。

　ユーロシステムが導入した非伝統的手段の 1 つが，APP（資産購入プログラム）である。APP はユーロシステムが金融市場から証券などを買って資金を供給する手段であり，2009 年 6 月の導入当初は銀行が発行する債券（カバードボンド）のみを購入していたが，2014 年以降，購入する証券の種類を増やしていった。

　2011 年 12 月と 2012 年 2 月には満期 3 年の LTRO（長期オペ）を実施した。通常の LTRO は満期が 3 カ月であるため，長期間の資金供給になる。さらに，通常は資金供給量が決まっている LTRO を供給額無制限で実施した。2011 年 11 月に就任したドラギ総裁は「何でもやる」宣言をし，市場にサプライズを与えることで混乱を鎮める戦略を採った。また，2013 年 6 月にはフォワードガイダンス（forward guidance）を導入した。

4　川野祐司『これさえ読めばすべてわかる国際金融の教科書』文眞堂，第 9 章。

4. 第4期：病的緩和の金融政策

2013年以降，地域によるばらつきはあるもののユーロ地域の景気は回復傾向に入り，2018年にピークを付けた。この間，緊急的な政策から脱して通常の政策に戻るチャンスがあったが，ユーロシステムは「何でもやる」宣言以降，ひたすら金融緩和をするだけの中央銀行になってしまった。イタリア出身のドラギ総裁が南欧経済を助けるために過剰な金融緩和を続けたという見方も根強く，実際にECBの記者会見でそのような質問が何度も出されている。金融危機に対応するための一時的な資金提供策を量的緩和（Quantitative Easing：QE）という。それに対して不必要な金融緩和を続けることを病的緩和（Quackish Easing：QE）と呼ぶことにする。Quackとは藪医者のことで，患者（経済）に嘘をついて効き目のない薬（金融緩和策）を処方することを指している。2010年代後半は株価や住宅価格が上昇し，GDPが増加した一方で，若年層の雇用が減ったことはすでに本書で見てきた。2017年にはインフレ率が2％に達したが，それでも金融政策は正常化されなかった。

ユーロシステムは，2014年6月にマイナス金利政策とターゲット長期オペ（TLTRO）を導入した。マイナス金利政策は預金金利をマイナス圏に引き下げる政策で，第5節で詳しく見ていく。ターゲット長期オペは，銀行（市中銀行）が企業に貸し出しを行うと，その金額に応じてユーロシステムから優遇金利で資金を借りられるという政策であり，現在はマイナス金利で資金を借りることができる。金利が－0.5％であれば，銀行はTLTROを利用してユーロシステムから1億ユーロを1年間借りると，500万ユーロの金利収入を得ることができる。企業に金利ゼロ％で貸し出しても差し引きで収益が得られることから，銀行の利用が増えた。企業の資金繰り改善を目指す政策であるが，長期に渡って続けられると，銀行は収益を得るために本来は市場から退出すべきゾンビ企業（zombies）に貸し出すようになる。ゾンビ企業が増加すると，経済の競争力が低下する。これらの政策は景気支援策であり，ユーロシステムの金融政策の目的である物価安定の維持のためではない。

ユーロシステムはAPPも拡充させている。カバードボンドを購入する政策は2014年10月に第3段階に入り，CBPP3（third Covered Bond Purchase Programme）と呼ばれているが，この他にも2014年11月に住宅ローンなどの資産

を担保に付けて発行される証券を購入する ABSPP（Asset-Backed Securities Purchase Programme），2015 年 3 月に国債を購入する PSPP（Public Sector Purchase Programme），2016 年 6 月に企業の社債を購入する CSPP（Corporate Sector Purchase Programme）を導入した。2020 年には感染症によるパンデミック対策として，PELTRO と PEPP を導入した（244 ページ）。

　図表 13-6 は APP の毎月の購入額であるが，購入総額は 2020 年末時点で 3 兆 480 億ユーロに上っており，これはユーロ地域の GDP の 11 兆 9355 億ユーロ（2019 年）の 25％にも達している。2019 年には過去に購入した証券を売却する動きも見られたが，2019 年 11 月以降は再び購入が増えている。

　第 3 期の終盤に始まった様々な政策は金融システム運営の観点から実施され，金融の安定を目的としていた。金融危機が発生した時には銀行に対して大量の資金を供給する必要があるが，どれくらいの資金が必要なのか中央銀行には分からない。そのため，ユーロシステムが採用した資金供給額無制限のオペは，全ての銀行が必要な資金量を手にすることがでるという点で望ましい政策だといえる。通常期の金融政策では政策金利が重要な役割を果たすが，金融危機では資金量が重要であり，量的緩和の必要性は高い。しかし，量的緩和は期限を区切って実施する必要がある。12 カ月後に終わる，とはっきり宣言して実行すれば，銀行や金融市場はそれ

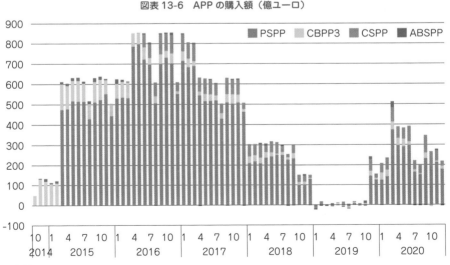

図表 13-6　APP の購入額（億ユーロ）

出所：データは ECB。

に向けて準備を進める。

　しかし，公表した期限を何度も延期すれば，政策はいつまでも続くという期待が形成されてしまう。さらに，ユーロシステムは「何でもやる」宣言によるサプライズ戦略を採った。人間はサプライズには慣れてしまう。続けて驚かすためにはサプライズをエスカレートさせるしかなく，以降，ユーロシステムは政治，市場，マスコミからの圧力に屈して金融緩和をずるずると続ける中央銀行になった[5]。過剰な金融緩和はヨーロッパの大都市圏で住宅価格の急上昇を招いている。異常な低金利が続くことで，銀行は返済されないリスクは高いが金利も高く設定できる企業に貸し出し，リスクの高い証券を購入するようになり，金融市場の脆弱性が増している。病的緩和は藪医者のようだと述べたが，経済を健全にするどころかより脆弱にする政策だといえる。

5．マイナス金利政策

　ユーロシステムは，2014年6月に預金金利を0.00％から−0.10％へと引き下げ，その後，2014年9月に−0.20％，2015年12月に−0.30％，2016年3月に−0.40％，2019年9月に−0.50％と引き下げを続けている。

　預金金利は，銀行が必要準備を超えた超過準備をユーロシステムの預金ファシリティに預けることで発生する。マイナス金利が適用されると資金を預けたのに金利を支払う必要があり，預金金利を払いたくないのであれば超過準備が発生しないように企業への貸出を増やすべき，というのがユーロシステムのメッセージとなる。政策金利（MRO金利）は2016年3月以降0.00％に設定されており，€STRはマイナス圏で推移している。マイナス金利はマネーマーケットだけでなく債券市場にも広がっており，ドイツなどの国債利回りはマイナス圏で推移している。

　マイナス金利になるメカニズムを見てみよう。マネーマーケットでは銀行が資金の貸し借りをしている。ここで使われる資金は，各銀行がユーロシステムに開設した準備預金口座の資金であり，資金が必要準備を超えて余ると預金ファシリティに入金されて−0.50％の金利を支払う必要がある。−0.20％などの金利での貸出を他

の銀行に提案して成立すれば，金利の負担を－0.50％から－0.20％に減らすことができる。€STR はマネーマーケットでの様々な取引から算出されており，マイナス圏での取引が増えれば €STR もマイナスの値になる。資金が大量に余っている状況ではプラスの金利で借りてくれる銀行はほとんどないため，€STR がプラスになることはほとんどない。預金金利や政策金利を引き下げれば，€STR はその分だけ低くなる。これがマイナス金利政策と呼ばれている。

次に，国債などの債券市場を見てみよう。債券は借用証書と同じ役割を果たしており，債券を購入するのは資金を貸すことになる。債券の購入者は定期的に利息をもらえるが，これをクーポンという。債券の金利はクーポンを債券価格で割って求められ，債券価格が 100 でクーポンが年間 2 であれば，債券の金利は 2％になる。利息の受け渡しや法的な問題からクーポンがマイナスになっている債券はなく，マイナス金利になるのは債券価格が高すぎることによる。

満期 1 年，借入額 100（これを元本という），クーポンが年間 2 の債券を考えてみよう。この債券の発行者は 100 を借り入れ，1 年後にクーポンと元本を合わせて102 を返済する。この債券の購入者は 100 で債券を買えば 1 年後に 102 を得ること

Box27.　なぜマイナス金利が成立するのか

　お金を貸した人が金利も支払うのがマイナス金利だが，マイナス金利で借りたい人はたくさんいても貸したい人はいない。なぜマイナス金利が成立するのだろうか。債券で考えると，マイナス金利になるのは元本よりも高い価格で債券を買う人がいるからであるが，元本よりも高い価格で買った債券を満期まで保有すれば確実に損をする。損する前に誰か他の人に売らなければならない。

　あまり上品な言い方ではないが「よりバカ理論」というものがある。現在の価格が不合理に高くても，自分よりもバカな人がより高い価格で買ってくれそうなら，高値で購入して転売すべきという考え方である。1636 年にオランダで発生したチューリップバブルなど世界各地のバブルは，自分よりもバカな人がいると大勢の人が考えるために発生する。よりバカ理論が成立するならば，バブルに参加するのが合理的な行動になる。

　ユーロ地域の債券市場では，ユーロシステムが最もバカな役を演じている。APPではマイナス金利の債券を購入するため，銀行は－0.1％の国債を買ってユーロシステムに－0.2％で売ればその分だけ利益を得ることができる。これはユーロシステムが銀行に対して補助金を与えるのと同じことになる。

ができ，金利は2%となる。債券は市場で日々取引されており，人気によって債券の価格は101になったり99になったりする。債券市場から価格102で債券を購入すると，満期に102返してもらえるため，金利0%で購入したことになる。102で買っても全く利益がないが，満期までの間に瞬間的に価格が103に上がるかもしれず，そのチャンスがあるため102で購入する意味はある。103で購入した人にとっては，103で買って102が返ってくるため，1だけ損をし，金利は−0.97%（＝−1÷103）となる。こうして，元本よりも高い価格で債券が取引されることによってマイナス金利が生まれる。

◆ヨーロッパのマイナス金利

　図表13-7のように，ユーロシステム以外の中央銀行もマイナス金利政策を採用している。多くの中央銀行はユーロシステムと同じように預金金利をマイナスに引き下げているが，スイスは政策金利もマイナスにしており，スウェーデンも2015年2月から2019年10月まで政策金利（レポレート）をマイナスに引き下げていた。各国がマイナス金利政策を採る理由は様々だが，ユーロシステムの政策金利の影響を受けて，金利水準が下がっている面もある。ユーロの金利が低下する中で自国の金利を高く維持すれば，ユーロ地域から資金が流入してきて自国の為替レートが増価したり，株式市場や住宅市場でバブルが発生したりする可能性がある。

　デンマークはERM Ⅱに参加しており，デンマーククローネ（DKK）とユーロとの為替レートを1ユーロ＝7.46038DKKに固定する政策を採っている。自国通貨を特定の通貨と固定させることをペッグ制度という。デンマーク中央銀行が外国為替市場に介入したり，政策金利をこまめに動かしたりしていることから，1999年以降，対ユーロの為替レートはほとんど動いていない。デンマーククローネはユー

図表13-7　ヨーロッパ各国のマイナス金利政策（2020年末時点）

国	政策金利	預金金利
デンマーク	0.00%	−0.60%
スウェーデン	0.00%	−0.10%
ノルウェー	0.00%	−1.00%
スイス	−0.75%	−0.75%
ハンガリー	0.60%	−0.05%

出所：データは各国の中央銀行HP。

ロ導入以前にはドイツマルクにペッグしており，デンマークのペッグ政策が広く知られて信認を得ていることも，ペッグの維持に役立っている。デンマークは 2012 年 7 月に預金金利（デンマークでは CD 金利という）をマイナスまで引き下げた。2014 年に預金金利はいったんプラスになったが，2014 年 9 月以降，預金金利はマイナス圏で推移している。

　スウェーデンの中央銀行はリクスバンク（Sveriges Riksbank）といい，世界で最も古い中央銀行である[6]。2009 年 7 月に政策金利が 0.5％に，預金金利が－0.25％に引き下げられた。ただ，スウェーデンでは政策金利であるレポレートから 0.1％低い水準で預金することもできるため，実質的にはマイナス金利政策にはなっていない。2015 年 2 月にレポレートを－0.10％に引き下げたことで実質的なマイナス金利政策に入り，以降，レポレートはマイナス圏で推移している。

　スイスは変動相場制度を採用しているが，価値が安定しているスイスフランへの魅力から，ユーロ地域から資金が流入しやすく，スイスフラン高になりやすい。過度のスイスフラン高を避けるために，2011 年 9 月に 1 ユーロ＝1.2 スイスフランという基準を設定し，これ以上のスイスフラン高にならないように外国為替市場に介入した。2014 年 12 月にマイナス金利政策を採るようになり，2015 年 1 月にはマイナス幅を拡大させるとともに，介入の基準を廃止した。スイスのマイナス金利幅はユーロシステムよりも大きく設定されており，家計，企業，自治体の銀行預金の一部にマイナス金利が適用されている。ドイツ人などユーロ地域の人がスイスの銀行に口座を開設して預金するとマイナス金利が適用される。ユーロ地域からの資金流入を止めるためのマイナス金利政策である。

◆マイナス金利政策は毒薬

　マイナス金利政策の目的は企業の設備投資を活発化させて景気の下支えをすることにある。また，金利を低くすることで為替レートを減価させ，輸出を増やすことでも景気を下支えしようとしている。マクロ経済学では金利が下がれば下がるほど企業の投資が増えるとされている。企業は銀行から資金を借りて投資するが，銀行からの借入金利よりも投資から得られる収益の方が大きければ投資をするのが合理的だとされている。借入金利が－0.5％であれば，収益率が－0.1％の投資プロジェクトでも 0.4％の利鞘が得られることになる。しかし，マクロ経済学が想定する企

6　「リスクバンク」と間違いやすいので注意。「リクス」はスウェーデン語で国を表す。

業行動は正しくない。企業経営者は株主から資本効率の向上を求められており，ROE（株主資本利益率）やROIC（投下資本利益率）などの指標が重視されている。借入金利がゼロやマイナスになったとしても，収益率の低い投資は実施されない。政策金利を引き下げると為替レートが減価する効果はあるものの，この効果は小さく，1週間など短い間しか続かない[7]。

　マイナス金利を含む過剰な低金利政策には副作用が大きい。家計にとってはマイナス金利政策は低金利税を意味する。住宅ローンなどの負債を抱えている家計もあるが，経済全体で見ると家計は金融負債よりも金融資産の方が大きい。金利が引き下げられると家計は金利収入を失う一方で，政府は借金の金利負担が軽くなる。経済全体で見ると，家計が政府の借金の金利を負担していることになる。

　企業にとっては借り入れ金利の低下は収益への圧力の低下につながる。業務からの収益率が10%である時，金利負担が3%であれば利払い後の収益率は7%になるが，金利負担が1%であれば利払い後の収益率は9%になる。利払い後収益率が7%でよければ，業務からの収益率は8%でもよく，研究開発や経営改善などの努力を怠ることができる。また，本来は市場から退出するべきゾンビ企業も低金利環境下では生き残れる。経済全体で見れば，企業の競争力や経済の活力が低下する。

　政府にとっては，金利負担が減ることで財政規律が緩む副作用がある。財政政策は政治家によって決められるため，政治家は選挙を意識して政府支出を増やそうとする。マイナス金利政策が定着すれば，クーポンがゼロ%の国債も販売できるようになり，元本よりも高い価格で国債を売り出すこともできる[8]。非常に低いコストで手に入れた資金を有用なプロジェクトに使えば経済にとってプラスの効果もあるが，そのようなことを望むのは現実的ではない。

　ある程度金利が下がると，それ以上の利下げは企業の投資を増やさない。しかし，住宅ローンは金利低下に反応して増える。人々がより低い金利負担で住宅を購入できるのはいいことだが，過剰な住宅ローンは家計を脆弱にし，住宅価格の急上昇を招く。景気が悪化すると住宅ローンが返済できなくなる家計が増えて，金融危機に発展するリスクが高くなる。マイナス金利政策には経済や金融市場の脆弱性を高めるという副作用がある。

7　川野祐司「マイナス金利下のヨーロッパ経済」『証券アナリストジャーナル』2016年10月号，17-25ページ。

8　日本やドイツの短期債では元本よりも高い価格で販売される国債もあり，発行すればするほど政府に利益が出る。

　マイナス金利政策は百害あって一利なしの政策であるにもかかわらず，規律や努力が不要になる政府や企業から歓迎されるため，マイナス金利政策継続への圧力がかかる。中央銀行には長期的な視点に立って政策運営することが求められるが，その能力を失いつつあるといえる。

6. 金融政策は職人芸

　本章ではユーロシステムの金融政策の歩みを見てきた。経済の状況は刻々と変化し，ユーロシステムはアメリカ発の危機にも対応を迫られた。ユーロシステムは2本柱アプローチを採用しているが，単に数値をみるだけでは政策判断できず，その背景を深く分析しなければならない。

　金融政策はインフレ抑制を最優先させる通常期の金融政策と，金融危機の拡大阻止を最優先させる危機時の金融政策に分けられる。危機時にはリスクを過大に見積もり，金融取引が枯渇してしまうため，十分な量の資金を供給する必要がある。1999年以降，ユーロシステムは様々な金融政策手段を導入して対応してきた。

　「市場との対話」という言葉がある。もともとは情報政策をうまく使って金融市場の混乱を防ぐべきだという考え方であるが，近年は金融市場の要求に中央銀行が応えるべきだという意味で捉えられている。金融市場が利下げを要求していれば，その通りに中央銀行が行動しないと株価や為替レートが大きく変動してしまう。それを防ぐためには金融市場の予測通りに行動しなければならない，というわけである。金融政策の主導権は中央銀行が握らなければならないが，ユーロシステムは金融市場に主導権を奪われている。情報政策の進歩は誤った方向に向いている。

　図表13-1を見ると，政策金利は時間をかけて徐々に引き上げられ，短い期間で大きく引き下げられるサイクルを2回描いている。その後は山が小さいもののまた上昇と下落が生じている。経済は上昇と下降のサイクルを描き，インフレ率もサイクルの影響を受けることを考慮すれば，政策金利も何らかの法則にしたがってサイクルを描くのではと考えても不思議はない。実際に金融政策を予測したり評価したりするモデルが作られてきた。その中でもテイラールールは有名で，様々なバージョンがあるものの，政策金利をGDPやインフレ率から予測しようとする。GDPやインフレ率が高くなると政策金利も高くなるべきだというのがテイラールールの着眼点であり，計算や加工が容易なため多くの研究者に用いられている。図表

図表 13-8　テイラールール

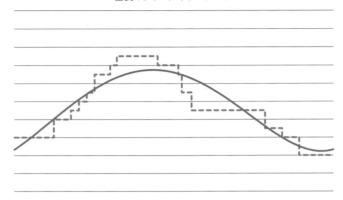

　13-8 がその一例である。点線で示された政策金利の動きを，実線で示されたモデルがよく追跡できているように見える。このような状態をフィットがいいという。しかし，この方法には問題がある。

　第1に，金融政策は通常期と危機時に分かれるため，データも2つに分けなければならない。ユーロシステムは 2006－2008 年はインフレの抑制のために政策金利を引き上げたが，その後は金融危機への対策で政策金利を引き下げた。これを評価するには少なくとも2つのモデルを併用しなければならないが，どのモデルをどの時期に適用させるべきなのかを判断するのは難しい。

　第2に，このようなモデルで追跡するためには，過去の金融政策が正しかったという前提が必要となる。ユーロシステムの第2期の金融政策では，2008 年の金融危機の前から一部の経済指標が経済の減速を示唆しており，ユーロシステムはもっと早く利上げを停止すべきではなかったか，という問題を取り上げた。金融政策は常に正しいとは限らず，試行錯誤で実施しているケースもある。正しい政策と誤った政策はどのようにして判断したらよいのか，仮に数年に渡って誤った政策が実施されたとすれば，その部分のデータは全て除外すべきなのか，そもそも誤った政策のデータを除外すべきなのか，多くのことを検討する必要がある。

　最後に，テイラールールでは GDP とインフレ率が計算に用いられているが，この2つの指標を使うのは必ずしも正しくない。ユーロシステムは2本柱アプローチによってインフレリスクを計測して金融政策を決めている。GDP とインフレ率だけではユーロシステムの金融政策を分析することはできない。仮にこのモデルを使うとしても，インフレ率はいつのものを使うべきだろうか。金融政策は先見的に運

営されなければならない。例えば 1 年後のインフレ率をどのように計算に取り入れたらいいだろうか。

　テイラールールは様々なモデルの一例であるが，このようなモデルは金融政策の評価や予測には使えない。それにもかかわらずモデルが用いられる背景には，金融市場には何としても金融政策を予測したいという欲求があるためである。今後も様々なモデルが作られるだろうが，その利用には注意が必要である。

　金融政策は科学（science）であるべきとの議論がある。もっともな議論ではあるが，残念ながら，我々は予測不能な様々な出来事が起こる経済に対応できる万能モデルをまだ持っていない。そのため，金融政策はいまだ職人芸（art）の領域にある。

第13章のチェックシート

　金融政策の効果が浸透するまでには（　　1　　）があるため，金融政策は後見的ではなく（　　2　　）に運営されなければならない。ユーロシステムは将来のインフレリスクを評価するために（　　3　　）を用いている。原油価格などの上昇によるインフレを（　　4　　）といい，賃金上昇などによるインフレを（　　5　　）という。（4）は注視して（5）が出そうになると金融政策で対応する。

　1999年以降は為替レートの減価によるインフレに対応していたが，2001年の（　　6　　）を受けてアメリカなどとともに（　　7　　）に踏み切った。これは，（　　8　　）の顕在化を防ぐためだった。第2期には原油などの（　　9　　）の高騰がインフレ率を引き上げたが，2008年の（　　10　　）により再び（7）を行った。

　2009年の（　　11　　）債務危機やその後の国債の（　　12　　）により金融市場が混乱したため，ユーロシステムは様々な証券を購入する（　　13　　）などの新しい政策や預金金利をゼロ以下に引き下げる（　　14　　）を導入した。これらの政策は金融危機の克服から景気下支えに変化し，不必要で過剰な金融緩和である（　　15　　）に変容した。（14）は他のヨーロッパ諸国にも広がり，世界最古の中央銀行である（　　16　　）も導入した。

　（14）を含む（15）は，家計から政府への富の移転を促す（　　17　　）の効果を持ち，本来は市場から退出すべき（　　18　　）を存続させる。

第14章 ヨーロッパの金融市場

金融は資金の流れを仲介する仕組みであるが，地域によって金融市場の構造は異なり，ヨーロッパでは銀行が優位だといわれている。ユーロが導入されて，ユーロ地域19カ国では域内への投資が簡単になったにもかかわらず，国境を越えた資金の流れが十分ではないという問題を抱えている。EUは金融同盟の取り組みを進めることで金融市場の壁を取り去ろうとしている。

1. 金融市場とは

金融とは，資金が余っている資金余剰主体から資金を必要としている資金不足主体へと資金を流す仕組みのことであり，家計から企業や政府へ資金を流すために金

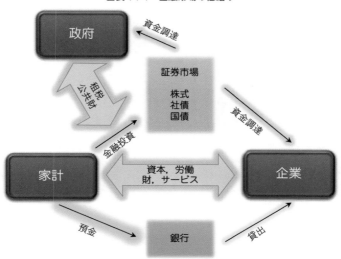

図表 14-1　金融市場の仕組み

融機関や金融市場が資金の流れの仲介をしている。

　家計の余剰資金は，銀行に預けるか証券市場で金融投資するかして企業に届く。銀行に預けることを預金というが，預金をどの企業に貸し出すのかを決めるのは家計ではなく銀行であるため，家計は間接的に企業に資金を貸していることになり，この経路を間接金融という。もう一方の経路では，家計がどの企業の株式や債券を金融市場で購入するのか決めることができ，企業に直接的に資金を提供できる。この経路を直接金融という。どの国であっても間接金融のルートは重要ではあるものの，イギリスやアメリカでは直接金融のルートも大きな割合を占めている。イギリスを除くヨーロッパでは，間接金融の比重が大きいとされている。

　図表 14-2 は，株式市場の時価総額と銀行預金の GDP 比率であるが，EU やユーロ地域（EA）の株式市場の規模は GDP の約 50％であり，グラフ右側のイギリス，日本（JP），アメリカ（US），OECD 平均が 100％を超えていることに比べると低い水準にとどまっている[1]。預金残高を見ると，ユーロ地域が 119.6％であるのに対して，アメリカ 80.8％，イギリス 79.3％とユーロ地域よりも低い。

図表 14-2　金融市場の規模（対 GDP 比率，%）

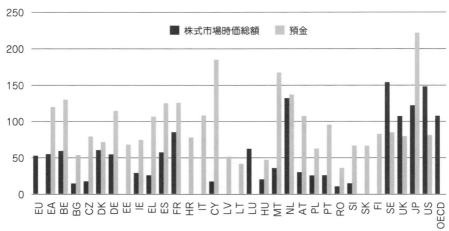

注：株式市場の時価総額は 2017−2019 年（国によって異なる），預金は 2020 年。グラフがない国はデータなし。ルクセンブルクの預金は 507.6％。
出所：データは World Bank，ECB，Bank of England，EUROSTAT。

1　株式市場の時価総額は，株式市場に上場している全ての企業の株式数×株価を足して求める。株価は短期的に大きく変動するため，図表 14-2 のグラフもデータを取る年によって大きく変わる。

加盟国ごとの差も大きいが，東欧諸国では株式市場の規模が小さく，預金も少ない傾向にある。これは，金融市場の規模自体が小さいことを表しており，株式市場の育成や金融投資による資産形成を促す教育などの課題があることを示している。ベネルクス諸国やスウェーデンは金融市場の規模が大きいが，これらの地域では金融サービスが充実し，金融機関のパフォーマンスが高いことが背景にある（第6章，第7章，第11章）。

◆**減る銀行**

かつては家計が利用する金融サービスは預金や送金などに限られており，銀行が中心的な役割を果たしていた。しかし，21世紀に入ると2つの変化が生じた。

第1は，インターネットやスマートフォンなどの新しい技術が取り入れられるようになり，送金や残高照会のために銀行の店舗に行く必要がなくなった。ヨーロッパの銀行はオンラインサービスの充実を図る一方で，支店の統廃合や支店機能の縮小を進めている。地方の支店では現金の受払などの限定されたサービスを提供し，その他のサービスは都市部の大店舗で提供するハブ＝スポーク型の店舗展開も進めている。銀行を訪れる客数が減少しつつあることも店舗統廃合を進める要因になっている。

第2は，決済サービス事業者（Payment Service Provider）やネオバンク（228ページ）などの新規参入である。送金など従来の銀行と重なるサービスを提供しており，安い手数料や利便性を武器に若い世代を中心に顧客を獲得しつつある。ヨー

図表 14-3 銀行数と支店数

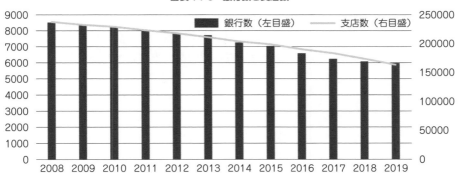

注：EU + EEA のデータ。
出所：European Banking Federation.

ロッパでは1889万人が銀行口座を保有していないが，ネオバンクは口座開設の条件が緩やかであり，これまで銀行口座を持てなかった人も取り込んでいる。

　ネオバンクが増えているものの，全体としてはヨーロッパの銀行数や支店数は減少を続けている。銀行の従業員も2008年の326万人から2019年には262万人まで減少している。

　国別では，ドイツ，オーストリア，フランス，イタリア，キプロス，ポルトガルなどでは銀行が多すぎ，エストニア，オランダ，ノルウェー，アイルランドなどでは銀行が不足しているという指摘もある[2]。

図表14-4　国別銀行数（2019年）

BE	85	ES	197	HU	46	SK	27
BG	25	FR	407	MT	25	FI	243
CZ	58	HR	24	NL	94	SE	155
DK	98	IT	490	AT	521	IS	10
DE	1533	CY	29	PL	629	LI	14
EE	40	LV	54	PT	149	NO	136
IE	314	LT	84	RO	75	CH	246
EL	35	LU	127	SI	17	UK	400

出所：European Banking Federation.

　これまで銀行業には，顧客対応のために多くの支店や人員を必要とする労働集約的な面もあった。PCやスマートフォンから金融サービスを利用するのが当たり前になると，ビッグデータの活用や本人確認・本人認証などのシステムを整備する必要があり，決済や預金などの管理システムの強化も必須となっている。さらに，銀行に対して自身の資産・負債のリスク管理や不正対策などの法的要件も厳しくなってきており，システムが競争力を担う装置産業的な要素が強まりつつある。

2　Gardó and Klaus, Overcapacities in banking: measurements, trends and determinants, ECB Occasional Paper Series, No. 236, November 2019.

2. 金融サービス

　ここでは，ヨーロッパで提供されている様々な金融サービスを見ていこう。金融（finance）に新技術（technology）を適用させることをフィンテック（fintech）というが，ここで紹介する金融サービスにも，通信技術，ビッグデータ，AI，データ管理などの技術が使われている。

◆送　　金

　北欧諸国では送金や支払いサービスの分野の新サービスを銀行が提供している。ノルウェーの DNB，デンマークのデンスケ銀行のアプリは人口の半数以上が保有しており，スウェーデンでは SEB などの銀行が共同で Getswish を設立して Swish を開発した。Swish は 2021 年 1 月時点で 779 万人のユーザーを抱えており，人口の 75％以上がアプリを持っている計算になる。これらの送金サービスは個人間の送金（P2P 送金：Person to Person Transfer）が可能であり，現在はメッセージなどを送る機能もある。ヨーロッパに限らず世界の送金サービスでは，P2P 送金は必須の機能となっている。支払いはコミュニケーションでもあり，単なるお金の移動ではない。日本では入学祝などで現金を贈る習慣があるが，お祝い金で PC を買って勉強に役立ててほしいなどのメッセージを付けることもあるだろう。これまではメッセージカードなどが使われていたが，現在は様々なコミュニケーションツールに置き換わりつつある。

　PSD2（228 ページ）以降は，送金専門業者が数多く参入しているが，銀行と競合したり協力したりしている。

　ブルガリアの LeoPay（旧 LeuPay）は，デビットカード，P2P 送金，年会費無料の VISA カード，ペイロールカード（payroll card）などのサービスを展開している。これらはアプリとしても利用できる。ペイロールカードは賃金をチャージできるカードであり，銀行口座がない人でも現金以外の方法で賃金を受け取ることができる。VISA などのブランドがついており，クレジットカードと同じように使うことができる。

　近年は，ネオバンクや専業業者が暗号通貨カード（crypto card）を発行している。バイナンスカード，Swipe，コインベースカードなどがヨーロッパでも使えるようになっている。これらのカードでは，ビットコインなどの暗号通貨口座から

デビットカードのように支払いをすることができ，カードを使う時点でアプリが暗号通貨を法定通貨（ユーロなど）に交換して支払いをする。支払いは暗号通貨，受け取りは法定通貨となり，店舗は安心して支払いを受けることができる。VISA ブランドがついているため，VISA のクレジットカードが使える所であればどこでも使える。銀行口座がなくても暗号通貨口座があれば，国際デビットカードとして利用することができる。

◆融　　資

　企業間の商品の売買では，商品の発送が先で代金が後払いになることが多い。商品を販売して得た資金で仕入れ代金を支払うという慣行があるためである。しかし，特に中小企業にとっては，この慣行が給与や消耗品費などの運転資金の確保問題を引き起こす。従来は手形を銀行に持ち込んで割り引いてもらっていたが，金利や手数料が高く，資金繰りの悪化につながることもあった[3]。近年では，Debitos (DE)，Finexkap (FR)，Advanon (CH)，Tallysticks (UK) など債権ファクタリングを手掛ける企業が増えている。ファクタリング企業は商品代金の請求書を買い取り，販売業者に代わって商品代金の回収を行う。販売業者は請求書を売った時点で資金を得ることができる。資金が早く回収できることや，買い取ってくれる請求書の幅が広いことなどから，企業の利用が増えている。

　以前は，個人企業や小規模企業の資金調達は銀行借り入れしかなく，厳しい銀行の審査のために資金調達をあきらめるケースも多かった。銀行以外では，友人等から資金を借りたり，スタートアップ企業がエンジェル（起業家への資金援助を行う富裕な個人が多い）を探して投資してもらったりするなどの方法しかなかった。しかし，現在ではクラウドファンディング（crowdfunding）が利用できるようになっている。プロジェクトの概要を Web 上に公開し，賛同者から資金を集める仲介の役割を果たすプラットフォームがあり，ヨーロッパでは，MyMicroInvest (BE)，booomerang.dk (DK)，Ulule (FR)，FundedByMe (SE)，Crowdcube (UK)，Funding Circle (UK) などがある。小規模なプロジェクトでも資金が調達できるようになった。資金提供者に対しては，金利を付けて返済する，出資証券を渡す，

3　手形割引とは手形を銀行に買ってもらうことであり，銀行にとっては融資になる。例えば「3カ月後に商品代金の 1000 ユーロを支払う」という手形を銀行に持ち込んで銀行が 970 ユーロで買い取る場合，銀行は3カ月間融資をしていることになり，割り引かれた 30 ユーロが金利部分になる。3カ月で 30 ユーロは年率換算で 120 ユーロになり，金利は約 13.6％（＝120÷880）になる。

Box28.　リバースモーゲージ

　住宅を担保に資金を借り入れ，死後に住宅で返済するローンをリバースモーゲージ（reverse mortgage）という。寿命の延びとともに老後の生活費が増えていることから，不足する老後資金の調達方法の1つとして注目されている。アメリカでは徐々に市場が拡大しつつあり，イギリスでは50年近い歴史がある。フランス，ドイツ，ハンガリー，フィンランド，スウェーデンでも法整備されている。

　リバースモーゲージへの需要はあるものの，ヨーロッパではリバースモーゲージの市場は小さい。日本では生存中に借入金額の金利部分を返済する商品が多いが，ヨーロッパでは金利部分も死後に住宅で支払う。寿命が延びれば延びるほど資金回収までに時間がかかることや金利の設定が難しくなることなどから，銀行側がリバースモーゲージを積極的に提供しようとしていないことが背景にある。

参考：ZEW, Finanzmarktreport, 2019-7-27；Knaack, Miller and Stewart, Reverse Mortgages, Financial Inclusion, and Economic Development, World Bank Policy Research Working Paper, 9134, January 2020.

自作の商品等を渡すなどの方法で報いる。

　P2P融資を専門に行うクラウドレンディング（crowdlending）も広がっており，Mintos（LV），Crowdestor（LV），Fast Invest（UK）などのプラットフォームがある。イーサリアムなどの暗号通貨で資金調達を行い，自作の暗号通貨（トークン）を出資証券として渡すICO（Initial Coin Offering）も盛んに行われている。ただし，P2P融資やICOはリスクが高く，特にICOでは詐欺まがいの案件も多い。リスクの高さが認識されておらず，人々が安易に融資しているという問題もある。

◆投資アドバイス

　ロボアドバイザー（robo advisor）は，AIやプログラムが顧客の情報を収集して自動で投資するサービスのことであり，2008年にアメリカのBetterment社が始めたとされている。ヨーロッパでは，EASYVEST（BE），CASHBOARD（DE），indexa capital（ES），Birdee（LU），BestBank（LU），ETFmatic（UK）などのサービスがある。顧客の現在の経済状況，将来の目標金額などの設定，顧客のリスクに対する態度などの情報をもとに，株式と債券の保有割合など，最適な金融商品の保有割合を算出して投資する。

　多くのロボアドバイザーはETFに投資し，定期的に売買を繰り返して最適な金融商品の割合を保つ。最低預入金額を設定しているサービスもあるが，多くが1万

ユーロ以下でも利用できる。株価が上昇して株式の割合が増えると，自動的に株式ETFを一部売却して債券ETFなどに乗り換える。また，例えば，ドイツの株価指数DAXのETF価格が下がって損失が発生すると，DAXのETFを売って損失を確定し，別会社が発行しているDAXのETFを購入してDAXを保有しつつ，売却損を配当益などと相殺して節税を図る機能も搭載されている。ロボアドバイザーの費用は無料から資産残高の1%程度まで様々だが，これまで富裕層しか使えなかった投資サービスが一般の人々も使えるようになった。

　ETFは個人でも安価に購入できるが，種類が非常に多く，金融市場に詳しくない人にとってはどれを選んだらいいのか分からない。そこで，多少の手数料を払ってでもロボアドバイザーに投資を依頼する人が増えている。

Box29. ETF

　ETF（Exchange Traded Fund）は上場投資信託とも呼ばれ，株価指数などの動きに応じて価格が変動する金融商品である。国際的には，アメリカのS&P500に連動するETFのシェアが大きい。

　ETF発行会社はETF証券を発行して投資家から資金を集め，株式などを購入する。S&P500と同じ値動きを実現させるためには500銘柄の株式を購入する必要があり，個人にとっては現実的ではないが，S&P500のETFなら数百ドルで購入できる。投資信託ではあるが手数料が非常に低く抑えられている商品が多い。先進国株式，新興国株式，アメリカ債券，原油，金など様々なETFが販売されており，個人投資家の投資の幅を大きく広げている。

◆保　　険

　自動車保険では，UBI（Usage-Based Insurance）と呼ばれる従量制保険がある。アクサ（FR）など主要な保険会社が提供しており，市場の拡大が見込まれている。毎日のように運転する人は週末だけ運転する人よりも事故に遭う確率が高い。従来の自動車保険は1年ごとの契約であり，運転時間による事故確率の違いに柔軟に対処できなかった。UBIでは自動車にセンサーを付けて自動車の運行状況を把握するテレマティクスという技術が使われている。運転時間などの利用時間の情報に基づいて保険料が算出される。加速度を検出して，急発進が多いと保険料が高くなる商品もある。

　UBI 保険は，船舶，トラック，重機などにも応用が可能であり，市場の広がりが期待されている。また，センサー等で工場の機器の稼働状況を把握し，故障予測につなげるサービスも登場している。運用時間などのデータをもとにあらかじめ故障しそうな部品を特定し，故障する前に部品交換や修理をすることで，機器の故障による生産停止のリスクを減らすことができる。保険の請求が減ることで保険料の節約にもつながる。保険会社にとっても保険金の支払いが減るというメリットがあり，ビッグデータの運用サービスを仲介することで手数料を得ることができる。

◆金融教育

　新しい金融サービスが使えるようになることで，生活がより便利になる面があるものの，金融知識が不足しているために詐欺の被害にあったり金融面で困難になったりしやすくなるという問題もある。近年はクレジットカードに加えて様々なポストペイサービスが登場している。手元にお金がなくても買うことができるサービスであり，スウェーデンの Klarna などサービスがかなり浸透しつつある。クレジットカードもポストペイも借金と同じであり，利用者は金利を支払う必要がある。収入がある日まで数日間または数週間待てば金利を支払う必要がないが，今すぐに手に入れたい，という欲求を掻き立てるマーケティング戦略に負ける人が多い。

　債権ファクタリングの仕組みを利用した給与ファクタリングというサービスも広がりつつある。金利を支払って給与の前借をする仕組みであり，給料日前でも買い物できるが，金利を支払う分だけ1カ月の予算は減ってしまう。

　2000年代に急速にキャッシュレス化が進んだ韓国では，成人の10％以上がカード破産する事態に発展した。カード払いは現金に比べて直感的な管理が難しい。現金での支払では手元の現金を使い切るとそれ以上使えずにロックがかかるが，カードであれば限度額までロックがかからない。また，日本以外ではカードはリボ払いが基本の支払い方法となっており，カードを使えば使うほど金利負担も増える。2010年代には家計債務の増加が世界的に懸念されており，金融教育の必要性が高まっている。

　生活に必要な金融の知識を金融リテラシー（financial literacy）というが，子供の時から体系的に金融リテラシー教育を受けられるように整備されている国はなく，人々の金融リテラシーのレベルの調査が始まった段階にある。

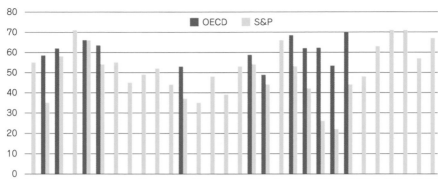

図表 14-5　国別金融リテラシースコア

注：OECD のヨーロッパでの調査はグラフのある 12 カ国のみ。OECD の調査では OECD 平均は
62。S&P の調査では日本のスコアは 43，世界平均は 33。
出所：OECD, OECD/INFE 2020 International Survey of Adult Financial Literacy；S&P, Financial
Literacy Around the World.

　図表 14-5 は OECD と金融情報会社の S&P（Standard & Poor's）による調査結
果である[4]。OECD の調査は 100 点満点，S&P の調査は十分な金融リテラシーが
ある人の割合がレポートされている。調査によって質問項目などが異なるため両者
を比較しても意味はないが，S&P の調査では 1 人当たり GDP が高い国のスコアが
高くなる傾向が示されている。
　EU は次節で紹介する金融同盟の取り組みの中で金融教育を充実させようとして
いる。ただし，現在のところ，金融教育は複利計算やリスクとリターンの関係など
技術的な内容に偏っており，人々を守るという観点からは不十分と言わざるを得
ない。有利な投資案件を持ちかけるような詐欺は世界的に横行しており，2021 年
1 月にはアメリカの株式市場で仕手行為が発生した[5]。投資経験の浅い個人投資家
がターゲットとなり，SNS を通じた大規模な仕手戦に発展した。金利の計算より
も，このような詐欺行為があるということを教える方が人々の役に立つだろう。

4　子供向けの調査では OECD PISA, 2018 financial literacy assessment of students などがある。
5　仕手とは，特定の銘柄の株式の価格を吊り上げる詐欺行為。仕手筋といわれる詐欺グループがあらかじ
め低い価格で株式を購入しておき，価格が上がるという情報を流し，実際に価格が上昇したところで売り
抜けるのが一般的な手口。アメリカの仕手戦は，ヘッジファンドが利益を上げるのを阻止する呼びかけと
いう形で展開し，多くの個人が巻き込まれた。

3．金融同盟

第4章で見たように，EU は経済同盟，金融同盟，財政同盟，政治同盟からなるより完全な経済通貨同盟を 2025 年までに実現させようとしている。金融同盟は銀行同盟（Banking Union：BU）と資本市場同盟（Capital Markets Union：CMU）からなる。

図表 14-6　金融同盟

金融同盟

銀行同盟	資本市場同盟：旧行動計画	資本市場同盟：新行動計画
単一ルールブック 単一監督制度 単一破綻処理制度 欧州預金保険制度 国際担保付証券 不良債権比率の低下	スタートアップ 資本市場での資金調達 持続可能な投資 リテール投資の促進 銀行の貸出能力向上 クロスボーダー投資 資本市場の機能強化	中小企業の資金調達 個人の長期的な投資 資本市場の統合

銀行同盟の取り組みは 2012 年に始まり，2017 年に必要な法整備を全て終えている。銀行がより健全な経営をするように促し，銀行が破綻した際の迅速な破綻処理と預金者の保護が進むようにしている。

資本市場同盟の取り組みは 2015 年の行動計画に始まり，2017 年の中間評価の際に行動計画を追加した。これらの措置のほとんどが実施されたことから，欧州委員会は 2020 年 9 月に新しい行動計画を採択した。本書では 2017 年までの行動計画を旧行動計画，2020 年の行動計画を新行動計画と呼ぶ。資本市場同盟では大きく2つの課題がある。第1は，大企業だけでなく中小企業やスタートアップ企業など全ての企業が銀行と資本市場から資金を調達できるようにすることである。資本市場とは主に株式市場と債券市場であり，中小企業が株式や債券を発行して市場で販売するのは非常に難しい。しかし，銀行は不況期に貸し出しを抑える傾向があることから，資金調達を銀行だけに依存すると，不況期に資金不足に陥りやすくなる。第2は，クロスボーダー取引（国境を越えた取引）の増加である。EU では単一通貨ユーロが導入されてマネーマーケット（短期金融市場）の統合が進んだものの，

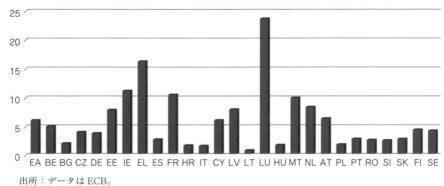

図表 14-7　自国以外のユーロ地域からの銀行預金受け入れ率（2020 年，%）

出所：データは ECB。

依然として国内の資金余剰主体と国内の資金不足主体が強くつながっており，ユーロ地域内の他の国との資金の交流が少ない。

　このような市場の分断をフラグメンテーション（fragmentation）という。EUには人・物・資本・サービスが自由に移動できる単一市場があり，資本の自由移動とは金融市場に国境による分断がないことを意味している。ドイツ人がフランスやオランダに投資し，スペインやラトビアの企業がドイツで資金調達するようになれば金融市場の分断がないことになる。図表 14-7 は各国の銀行が自国以外の家計や企業からどのくらいの預金を受け入れているのかを表している。アイルランド，ギリシャ，フランス，ルクセンブルクなどでは受け入れ率が高くなっているが，国境による金融市場の分断がユーロ導入から 20 年以上経過しても続いていることが見て取れる。

◆銀行同盟

　ヨーロッパの銀行は，好況期には十分な手元資金を保有して経営に問題がないように見えたが，2008 年の金融危機で資金不足に陥り破綻する銀行もあった。南欧諸国やアイルランドでは政府による多額の支援が必要になり，財政を圧迫した。加盟国の支援だけでは足りず，EU も資金を支援した。これらの経験から，銀行がより健全な経営を行うように監視する仕組みや破綻した銀行への対応策を作ることにした。また，EU としての統一ルールの必要性も認識された。これらに取り組むのが銀行同盟である。

　銀行として活動するためには，銀行免許を取る必要がある。EU では，資本要件

図表 14-8　銀行同盟の取り組み

単一ルールブック	CRR/CRD Ⅳの整備
単一監督制度（SSM）	ユーロ地域の大銀行は ECB が監督を行う，ECB による包括査定
単一破綻処理制度（SRM）	銀行再建破綻処理指令（BRRD）に基づく，ベイルインによる破綻処理
欧州預金保険制度（EDIS）	1 人 1 銀行当たり 10 万ユーロまでを保証
国債担保付証券（SBBS）	SBBS 証券に関する法整備
不良債権比率の低下	CRR の見直し，信用サービス・信用購入・担保回復指令，国家資産管理会社の設置

規則・指令 Ⅳ（Capital Requirement Regulation/Directive Ⅳ：CRR/CRD Ⅳ）という免許が必要であり，この免許を取得すると EU 域内（EU27 カ国＋EEA3 カ国）ではどこでも営業活動が可能になる。EU は CRR/CRDⅣ を見直し，統一ルールブックとして整備した。国際決済銀行（BIS）による銀行規制のバーゼルⅢ[6]とも調和する内容になっており，銀行は手元資金を厚く保つことが求められている。

　この他，銀行の経営状況の監督，銀行破綻時の対策，預金者の保護などのルールも決められていった。これまで金融行政は加盟国によって進められてきたが，銀行同盟の下では EU ルールに則って進むことになる。

　監督とは銀行の経営状況を監視することであり，問題があれば是正を促す。単一監督制度（Single Supervisory Mechanism：SSM）では，ユーロ地域の大銀行は欧州中央銀行（ECB）が監督し，より小規模な銀行は加盟国が監督する[7]。ECB や欧州銀行監督局（European Banking Authority：EBA）は，銀行の経営状況を判断するテストを実施している。ECB によるテストを包括査定（Comprehensive Assessment）という。包括査定は銀行の貸出先がどれくらい健全なのかを評価する資産査定と不況期にどれくらい自己資本が減少するのかを試算するストレステストからなる。不況期には企業や家計からの返済が滞って不良債権が大量に発生する。不動産などの担保の価格も下がるため，担保を売って不良債権の穴埋めをすることが難しくなる。ストレステストでは，不況期に銀行に十分な資金が残るか，預金者からの預金の引き出しに応えられるか，などのシミュレーションを行い，不合格の銀行には株式の発行などによる資金調達を求める。

6　川野祐司『これさえ読めばすべてわかる国際金融の教科書』文眞堂，第 9 章。
7　銀行以外の業界では，欧州証券市場監督局（European Securities and Markets Authority：ESMA），欧州保険企業年金監督局（European Insurance and Occupational Pensions Authority：EIOPA）が監督する。

　銀行の貸出が不良債権になったり保有する証券の価格が急落したりして損失が一定の水準を超えると，銀行は預金者に預金を返金できなくなる。このような状況を銀行の破綻という。銀行が破綻すると預金者の殺到や金融市場の混乱が発生することから，完全に破綻する前に破綻認定して，破綻処理を進める必要がある。単一破綻処理制度（Single Resolution Mechanism：SRM）では，経営の悪化した銀行への破綻処理が必要かどうかを ECB と欧州委員会が判断する。破綻処理とは，銀行の損失を穴埋めするための資金を捻出することを指す。従来は税金を用いて損失の穴埋めをしており，これをベイルアウト（bail-out）というが，納税者からの理解が得にくく銀行経営者のモラルハザードを助長する[8]。そこで，SRM では損失の穴埋めに株主や債券購入者の資金を使うベイルイン（bail-in）が用いられる。2013年に破綻したキプロス国民銀行にベイルインが適用された。

　銀行が破綻して資金が枯渇すると，預金の払い戻しができなくなる。そのような事態を避けるために欧州預金保険制度（European Deposit Insurance Scheme：EDIS）を整備した。1 人 1 銀行当たり 10 万ユーロまでの預金が保護される。預金保護の資金のための基金を設立して 2023 年までに資金を積み立てることになっているが，ドイツなどで反対論が強く，基金の完成に時間がかかっている。

　国債担保付証券（Sovereign Bond-Backed Securities：SBBS）とは，ユーロ地域の国債をまとめて作られた金融商品である。ドイツ，フランス，イタリアなどの国債をまとめて 1 つのかご（バスケット）に入れ，SBBS という商品にする。バ

Box30.　金融パスポート

　EU では，金融機関は必要な免許を取れば EU 全域で営業活動ができる。この免許を金融パスポートといい，CRR/CRD Ⅳ も銀行として営業するための金融パスポートになる。

　金融パスポートは業種ごとに取得する必要があり，金融商品市場指令（MiFID Ⅱ），金融商品市場規則（MiFIR），欧州市場インフラ規則（EMIR），譲渡可能証券の集団投資事業指令（UCITS Directive），オルタナティブ投資ファンドマネージャー指令（AIFMD），信用格付け機関規則（CRA），欧州ベンチャーキャピタル基金規則（EuVECA），欧州社会起業基金規則（EuSEF），保険販売業務指令（IDD）などがある。

8　モラルハザードとは，保険があることで加入者の行動が悪化することをいう。経営が破綻しても税金で助けてくれるという保険があれば，経営者が慎重な経営を行わなくなることを指す。

スケットには複数の国債が入り価格が高くなるため，これをいくつかに分けて販売する。このような作業を証券化という。SBBS は様々な国債に分散投資しているため，リスクの低い商品として売り出せ，銀行が投資家として購入できる[9]。

◆資本市場同盟

　資本市場には様々な金融機関や投資家が参加している。株式や債券を発行する企業，投資信託などのファンド取扱業者，個人や機関投資家（保険会社や年金基金など）が参加しており，銀行は金融債の発行者として，また，様々な金融商品の買い手として参加している。市場で売買される金融商品には数多くの種類があり，リスクやリターンの特性も異なっている。大まかなルールは同じでも，証券の保有権や税金の処理など細かなルールが加盟国ごとに異なる点があり，これがクロスボーダー取引を難しくしていた。さらに，金融市場では次々に新しい金融商品が開発されており，新技術の導入も進んでいる。

　資本市場同盟では，EU の統一ルールを策定して資本市場の使い勝手を向上させるとともに，新技術や金融商品にも対応させようとしている。2015 年の行動計画の後に 2017 年の中間評価でフィンテック分野などが行動計画に取り入れられ，2020 年の新行動計画ではデジタル化やグリーンディール（第 4 章）への対応も進めている。まずは，旧行動計画から見ていこう（図表 14-9）。

　旧行動計画には 7 分野 57 項目が含まれている。スタートアップ企業や中小企業の支援では，資金を提供するベンチャーキャピタルが国内だけでなく EU レベルで活動できるように促す（図表 14-9 の①）。また，銀行に融資を申し込んで断られた時に，なぜ融資が断られたのか理由を開示させるようにする。企業の運営に問題ないが売り上げが不十分などの理由が分かれば，銀行は融資できなくても投資ファンドやベンチャーキャピタルが投資できるかもしれない。開示基準は 2017 年 6 月に欧州銀行協会などが採択した。

　鉄道網の整備や風力発電プラントの建設などのインフラ投資では，資金の拠出，建設，運営を経て資金の回収が可能となり，非常に長い時間がかかる。このような長期投資の資金は銀行が拠出してきたが，保険会社や年金基金などにも投資を促

9　SBBS のような金融商品を作ると，ドイツ国債を単体で買うよりもリスクが高くなる。ドイツ国債の信用リスクはほぼゼロとみなされており，それよりもリスクの高いイタリアなどの国債を混ぜ込めばリスクが高くなるためである。しかし，EU は SBBS のリスクを低く評価してもよいという法改正を行うことで問題を解決しようとしている。

図表 14-9　資本市場同盟の旧行動計画

①スタートアップ企業や非上場企業の資金調達	ベンチャーキャピタルと資金調達の支援，中小企業の投資の障壁となる情報の整備，コーポレートファイナンスの改革
②資本市場での資金調達の促進	資本市場の強化，エクイティファイナンスの支援
③長期，インフラ，持続可能な投資	インフラ投資の支援，EU 金融サービスルールブックの一貫性，持続可能な投資の支援，機関投資家やファンドマネージャーの投資機会の拡大，長期投資の促進
④リテール投資の促進	個人の金融投資選択の充実と金融商品の競争，個人投資家の環境改善，老後に向けた投資の支援
⑤銀行の貸出能力の向上	地域金融のネットワーク強化，EU 証券化市場の構築，より広い経済主体への銀行貸出の支援，銀行による市場での資金調達，不良債権の流通市場の創設
⑥クロスボーダー投資の活性化	クロスボーダー取引の障壁除去，市場のインフラ整備，破産手続きの収斂，税制障壁の除去，監督に関する収斂の強化と資本市場能力の拡大，金融の安定，投資ファンド，コーポレートガバナンス，金融の安定に関する法整備
⑦EU 資本市場の機能強化	監督，地域の資本市場の発展

出所：European Commission, Action Plan on Building a Capital Markets Union, SWD（2015）183, 184 final, 2015；European Commission, Mid-Term Review of the Capital Markets Union Action Plan, SWD（2017）224, 225 final, 2017.

す（③）。また，環境に配慮した投資を行うために，EU は 2018 年に 3 月に持続可能な金融に関する戦略（sustainable finance strategy）を採択し，その後グリーンディールや感染症対策などを盛り込む形で 2020 年 4 月に修正した。

　個人部門（リテール部門）の対策では，個人が利用する保険や貯蓄などの金融サービスの充実を図る（④）。例えば，自動車保険では無事故期間に応じて等級を付けて保険料を割引するサービスがあるが，加盟国によって基準が異なるため等級が引き継げないことがある。EU 内でルールが統一されれば，他の加盟国の保険会社との契約も簡単になる。

　銀行が貸出を行うと一定の割合で不良債権が発生する。不良債権は価値がすぐにゼロになるわけではない。例えば，1000 万ユーロの貸出に対して 200 万ユーロの回収が見込めるのであれば，最大で 200 万ユーロの価値がある。銀行がこの不良債権を 150 万ユーロで売却できれば，損失を確定して回収業務にあたっている人員を他の業務に回せるようになる。投資ファンドは 150 万ユーロで不良債権を購入して 200 万ユーロの回収に成功すれば利益を得られる。不良債権の回収には法的な問題も含めて特殊なノウハウが必要とされるため，不良債権市場の活性化のためにはア

ドバイスなどを行うローンサービス会社の位置付けを EU レベルで統一することなども必要となる。また，銀行の早期の不良債権の売却を促すための措置も盛り込まれた（⑤）[10]。

　クロスボーダー投資の活性化では，証券の保有や譲渡に関するルールの統一，破綻法の統一，源泉徴収課税手続き，クロスボーダーの議決権に関わる株主権利指令など，クロスボーダー取引を行う上で必要な法律等の整備を行う（⑥）。

　旧行動計画では企業や金融機関の資金調達や投資の促進を図っているが，破産手続きや紛争解決など法的な面などで改善すべき点が残されている。また，高寿命化に伴って個人の老後資金の不足が大きな問題となりつつある。各国は年金受給開始年齢を引き上げてより長く労働市場にとどまることを促しているが（162 ページ），若い時代からの金融投資によって老後資金を形成することも必要とされている。投資で最も重要なのは分散投資であるが，ユーロ地域全体を投資対象とすることで自国内だけに投資するよりも分散化を図ることができるようになる。

　次に，新行動計画を見ていこう。新行動計画は 3 本の柱，16 項目からなる（図表 14-10）。第 1 の柱は，中小企業の資金調達の改善であるが，よりグリーン・デジタル・包括的・回復力のある経済の実現という文言も付いている。旧行動計画から新行動計画までの間に経済のデジタル化が進み，欧州委員会がグリーンディールを重要政策として掲げており，2020 年の感染症による経済の落ち込みも反映している。企業の資金調達というよりは企業への資金援助の側面もあり，金融同盟の趣旨からはやや外れているものもある。

　図表 14-10 の項目（2）は，中小企業の資金調達方法に株式発行を加えるものであり，資本市場同盟の中心的な取り組みでもある。株式を証券取引所に上場することで幅広い投資家に株式を販売して資金を調達できるが，上場の手続きは煩雑で，上場には条件もある。企業側からすれば上場の条件が緩やかな方がいいが，株式を購入する投資家側からすれば条件を緩和しすぎれば企業の業績悪化や倒産のリスクを負うことになり，条件のバランスが求められる。中小企業の株式を 1 社だけ購入するのはリスクが高いため，数百社をまとめて証券化することで分散投資を図る。そのための中小企業株式公開ファンド（SME IPO fund）を創設する（6）。

10　不良債権が発生すると，銀行は損失をカバーするための引当金の計上を求められる。一部回収の見込みがあっても，担保付債権は 8 年後，無担保債権は 2 年後に 100％のカバーを求められるため，銀行は早期に不良債権を売却しようとする。

図表 14-10　資本市場同盟の新行動計画

中小企業の資金調達の改善
（1）投資家が企業情報にアクセスできる欧州単一アクセスポイントの創設
（2）株式市場に上場するためのルールの簡素化
（3）賢く・持続可能で・包括的な成長に貢献する長期投資やインフラ投資の促進
（4）保険会社や銀行による長期投資の促進
（5）融資を拒否された企業への他の資金調達方法の紹介
（6）特に中小企業への資金提供のための証券化市場の改善
個人の長期的な貯蓄・投資
（7）個人の金融リテラシーの向上
（8）質が高く適切な量の情報提供
（9）公的年金を補完する適切な年金商品と情報の提供
真の EU レベルでの資本市場の創設
（10）源泉徴収税の手続き簡素化
（11）破産規則の調和
（12）国境を越えた議決権行使
（13）国境を越えた証券決済サービスの提供
（14）EU 内の取引所の取引情報が閲覧できるデータベースの構築
（15）紛争解決メカニズムの調和など投資家の保護
（16）資本市場単一ルールブックの強化，市場監督の収斂

出所：European Commission, A Capital Markets Union for people and businesses-new action plan, COM（2020）590 final, 2020.

　項目（3）の「賢く・持続可能で・包括的な成長」は，EU の 2010−2020 年までの長期戦略である欧州 2020（Europe 2020）の 3 本柱と同じものである。賢い（smart）は最新技術の活用，持続可能（sustainable）は環境への配慮，包括的（inclusive）は社会的立場や経済的立場の弱い人への支援を指している。

　第 2 の柱は，個人に焦点を当てており，銀行預金だけでなく資本市場での金融投資を促す施策である。金融リテラシー教育の必要性はすでに前節で述べたが，金融知識の習得は簡単ではなく，教育には特別なノウハウが必要となる。欧州委員会は 2021 年半ばをめどに，金融知識向上のための枠組みの評価を行う（7）。金融教育は EU や加盟国に加えて欧州銀行連盟（EBF）などでも力を入れている。

　金融投資を行う際には投資信託の目論見書や企業の財務諸表などを参考にするが，これらの書類を読み込むのは個人投資家にとってハードルが高い。そこでより

簡素で分かりやすい書類の作成を進めるとともに，投資アドバイザーなどのサービスを利用しやすくする（8）。これらの投資は短期のギャンブルではなく，老後資金などための長期の視点で行う必要がある。汎欧州個人年金商品（pan-European personal pension product：PEPP）と呼ばれる民間の年金保険商品が 2022 年ごろに発売されるとみられており，個人の投資環境の整備が進むことになる（9）。

　第 3 の柱は，クロスボーダー取引を促す取り組みであり，そのために税制や法制度の調和を進めていく。値上がり益や配当・金利収入には課税されるが，自分で税額を計算して申告するとミスや詐欺が発生しやすいことから，証券会社の口座で自動的に税の計算をして差し引く源泉徴収を普及させる（10）。

　株式を購入すると議決権が得られ，企業の経営方針や取締役の選定に対して投票できるようになる。近年は個人でも ESG 投資を行いたいというニーズがあり，デジタル化を進めることでクロスボーダーの議決権行使を可能にする（12）。株式は電子化されており，株式を購入すると証券集中保管機関（CSD）の中で所有者情報が入れ替わることで株式の所有権が移転する。CSD を EU レベルで整備する証券集中保管機関規則（CSDR）が 2020 年 10 月に修正されている。

　新行動計画のいくつかは 2021−2022 年に二次法の修正などが行われるが，時間がかかる項目もある。法制度が整っても資本市場の利用が進まなければ，個人，企業，金融機関の置かれた状況は変わらない。技術の発展に伴って金融市場へのアクセスが容易になり，手数料が低下して投資対象が拡大してきた。日本の個人も日本の証券会社を通じてアメリカの証券市場で ETF を購入することができるようになっている。しかし，多くの国で自国に集中的に投資するホームバイアスが観察されている。また，2020 年の感染症では各国は国境を閉鎖し，人々は国境を強く意識するようになった。EU レベルの資本市場が登場したとしても，EU が真の単一市場になるまでの道のりは遠いといえる。

　一方で，ロボアドバイザーなどが普及することで国際分散投資が容易に実行できる環境が整いつつある。EU 市民の投資対象が EU 域内に限定される必要はなく，EU 域外への投資も選択肢にすべきである。また，企業や金融機関の資金調達も EU 域内に限る必然性はなく，EU 域外からの投資を受け入れる体制づくりも欠かせない。ただし，EU 域内外を越える資金の移動が増えるにつれて，世界経済の動向の影響を強く受けるようになる。EU 域外で発生した金融危機にどのように迅速に対応するのか，影響を最小限にするための健全な経営・投資のルールをどうするのか，などの課題も抱えている。

第 14 章のチェックシート（1）　ヨーロッパの金融市場

　金融とは資金余剰主体と資金不足主体を結ぶ仕組みであり，銀行を経由する
（　　1　　）と証券市場を経由する（　　2　　）に分かれる。イギリスを
除くヨーロッパでは，(1) のプレゼンスが高い。ヨーロッパでは銀行が減少
傾向にある。人々が実店舗からオンラインサービスに移りつつあり，送金を専
門に行う（　　3　　）やオンライン専業銀行の（　　4　　）に顧客を奪わ
れていることも背景にある。

　金融に新技術を導入したサービスを（　　5　　）という。送金サービスで
はスウェーデンの（　　6　　）が多くのユーザーを抱えている。多くの送金
サービスは個人間送金の（　　7　　）に対応しており，メッセージ機能も搭
載されている。ビットコイン口座などから即時引き落としで買い物ができる
（　　8　　）も発行されている。

　スタートアップ企業は富裕な個人などの（　　9　　）や不特定多数の人か
ら資金を集める（　　10　　）が利用できるようになっている。

　金融の専門家への相談サービスは富裕層しか利用できなかったが，近年
は（　　11　　）が個人でも利用できるようになっており，株価指数などの
値動きを再現する（　　12　　）に自動的に投資する。自動車保険では，
（　　13　　）と呼ばれる従量制保険が普及しつつある。自動車の運行状況を
センサーで把握する（　　14　　）という技術も使われている。

　新しい金融サービスが普及するにつれて，人々の金融知識である
（　　15　　）の不足が問題になっている。

第14章のチェックシート（2）　金融同盟

　金融同盟は銀行同盟と資本市場同盟からなる。金融同盟は2025年までにEUが完成させようとしている真の（　　1　　）の一部である。ヨーロッパではユーロが19カ国で流通し，人・物・資本・サービスが自由に移動できる（　　2　　）がある。しかし，金融市場については，国境で市場が分断される（　　3　　）が見られる。

　金融機関が活動するためには免許を取る必要があり，EUではまとめて（　　4　　）と呼ばれている。銀行は（　　5　　）という免許を取る必要がある。銀行が健全な運営をするために単一ルールブックを作成し，ユーロ地域の大銀行は（　　6　　）が資産査定と（　　7　　）からなる包括査定による監督を行っている。銀行が破綻した際には，個人は1人1銀行当たり（　　8　　）ユーロが保護される。

　資本市場同盟の旧行動計画では，スタートアップ企業や中小企業が投資ファンドや（　　9　　）から資金調達できるようにする。また，鉄道や電力網などの（　　10　　）整備に必要な長期投資も促す。銀行に発生した（　　11　　）を早期に売却して投資ファンドなどが買えるようにする。さらに，国境を越えた（　　12　　）取引を促すためのルールの統一も進めた。

　資本市場同盟の新行動計画では，中小企業の株式発行を促すために（　　13　　）を創設する。個人の投資を促すために金融知識である（　　14　　）教育を進め，老後資金のための（　　15　　）と呼ばれる年金保険商品の発売が予定されている。株式の国際的な取引を促すため，株式の管理を行う（　　16　　）のルールを定め，株主の権利である（　　17　　）を外国企業でも行使できるようにする。

索　引

著者紹介

川野 祐司 (かわの・ゆうじ)

1976 年生まれ。大分県出身。東洋大学経済学部国際経済学科教授。2016年より現職。2005－2006 年三菱経済研究所研究員，2014 年より一般財団法人国際貿易投資研究所（ITI）客員研究員。日本証券アナリスト協会認定アナリスト。専門は，金融政策，ヨーロッパ経済論，国際金融論。

主要著書：
キャッシュレス経済―21 世紀の貨幣論―（文眞堂，2018 年）
ヨーロッパ経済の基礎知識 2020（文眞堂，2019 年）
これさえ読めばすべてわかる国際金融の教科書（文眞堂，2019 年）
いちばんやさしいキャッシュレスの教本（インプレス，2019 年）
これさえ読めばサクッとわかる経済学の教科書（文眞堂，2020 年）

ヨーロッパ経済の基礎知識 2022

2021 年 4 月 15 日　第 1 版第 1 刷発行　　　　　検印省略

著　者　川　野　祐　司

発行者　前　野　　　隆

発行所　株式会社　文　眞　堂
東京都新宿区早稲田鶴巻町 533
電　話 03（3202）8480
Ｆ Ａ Ｘ 03（3203）2638
http://www.bunshin-do.co.jp/
〒162-0041 振替00120-2-96437

製作・モリモト印刷
©2021
定価はカバー裏に表示してあります
ISBN978-4-8309-5118-3　C3033

ミクロ経済学とマクロ経済学をこれ 1 冊で！

これさえ読めばサクッとわかる
経済学の教科書

川野祐司 著

A5判・ソフトカバー・238頁
2020 年 7 月 15 日発行

要点のみをギュッと詰め込み，やさしく解説。計算問題では途中の過程も詳しく載っています。58 問の演習問題を解きながら読み進めることで，経済学部以外の人でも短期間で経済学をマスターできます。公務員試験などの受験勉強にも使えるテキストです。公式とグラフを一気に復習できる課題付き。

本体 2400 円＋税

【主要目次】
第 0 講　経済学とは　Part I　ミクロ経済学［第 1 講　完全競争市場／第 2 講　消費者行動の理論／第 3 講　生産者行動の理論／第 4 講　完全競争市場の効率性／第 5 講　不完全競争市場／第 6 講　ゲーム理論／第 7 講　公共財・外部効果／第 8 講　情報の経済学］　Part II　マクロ経済学［第 9 講　GDP とマクロ経済／第 10 講　財市場の分析／第 11 講　通貨市場の分析／第 12 講　IS－LM モデル／第 13 講　労働市場の分析／第 14 講　総需要・総供給／第 15 講　経済成長論／第 16 講　開放経済／第 17 講　政府の役割と経済政策／第 18 講　経済学は有用か］　演習問題

日本でいちばんやさしい実践的テキスト！

これさえ読めばすべてわかる
国際金融の教科書

川野祐司 著

A5判・ソフトカバー・252頁
2019 年 9 月 15 日発行

刻々と変化するグローバルな金融市場はますます複雑化し，もはや株式市場や債券市場を見るだけでは不十分だ。本書を読めば，商品，プライベートエクイティ，フィンテック，国際金融規制，金融政策など国際金融論の基礎知識を幅広く習得できる。国際金融市場に投資するための基礎知識も解説。

本体 2700 円＋税

【主要目次】
第 1 章　金融の役割／第 2 章　株式市場／第 3 章　債券市場／第 4 章　外国為替市場／第 5 章　オルタナティブ市場／第 6 章　金融派生商品／第 7 章　フィンテック／第 8 章　国際金融市場／第 9 章　金融危機と金融の安定／第 10 章　金融政策と金融市場／第 11 章　国際金融投資